D1984070

1781

DAS *FÜR SIE* KOCHLEXIKON

Von A-Z:
Grundbegriffe der Kochtechnik
und rund 300 Rezepte

Hoffmann und Campe

Rezepte aus dem Kochstudio der Frauenzeitschrift FÜR SIE, Leitung Helga Ganzow

Grundbegriffe der Kochtechnik, Tabellen und Redaktion Irma Jarke

Einband: Grafik Jan Buchholz/Reni Hinsch
Titelfoto »meine Familie & ich«/Kerth

Textfotos: FÜR SIE

CIP-Kurztitelaufnahme der Deutschen Bibliothek

Das Für-Sie-Kochlexikon von A – [bis] Z:
Grundbegriffe d. Kochtechnik u. rund 300
Rezepte; [Rezepte aus d. Kochstudio d.
Frauenzeitschr. Für Sie /
Grundbegriffe d. Kochtechnik, Tab. u. Red.
Irma Jarke]. – 1. Aufl. – Hamburg:
Hoffmann und Campe, 1980.
ISBN 3-455-08843-0
NE: Jarke, Irma [Hrsg.]

© Hoffmann und Campe Verlag, Hamburg 1980
Gesetzt aus der Garamond-Antiqua
Satzherstellung Utesch GmbH, Hamburg
Druck- und Bindearbeiten Richterdruck Würzburg
Printed in Germany

Vorwort

Dieses Kochlexikon ist für alle modernen Hausfrauen geschrieben worden, die marktgerecht, kostenbewußt, zeitsparend, abwechslungsreich und ernährungsbewußt kochen möchten. Nach diesen Kriterien wurden die Rezepte ausgewählt. Sie sind knapp und übersichtlich geschrieben und erleichtern dadurch den Einkauf und die Zubereitung.
Zum zeitgemäßen Kochen gehören – neben dem Einsatz moderner Küchentechnik – auch Tiefkühlkost, vorgefertigte und Fertig-Produkte. Die Bezeichnung und die Konsistenz der vorgefertigten und Fertig-Produkte ist häufig unterschiedlich, obgleich sie für denselben Zweck verwendet werden können. Man unterscheidet beispielsweise Feinkost Bratensoße instant (ein Trockenprodukt im Beutel, Päckchen oder in der Dose) und Instant-Soße zum Braten (ein Produkt in der Tube) zum Binden von Bratensoßen. Dieser Umstand erforderte es, daß die beim Ausprobieren der Rezepte verwendeten Produkte nicht verallgemeinert, sondern exakt genannt werden, zumal ihre Joule- bzw. Kalorienwerte als Berechnungsgrundlage gedient haben.
Alle Angaben zu den Rezepten wie Portion, Joule-/Kalorienwerte, Koch-, Brat- und Zubereitungszeit sind stets Mittelwerte, sie lassen sich auf jeden Haushalt abstimmen. Anregungen, wie nicht nur große Braten und besondere Gerichte, sondern auch einfache Mahlzeiten appetitlich angerichtet und serviert werden können, geben die Farbfotos in diesem Buch.
Außer einer Vielzahl klassischer und moderner Rezepte bringt das FÜR SIE-Kochlexikon vorweg eine alphabetisch geordnete Zusammenstellung und Erläuterung der wichtigsten kochtechnischen Begriffe und Verfahren, die in den Rezepten beschrieben werden, z. B. Dünsten, Kochen, Schmoren, Blanchieren, Legieren usw., sowie wichtige Hinweise auf beliebte Gewürze.
Weitere Hilfen für ein problemloses Kochen sind eine Anzahl von Tabellen, die das Wiegen und Abmessen der Zutaten vereinfachen und erleichtern. Man kann hier beispielsweise nachlesen, welche Menge man von den verschiedenen Lebensmitteln pro Portion benötigt und wieviel man zum Binden von Flüssigkeiten braucht. Eine umfangreiche, leicht lesbare Joule-/Kalorientabelle der am häufigsten im Haushalt verbrauchten Lebensmittel, nach Gruppen geordnet, versetzt überdies jede Benutzerin des Kochlexikons in die Lage, unter den verschiedenen Lebensmitteln selbständig zu wählen, um ernährungsbewußt zu kochen.

Inhalt

Messen und Wiegen

1 Liter (l)
= 10 Deziliter (dl)
= 100 Zentiliter (cl)
= 1000 Milliliter (ml) oder 1000 Kubikzentimeter (cm^3)
= 1 Kilogramm (kg)
= 100 Dekagramm (Dg oder dkg)
= 1000 Gramm (g)

1/4 Liter = 16 Eßlöffel = etwa 1 Suppenteller
1/8 Liter = 8 Eßlöffel = etwa 1 Tasse oder Glas
1/16 Liter = 4 Eßlöffel
2 cl = 1 Schnapsglas

Binden von Flüssigkeit

Die Mengenangaben gelten jeweils für 1 Liter Flüssigkeit

	Soßen	Suppen	Brei	Speisen zum Stürzen
Gelatine	–	–	–	16 Blatt bzw. 2 Päckchen gemahlen
Graupen	–	70 g	150 g	–
Grieß	–	50 g	100 g	120 g
Haferflocken	–	60 g	125 g	–
Mehl	60–100 g	50 g	120 g	–
Reis	–	40 g	200 g	250 g
Sago	–	40 g	–	120 g
Speisestärke	40 g	30 g	60 g	90 g

Löffel- und Tassengewichte

Gewicht in Gramm (g) = 1 Teelöffel gestrichen voll/1 Eßlöffel gestrichen voll/1 Tasse (125–150 ml) gestrichen voll

	Teelöffel	Eßlöffel	Tasse
Backpulver	3	–	– (1 Päckchen = 18 g)
Butter, Margarine	5	15	–
Corn-flakes	–	4	–
Graupen	5	15	120
Grieß	4	12	100
Gelatine, gemahlen	3	10	–
Haferflocken	–	8	70
Honig	10	30	–
Käse, gerieben	3	10	80
Kaffee, löslicher	1	3	–
Kaffee, gemahlen	2	6	–
Kakao, Kakaogetränk instant	2	6	–
Kondensmilch	6	18	–
Marmelade, Gelee	–	25	–
Mayonnaise	10	30	240

	Teelöffel	Eßlöffel	Tasse
Meerrettich, gerieben	5	15	–
Mehl	3	10	80
Milch	5	15	150
Nüsse, gerieben	6	20	150
Öl	3	9	75
Paprikapulver	3	–	–
Puderzucker	3	10	–
Quark	–	30	–
Reis	5	15	120
Sahne	4	13	–
Salz	5	15	–
Semmelbrösel	3	10	80
Senf	7	19	–
Speisestärke	5	15	120
Tee, schwarz	2	6	–
Tomatenketchup	7	19	–
Wasser	5	15	150
Zucker	5	15	120

Mengen pro Portion und Mahlzeit

	für 1 Portion	für 4 Portionen
Suppe als Vorgericht	1/8–1/4 Liter	1 Liter
Suppe als Hauptgericht	1/2 Liter	2 Liter
Eintopfgerichte	1/2 Liter	1 1/2–2 Liter
Soße als Beigabe	1/8 Liter	1/2 Liter
Soße für Soßengerichte	1/8–1/4 Liter	3/4 Liter
Fleisch mit Knochen	150–200 g	500–700 g
Fleisch ohne Knochen	100–125 g	400–500 g
Fisch mit Gräten	200–250 g	3/4–1 kg
Fischfilet	150–200 g	600–800 g
Geflügel mit Knochen	250 g	1 kg
Geflügel ohne Knochen	150–200 g	600–800 g
Gemüse als Beilage	150–200 g	600–800 g
Gemüse als Hauptgericht	250–400 g	1–1 1/2 kg
Kartoffeln als Beilage	250 g	3/4–1 kg
Kartoffeln als Hauptgericht	400 g	1 1/2 kg

	für 1 Portion	für 4 Portionen
Hülsenfrüchte als Hauptgericht	80 g	320 g
Teigwaren als Beilage	50 g	200 g
Teigwaren als Hauptgericht	75 g	300 g
Teigwaren als Suppeneinlage	10–15 g	40–60 g
Reis als Beilage	50 g	200 g
Reis als Hauptgericht	75 g	300 g
Reis als Suppeneinlage	20 g	80 g
Reis als Milchreis	65 g	250 g
Muscheln	300–500 g	1 1/2–2 kg
Austern, Schnecken	6–12 Stück	24–48 Stück
Kaviar	30–40 g	120–160 g
Käse als Dessert	50–70 g	200–300 g
Obst als Dessert	100–150 g	400–600 g
Dessert aus Flüssigkeit	1/8 Liter	1/2 Liter
Desserts	100–120 g	400–600 g
Getränke (Kaffee, Tee)	1/4 Liter	1 Liter

Grundbegriffe der Küchentechnik von A bis Z

A

Abbrennen

Einen Teig (Brandteig) z. B. für Schwemm- oder Grießklöße herstellen, indem man Wasser mit Fett und Salz zum Kochen bringt, Mehl oder Grieß auf einmal einstreut und nun die Masse auf der Kochstelle bei starker Hitze so lange rührt, bis sie sich vom Topfboden löst.

Abdämpfen

Gekochte Salzkartoffeln oder gekochtes Gemüse nach dem Abgießen der Kochbrühe auf der noch warmen Kochstelle so lange schwenken, bis das noch haftende Wasser verdampft ist.

Abhängen

Wild im Balg oder Federkleid oder bestimmte Fleischstücke (z. B. vom Rind) im rohen Zustand vor der Weiterverarbeitung eine Zeitlang luftig aufbewahren, damit das Fleisch mürbe wird.

Abkochen

→ Bratensatz mit Wasser lösen.

Ablöschen

An angebratenes Fleisch, Geflügel oder Fisch heiße oder kalte Flüssigkeit (Brühe, Milch oder Wein) gießen. Man → schmort darin das Bratgut und stellt dann daraus die Soße her. Ähnlich verfährt man bei der → Einbrenne.

Abschäumen

Damit das Kochgut nicht trübe wird, den Schaum entfernen, der während des → Kochens von Fleischbrühe durch Eiweißgerinnsel, bei Gelee und Marmelade durch Zucker entsteht.

Abschmälzen

Gekochte Nudeln oder Knödel mit heißem, leicht gebräunten Fett (Butter, Butterschmalz oder Margarine) übergießen.

Abschmecken

Den Geschmack eines fertigen Gerichtes prüfen und je nach Bedarf nachwürzen, salzen oder weitere Zutaten wie z. B. Sahne, Tomatenmark, Wein u. dgl. hinzufügen.

Abschrecken

Gemüse, Reis und Teigwaren nach dem → Kochen kurz mit lauwarmem oder kaltem Wasser übergießen, um ein Aneinanderkleben zu verhindern. Bei Eiern und Pellkartoffeln läßt sich durch das Abschrecken mit kaltem Wasser die Schale leichter → schälen (pellen).

Abschuppen

Bestimmte Fischarten von den Schuppen befreien, indem man sie vom Schwanz zum Kopf mit einem scharfen Messer schrappt, bis alle Schuppen entfernt sind.

Absengen (Abflämmen)

Gerupftes Geflügel zum Entfernen von Flaum über einer offenen Flamme unter ständigem Drehen so lange bewegen, bis der letzte Flaum abgebrannt ist.

Abstechen

Von einem Kloß- oder Fleischteig mit Hilfe von zwei Löffeln kleine Portionen abnehmen, die in siedendem Wasser oder in heißem → Fettbad → gegart werden sollen.

Abziehen

a. Eine Suppe oder Soße mit Eigelb → binden → (Legieren).

b. Entfernen der Haut (z. B. bei Mandeln oder Tomaten), die zu diesem Zweck kurz in kochendes Wasser gelegt werden.

Alufolie (Aluminiumfolie)

Ein im Haushalt vielseitig zu verwendendes Material, das hitze-, kälte- und feuchtigkeitsbeständig ist. Man benutzt es zum Abdecken, Aufbewahren, Braten, Kochen und Eingefrieren.

Anbraten

Fleisch, Fisch oder Geflügel bei starker Hitze in einer Pfanne oder in einem Schmortopf von allen Seiten kurz und schnell bräunen, meist in heißem Fett.

Andünsten

Gemüse, Fisch und dgl. in heißem Fett ganz leicht bräunen oder Zwiebeln glasig werden lassen.

Artischocken

Ein delikates Gemüse, das vorwiegend im Mittelmeerraum angebaut wird. Artischocken werden als ganze Frucht gekocht und mit pikanten Soßen, z. B. Sauce Hollandaise, serviert. Der wohlschmeckendste Teil der Artischocke ist der gekochte Boden, der mit verschiedenen Füllungen zubereitet wird. Artischokkenherzen (ganz junge, unausgereifte Pflanzen) eignen sich als Gemüsebeilage und besonders gut für Salate.

Aspik

Ein aus entfetteter Fleischbrühe, Wein- oder Essigsud mit → Gelatine oder Agar-Agar zubereitetes Gelee, als Grundlage für pikante Sülzen oder als Überzug für gebratenes Fleisch, Geflügel, Fisch, gefüllte Eier und Fleischpasteten.

Auberginen

Gurkenförmige Eierfrüchte, die gebacken, gebraten oder mit anderem Gemüse gemischt serviert werden. Da die Schnittflächen sehr schnell braun werden, beträufelt man sie mit Zitronensaft.

Auflauf

Eine in einer feuerfesten Form (aus Glas, Keramik oder Steingut) im Ofen gebackene salzige oder süße Speise, die in der Form serviert wird. Aufläufe aus gegarten Zutaten werden bei höheren Temperaturen und in kürzerer Zeit zubereitet als solche aus ungaren Zutaten, die bei niedrigeren Temperaturen und in längerer Garzeit zubereitet werden.

Ausbacken

→ Garen von Nahrungsmitteln (z. B. Fisch, Fleisch, Geflügel, Gemüse, Käse, Kartoffeln, Obst und Gebäck) in einem heißen → Fettbad. Hierfür niemals Öle oder Fette mischen. Nicht zuviel Ausbackgut auf einmal in das Fettbad geben; es muß stets schwimmen können. Ein Fettbad möglichst nur 5–6mal verwenden. Die richtige Temperatur (175–180 Grad) vor dem Ausbacken prüfen mit Hilfe eines Thermometers, mit einem Holzlöffelstiel, um den sich ein Bläschenkranz bilden muß, oder mit Hilfe eines Weißbrotwürfels, der eine lichte braune Farbe annehmen muß. → Fritieren.

Ausbackteig

Ein lockerer, leichter Eierkuchenteig, der als Umhüllung von Fisch, Fleisch, Gemüse und Obst dient, die im → Fettbad → ausgebacken werden.

Ausstreuen

→ Brösel in Auflauf-, Pudding- oder Kuchenformen geben, damit sich die gegarten Speisen oder das Gebäck besser lösen.

Avocados

Exotische Steinfrüchte mit sehr fetthaltigem Fruchtfleisch. Avocados werden halbiert, vom Stein befreit und pikant gewürzt. Man füllt die Hälften entweder mit gekochtem oder gebratenem Fleisch, Geflügel oder Fisch, mit Krabbenfleisch oder Scampis und gibt eine kalte Soße darüber. Man kann sie auch mit Vanilleeis, geschlagener Sahne oder Obst füllen. In Scheiben geschnittene Avocados lassen sich für salzige Salate oder für Obstsalate verwenden.

B

Backen

→ Garen und Bräunen mit Krustenbildung in heißer Luft im Backofen (bei 120–250 Grad) oder in heißem Fett in einer Pfanne (bei 120–175 Grad).

Backobst (Dörrobst, Trockenobst)

Obst (vor allem Äpfel, Aprikosen, Birnen, Pflaumen), dem durch Trocknen an der Luft oder im Backofen (dörren) die Flüssigkeit entzogen ist. Daher muß es vor der Zubereitung wieder in Wasser eingeweicht werden. Backobst ist bei luftiger Lagerung lange haltbar.

Bacon

Englischer Frühstücksspeck. Er stammt stets von jungen Schweinen und ist gepökelt und geräuchert. Hauptverbrauch für »ham and eggs«. Man verwendet ihn auch zum → Bardieren.

Bardieren

Fleisch, Geflügel, Fisch oder Gemüse mit Speckscheiben umhüllen.

Basilikum

Ein → Küchenkraut, dessen sehr aromatische Blätter frisch oder getrocknet (→ gerebelt oder pulverisiert) zum Würzen von Tomatengerichten, Fleischbrühen, Gemüse- und Hülsenfruchtsuppen, kurzgebratenem Fleisch und zu Salaten verwendet werden.

Beefsteak

Eine Scheibe Rindfleisch aus der Hüfte oder aus der Kluft, manchmal auch aus dem Filet oder aus dem flachen Roastbeef geschnitten. Beefsteak wird leicht rosa oder innen noch blutig gebraten. → Garstufen.

Beifuß

Ein → Küchenkraut, dessen Blütenknospen meist in getrockneter Form verwendet werden. Sie sind sehr lichtempfindlich, und damit kein Aroma verloren geht, sollte man sie stets luftdicht in dunklen Gefäßen aufbewahren. Beifuß entfaltet seine Würzkraft erst beim → Kochen und wird besonders für fette Speisen (z. B. Gänse- oder Entenbraten) gebraucht.

Beigaben

Dienen vorwiegend der Sättigung bei einem Gericht. Es handelt sich meist um Kartoffeln, Klöße, Knödel, Nudeln, Reis, Brot, Gemüse und Salate.

Beize (→ Marinade)

Ein Gemisch aus Weinessig und Wasser oder Rotwein und Wasser unter Zugabe von Gewürzen. Das Gemisch wird aufgekocht und erkaltet zum Einlegen von Fleisch, Geflügel, Fisch und Wild verwendet. Auch Butter- und Sauermilch werden zum Beizen verwendet. Alles dient dazu, das Fleisch mürbe zu machen und zu aromatisieren. – Bei Wild mildert das Einlegen den oft strengen Wildgeschmack vom Fleisch älterer Tiere. Tiefgefrorenes Wildfleisch wird in der Beize aufgetaut. Die Bratzeit verkürzt sich durch das Tiefgefrieren und durch das Auftauen in der Beize.

Bierteig

Ein → Ausbackteig (Eierkuchenteig), der mit hellem Bier statt Wasser zubereitet wird.

Binden

Das Sämigmachen oder Dicken von Flüssigkeiten (z. B. Suppen, Soßen und Gemüse). Dabei wird Mehl oder Speisestärke kalt angerührt und in die kochende Flüssigkeit gegeben. Es gibt auch geeignete Instant-Produkte. → Abziehen, → Butterkloß, → Einbrenne, → Legieren.

Blanchieren

Übergießen von Lebensmitteln mit kochendem Wasser. Hierdurch wird 1. das → Abziehen der Haut erleichtert (z. B. bei Tomaten, Obst, Hirn oder Bries); 2. werden bei bestimmten Kohlsorten schwerverdauliche Stoffe gelöst; 3. gehört es zur Vorbereitung des Gemüses, wenn es eingekocht oder → eingefroren werden soll.

Blaukochen

Eine Zubereitungsart von Süßwasserfischen (z. B. Forellen, Karpfen und Schleie), deren schleimige Haut sich durch das Übergießen mit heißem Essigwasser blau färbt. Man setzt anschließend die Fische kurz der Zugluft aus und kocht sie dann in Essig-Salzwasser.

Bleichsellerie (Stauden-, Stangen- oder englischer Sellerie)

Ein in Europa beheimatetes Staudengewächs, dessen gerippte lange Stengel roh oder gekocht zu Gemüse oder Salat verarbeitet werden. Zarte Stangen werden gern zu → Dips angeboten.

Bohnenkraut

Ein → Küchenkraut, von dem man die frischen Stengel oder kleinen Zweige mit ihren spitzen Blättern verwendet. In getrocknetem Zustand werden meist nur die → gerebelten Blätter genommen. Vorwiegend würzt man Bohnen, Hackbraten, Schweine- und Hammelfleisch damit.

Borretsch

Ein → Küchenkraut, das auch oft fälschlich als Gurkenkraut bezeichnet wird, da seine frischen Blätter an den Geschmack von Gurken erinnern. Sie werden von Mai bis September geerntet, aber es gibt das Gewürz auch getrocknet. Man verwendet es vorzugsweise für Blatt- und Gurkensalat, Kohl, Fisch, Rindfleisch- und Eiergerichte. Gemischt mit anderen Kräutern (Petersilie, Liebstöckel, Bohnenkraut und Zitronenmelisse) ist es besonders delikat für Fleischfarcen und -teige.

Braten

a. → Garen im offenen Kochgeschirr (Pfanne oder Brattopf) auf der Kochstelle unter Bräunung, meist bei einer Temperatur von 120–180 Grad (max. etwa 200 Grad C).
b. → Garen im geschlossenen Kochgeschirr (Bräter) bei ca. 250–275 Grad C im Backofen.
c. → Garen auf dem Rost unter Bräunen in »trockener« Heißluft (Temperatur 150–250 Grad C) im Backofen über einer mit Wasser ausgespülten Fettpfanne (Fettfangschale).
d. → Garen in der Fettpfanne oder offenen rechteckigen Pfanne (Temperatur 150–250 Grad C) im Backofen.

Bratenfond

Bratensaft, der beim → Braten aus Fleisch, Fisch oder Geflügel austritt.

Bratensatz

→ Bratenfond, der sich häufig am Topf- oder Pfannenboden niederschlägt und mit Wasser oder Wein → abgekocht (gelöst) wird. Man verwendet ihn für die Soße.

Brat-Thermometer

Ein Spezialthermometer, das man in jeden Braten stecken kann und das anzeigt, wann er gar ist.

Broccoli (Brokkoli, Spargelkohl)

Vorwiegend in Italien angebautes Gemüse, das wie Blumenkohl zubereitet werden kann.

Brösel (Paniermehl)

Vermahlene altbackene Brötchen, Weißbrot oder Kuchen zum Ausstreuen von Formen oder zum Überstreuen von → Aufläufen sowie zum → Panieren von Fleisch und Fisch. Gibt es auch gewürzt.

Brunch

Das Wort weist auf eine Zusammenlegung von 2 Mahlzeiten hin und entstand dementsprechend aus *Br*/eakfast und L/*unch* (Frühstück und Mittagessen). Zum Brunch werden auch warme Fleisch-, Fisch- und Eierspeisen gereicht.

Butterkloß

Wird zum → Binden von Gemüsen und Soßen verwendet. Gleiche Teile Butter und Mehl werden verknetet und zu kleinen Klößchen geformt, die während der ganzen Kochzeit auf dem Gemüse liegen, damit das Mehl ausgaren kann. Erst vor dem Anrichten wird die Mehl-Fettmasse in der Flüssigkeit verrührt.

C

Calvados

Aus Äpfeln hergestellter heller französischer Branntwein aus der Normandie. Er wird u. a. zum Marinieren von Fleisch und zum Abschmecken feiner Soßen mitverwendet.

Cannelloni

Ein Nudelteig mit einer pikanten Fleischfüllung. Italienische Spezialität, die es auch in Dosen oder tiefgefroren fertig zu kaufen gibt.

Catchup → Ketchup

Cayennepfeffer

Wird aus gemahlenen Chilischoten hergestellt und hat eine gewisse Schärfe. Stets zuletzt an die Speise geben und nicht mitkochen lassen.

Cévapčići

Kleine Würstchen oder Rollen aus einem sehr pikanten Hackfleischteig, die in reichlich Öl in einer Pfanne gebraten oder auf einem Grill zubereitet werden.

Charlotte

Name einer bekannten französischen Süßspeise, bei der Löffelbiskuits mitverwendet werden. Am bekanntesten ist die »Charlotte russe«.

Chaudeau

Eine Weinschaumsoße, die warm zu Mehlspeisen, Obstsalaten und verschiedenen Desserts serviert wird.

Chicorée (Brüsseler Endivie)

Kolbenförmige Stauden aus festen, weißen, dicht umeinandergewickelten Blättern mit grünen Blattspitzen. Wird als Gemüse oder Salat verarbeitet.

Chiligewürz

Eine besonders scharfe gemahlene Gewürzmischung mit hohem Anteil von Chili, die für das mexikanische Gericht »Chili con carne« unentbehrlich ist.

Chinakohl (Pekingkohl, Selleriekohl)

Sehr nährstoffreiche Kohlart mit keulenförmigen Köpfen. Wird als Gemüse oder Salat zubereitet. Ursprungsland Asien, heute auch in Europa, besonders in Frankreich und Deutschland, angebaut.

Cocktails

a. Vorspeisen aus grob gewürfelten Zutaten (z. B. Schalentiere, Geflügelfleisch, Fisch), die in Gläsern serviert und mit einer Cocktailsauce übergossen werden.
b. Mixgetränke mit und ohne Alkohol.

Corned beef

Eine Fleischkonserve aus leicht gepökeltem, gekochtem Rindfleisch, zerkleinert und in Brühe geliert. Das beste Corned beef liefert Argentinien.

Crème fraîche

Eine Art säuerlich schmeckender Sahnesoße, die fertig im Handel ist. Wird zum Verfeinern von Fleisch- und Salatsoßen sowie für Obstsalate verwendet.

Crêpes

Hauchdünne gebackene Eierkuchen mit verschiedenen süßen Füllungen, oft mit Alkohol aromatisiert. Sie sind eine französische Spezialität aus der Bretagne.

Croûtons

Sind gebackene oder geröstete Weißbrotscheiben oder Würfel, die als Beilage zu warmen Gerichten und als Einlage in Suppen gereicht werden.

Curry

Eine scharfe indische Gewürzmischung aus etwa 12 und mehr gemahlenen → Gewürzen. Die Mischungen werden unterschiedlich zusammengestellt. In Indien hat jede Familie ihre eigene Gewürzmischung. Curry ist auch Bestandteil der indonesischen Reistafel. Bei uns wird er zum Würzen von Fleisch, Fisch, Reis und für verschiedene Soßen verwendet.

D

Dämpfen

→ Garen von Fisch, Gemüse, Kartoffeln und Klößen durch Wasserdampf (gleichbleibende Temperatur von 100 Grad C). Das Kochgut befindet sich dabei in einem mit kochendem Wasser gefüllten Topf, der mit einem Deckel fest verschlossen ist.

Datteln

Früchte der in Australien, Kalifornien, Mexico, Nordafrika und Südasien beheimateten Dattelpalme. Sie werden frisch oder getrocknet gegessen.

Dessert

Die Nachspeise bei einem warmen Essen. Sie kann aus Cremes, Eis, Süßspeisen, Gebäck oder Käse bestehen.

Dill (Gurkenkraut)

Ein → Gewürzkraut aus dem östlichen Mittelmeerraum und dem Orient, das aber heute fast überall angepflanzt wird. Frisch wird es als Dillgrün für Salate, warme und kalte Soßen sowie für Fleisch- und Fischgerichte verwendet. Dillspitzen gibt es getrocknet. Dillsamen werden zum Einmachen von Gurken verwendet.

Dip (engl.: eintauchen)

Süße und salzige Soßen, die mit Obst- und Gemüseschnitzeln, Kräckern und Kartoffelchips serviert werden.

Dressieren

Geflügel oder Fleisch mit Bindfäden so zusammenbinden, daß der Braten gut in seiner Form bleibt.

Druckgaren

→ Garen in fest verschlossenem Topf (Dampfdruck-Kochtopf, Schnellkochtopf) bei gleichbleibender Temperatur oberhalb 100 Grad C bis zu 120 Grad C. Geeignet für Fleisch, Geflügel, Gemüse, (z. B. Kohl, Kartoffeln, Hülsenfrüchte).

Dünsten

→ Garen im eigenen Saft oder unter Zugabe von wenig Flüssigkeit (Brühe, Milch, Wasser) und evtl. etwas Fett bei gleichbleibender Temperatur von ca. 100 Grad C.

Durchschlag

Ein Küchengerät zum Abtropfen von Obst, Gemüse, Teigwaren und Reis; zum → Durchseihen und Durchrühren.

Durchseihen

Flüssigkeit durch ein Sieb gießen oder filtern.

E

Einbrenne (Mehlschwitze)

Gemisch aus Fett und Weizenmehl als Grundlage für Soßen und Suppen. Bei der hellen Einbrenne wird Fett und Mehl nur ganz leicht hellgelb geröstet, für die dunkle wird beides braun geröstet. Anschließend muß mit Flüssigkeit → abgelöscht und die Soße gargekocht werden.

Entbeinen

Die Knochen aus Geflügel und Fleisch herauslösen.

Entrecôte

Zwischenrippenstück vom Rind von ca. 350–550 g Gewicht und 4–6 cm Dicke. Das Fleisch wird entweder in der Pfanne gebraten oder gegrillt.

Estragon

Ein → Küchenkraut, das – frisch oder gerebelt – gern mit anderen Küchenkräutern (z. B. Petersilie und Dill) gemischt wird. Außerdem werden meist Butter, Essig und Senf als geschmackbestimmende Zutaten mitverarbeitet. Man verwendet Estragon zum Würzen von Salaten sowie Fisch- und Fleischgerichten.

F

Farce

Füllung aus feingewiegtem Fleisch oder Fisch, mit → Gewürzen, Mandeln und Weißbrot vermischt und mit rohen Eiern gebunden. Zum Füllen von Geflügel, Gemüsen, Pasteten und Kalb- oder Schweinefleisch.

Fenchel (Finocchi)

Ein zartes Knollengemüse, das vielseitig zubereitet werden kann, z. B. als Salat, Gemüsebeilage, als Hauptgericht gebacken und überbacken. Italienische Spezialität.

Fertigpüree

Wird aus Kartoffeln hergestellt und in Form von Flocken oder als Püreepulver (Granulat) angeboten. Nach Packungsanweisung ist es in wenigen Minuten tischfertig.

Fettbad (→ Ausbacken, → Fritieren)

Feuerfestes Glas

Formen zum → Dünsten oder für → Aufläufe, die bei gleichmäßiger Wärmezufuhr sowohl für die Kochstelle als auch für den Backofen geeignet sind. Die Gerichte können in den Formen sofort serviert werden.

Feuerfrostfestes Glas

Geschirr, das unbedenklich großen Temperaturschwankungen ausgesetzt werden kann. Gerichte können darin z. B. gekocht, eingefroren und wieder aufgetaut werden.

Filet (Lende, Lummel oder Lungenbraten)

Das zarteste und edelste Fleischstück vom Kalb, Rind, Schwein und Wild. Es wird entweder im ganzen gebraten oder als Chateaubriand, Filet-Medaillon, Filet mignon, Steak oder Tournedo zubereitet.

Filieren

Geschälte Grapefruits, Mandarinen oder Orangen, bei denen die einzelnen Spalten aus den Trennhäuten herausgeschnitten werden, so daß kleine »Filets« entstehen. Man verwendet sie für Salate oder zum Garnieren.

Fines herbes

Eine französische Kräutermischung (vorwiegend Petersilie, Estragon, Kerbel, Schnittlauch, Basilikum, Bibernelle und Thymian). Frisch oder getrocknet werden die Kräuter für Soßen, Suppen, Fleischspeisen u. dgl. verwendet.

Fischsud

Die gewürzte Kochflüssigkeit für Fische, speziell für feine Süßwasserfische (Forellen, Lachs, Hecht, Karpfen, Schleie). Ein Fischsud kann aus Wasser, Salz, Weißwein oder Essig, Möhren, Schalotten, Lauch, evtl. etwas Knoblauch, 1 Lorbeerblatt, Petersiliensträußchen, einigen Pfefferkörnern und 1–2 Nelkenköpfen zubereitet werden. Alle Zutaten werden gekocht, der vorbereitete Fisch darf im Sud nur → garziehen.

Fischzubereitung

Fisch wird meist im Geschäft → abgeschuppt und ausgenommen. Vor der Verarbeitung muß er aber noch gewaschen werden. Nach dem Säubern wird er gesäuert (mit Essig oder Zitronensaft beträufelt) und erst danach gesalzen. Das so behandelte Fischfleisch bleibt weiß und fest und verliert den mitunter etwas strengen Geschmack. (Küchenformel: Säubern – Säuern – Salzen!)

Flambieren

Dabei wird hochprozentiger Alkohol löffelweise über Speisen gegossen, angezündet und abgebrannt. Das Flambieren dient vor allem zur Geschmacksverfeinerung von Desserts, aber auch von salzigen Speisen.

Flammeri

Eine süße Speise, die mit Grieß, Speisestärke oder Sago gebunden wird und nach dem Erkalten gestürzt werden kann. Sie wird mit süßen Suppen, Soßen oder Kompott serviert. Im allgemeinen Sprachgebrauch auch fälschlicherweise → Pudding genannt.

Fleisch → Garstufen

Fleurons

Ungesüßte, halbmondförmig ausgestochene, gebakkene Blätterteigstücke, die warm als Beilage zu Zungenragout und Frikassee serviert werden.

Frikassee

Gekochtes, in grobe Würfel geschnittenes Fleisch (Geflügel-, Kalb- oder Lammfleisch) in einer würzigen hellen Soße, häufig mit Zugabe von gekochten Champignons oder Spargelabschnitten.

Friteusen (Fritüre)

Elektro-Spezialgeräte zum → Fritieren. Sie sind doppelwandig gebaut und haben eine thermische Regelung, teils auch eine Kontrollampe. Das Fassungsvermögen ist sehr unterschiedlich und bewegt sich zwischen 2–5 Liter Öl bzw. flüssigem Fett. Das Fett in der Friteuse soll nach Möglichkeit in kurzen Abständen und nicht mehr als 4–6mal verwendet werden. In eine Friteuse stets nur so viel Ausbackgut hineingeben, daß es gut schwimmen kann.

Fritieren

Gargut im Fettbad unter Bräunung schwimmend → ausbacken. Je nach Gargut und Fettart liegt die Temperatur zwischen 175 und 200 Grad C. Im Fettbad werden – paniert und unpaniert – Fleisch, Fisch, Geflügel, Kartoffeln, Gemüse, Obst, Käse sowie Gebäck zubereitet. Zum Fritieren werden Öle oder festes Fett (z. B. Erdnuß- oder Kokosfett) verwendet. Fettsorten sollen nicht gemischt werden, da sie verschiedene Siedepunkte haben.

Frühstücksspeck → Bacon

G

Garen

→ Braten → Schmoren oder → Kochen, um Lebensmittel, die nicht roh gegessen werden sollen oder können, genußfähig zu machen.

Garnelen (Grönlandkrabben, Shrimps)

Etwa 5–10 cm lange Krebstierart aus der Tiefsee. Garnelen sind nach dem Kochen rosa und werden meistens tiefgefroren angeboten. Hauptfanggebiete bei Grönland, Alaska, Island, USA und in afrikanischen Gewässern. – Nordseegarnelen werden an deutschen Küsten Krabben oder Granat genannt.

Garnieren

Fertige Gerichte mit rohem oder gekochtem Gemüse (z. B. Tomaten, Spargel) oder mit Kräutersträußchen, hartgekochten Eiern oder Gewürzgurken u. a. umlegen und mit Mayonnaise u. a. bespritzen.

Garnitur

Beilagen, die zu bestimmten Gerichten gehören. »Schnitzel nach Gärtnerinnen Art« ist z. B. ein gebratenes Kalbsschnitzel, umlegt mit feinem Gemüse wie Spargel, Erbsen, Karotten und Blumenkohl.

Garstufen

→ Gebratenes oder → gegrilltes Fleisch unterscheidet sich in seiner Beschaffenheit nach der jeweiligen Brat- oder Grillzeit. Für gebratene → Steaks gilt bei ca. 1 cm Dicke:
a. 1½ Min. von jeder Seite = außen braun, innen noch roh
(raw = engl. – bleu = franz.);
b. 2½–3 Min. von jeder Seite = schmaler grauer Rand und schmale rosa Zone und roher Kern
(underdone = engl. – saignant = franz.);
c. Etwa 4 Min. von jeder Seite = rosa Kern
(rare medium = engl. – à point = franz.);
d. Etwa 7 Min. von jeder Seite = bei uns bevorzugt für Steaks
(medium = engl. – à point = franz.);
e. 10–12 Min. von jeder Seite = durchgebraten
(well done = engl. – bien cuit = franz.).

Garziehen

Garen in reichlich Flüssigkeit (Gargut ganz oder teilweise bedeckt) unterhalb des Siedepunktes, Temperatur 75–95 Grad C. Das Gargut (Fleisch und Fisch, einige Gemüsearten, Klöße und Knödel, Teigwaren, Reis, Eierspeisen) wird meistens in die kochende Flüssigkeit gegeben. → Pochieren.

Geflügel

Sammelbegriff für Vogelarten (Federvieh und Federwild), die als Nutztiere Verwendung finden.

Gefrieren (Frosten, Einfrosten, Einfrieren)

Temperatursenkung in Lebensmitteln auf Temperaturen unterhalb des Gefrierpunktes, meistens auf −18 Grad C. Lagerung der Lebensmittel im Gefriergerät (Schrank oder Truhe) oder im Gefrierfach eines Kühlschrankes, Lagerung bei −18Grad C oder tiefer.

Gelatine

Wird durch Auskochen entfetteter Knochen gewonnen. Ist geschmacklos, durchscheinend und farblos;

es gibt sie aber auch rot gefärbt. Gehandelt wird Gelatine in dünnen Blättern oder gemahlen in Kleinpackungen (6 Blatt = 1 Päckchen für ½ Liter Flüssigkeit). Sie muß vor der Verarbeitung eingeweicht werden, um zu → quellen. – Man verwendet Gelatine zum Versteifen von Cremes sowie süßen und salzigen Sülzen. Man muß beachten, daß so zubereitete Speisen ab +30 Grad C wieder flüssig werden.

Geschnetzeltes

Von Haut und Sehnen befreites, in dünne Streifen geschnittenes Fleisch (kurz im Gefrierfach angefroren läßt es sich besser schneiden). – Ursprünglich ein typisches Kalbfleischgericht, für das man heute auch häufig Puten- u. a. Fleischsorten nimmt. Schweizer Nationalgericht »Zürcher Geschnetzeltes«.

Gewürze

Teile bestimmter, meist ausländischer Pflanzen (Blüten, Rinden, Samen, Wurzeln, seltener Blätter), die teils scharf, teils sehr aromatisch sind. Ihre ätherischen Öle regen den Appetit an, fördern die Bekömmlichkeit und die Verdauung. Gewürze müssen stets so dosiert werden, daß sie den Eigengeschmack der Speisen nicht überdecken. Dann erhöhen oder unterstreichen sie den Geschmack der Gerichte. – Gewürze werden frisch oder getrocknet verwendet. Frische hackt man häufig, getrocknete sind → gerebelt, gemahlen oder pulverisiert im Handel. Letztere müssen in besonders dicht verschlossenen Dosen aufbewahrt werden, damit sich das Aroma nicht verflüchtigt. – Siehe Stichworte.

Gewürzdosis

Besteht aus 1 Lorbeerblatt, 1 Nelke, 2 Gewürzkörnern (→ Piment), 3 Pfefferkörnern, 1 kleinen geschälten Zwiebel. Eine Gewürzdosis wird für Fleischbrühe, → Fischsud, eingelegte Heringe, süß-saures Gemüse und für → Beizen verwendet.

Gewürzpaprika

Paprika-Art aus kleinen roten Schoten. Sie werden – getrocknet und gemahlen – in verschiedenen Schärfegraden gehandelt: Delikateß- und Edelsüß- (mild); Halbsüß- und Rosen-Paprika (scharf).

Gewürzkräuter (Küchenkräuter)

Meist einheimische frische oder getrocknete Blattgewürze. Wirkung und Verwendung wie → Gewürze.

Gewürznelken (Nelken, Nägelein)

Getrocknete Blütenknospen des Gewürznelkenstrauches, die kurz vor dem Aufblühen geerntet werden. Sie sind ein wichtiges → Gewürz zum Einmachen von verschiedenen Obstsorten (Birnen, Pflaumen, Zwetschgen) und Essig-Gurken und -Kürbis sowie zum Würzen von Glühwein. Zwiebeln und Fleisch kann man damit → spicken. Für Gebäck (speziell Leb- und Honigkuchen) sowie zum Würzen von Wurst und Speisen verwendet man gemahlene Nelken.

Glasieren

Überziehen von Lebensmitteln (z. B. Kuchen, Süßspeisen, Fleisch, Fisch) salziger und süßer Art, damit sie glänzen. Man verwendet Zucker oder eingekochten → Bratenfond.

Grand Marnier

Französischer Likör mit Bitterorangenaroma. Wird gern zum Aromatisieren von Süßspeisen und zum → Flambieren verwendet.

Grapefruit

Eine Zitrusfrucht, durch Kreuzung aus der Pampelmuse entstanden. Grapefruitfleisch wird für süße und salzige Speisen wie Salate, Cocktails u. dgl. verwendet.

Gratinieren (Überkrusten, Überbacken)

Bräunen der Oberfläche unter gleichzeitiger Verkrustung durch starke Oberhitze (z. B. mit Reibkäse oder

→ Bröseln bestreute → Aufläufe, Käseschnitten oder Obst mit Baisergitter).

Grilladen

Unter oder auf einem Grill gegarter Fisch, gegartes Fleisch, Geflügelteile, Gemüse und Obst.

Grillen (Grillieren)

→ Garen von Fleisch, Geflügel oder Fisch ohne Wasser unter starker Bräunung am Spieß oder auf dem Rost, meistens durch Strahlungshitze bei hohen Umgebungstemperaturen. Jedes Grillgut erst nach dem Grillen salzen, damit keine unnötige Flüssigkeit austritt. Bestreichen mit Öl oder einem Gemisch aus Gewürzen und Öl ist sehr fettsparend. Bei Grillen in → Alufolie wird keine Fettzugabe benötigt. Einen Grill stets vorheizen und nie im geschlossenen Grill oder Backofen grillen, da die auftretende Feuchtigkeit entweichen muß. Kleine Grillteile bei starker Hitze, größeres Grillgut am Spieß bei geringerer Hitze grillen. Je nach Art des Grillgutes dieses einmal oder häufiger wenden.

H

Handelsklassen

Durch das Handelsklassen-Gesetz erlassene Normen für Lebensmittel. Die Klassifizierung erfolgt nach bestimmten Merkmalen (z. B. Aussehen, Größe/Gewicht, Sortierung, Sauberkeit), wobei die jeweiligen Anforderungen in den Handelsklassen-Verordnungen festgelegt sind.

Haschee

Im Fleischwolf oder Mixer stark zerkleinertes Fleisch (z. B. Lunge = Beuschel).

I

Ingwer

Ingwer ist die knorrige Wurzel einer in China seit 2000 Jahren bekannten Staude aus der Familie der Gewürzlilie, die heute auch in Südamerika und Afrika angebaut wird. Am bekanntesten sind die getrockneten Wurzeln, die ganz oder gemahlen in den Handel kommen. Aber auch kandiert oder in Zuckerlösung eingelegt ist der scharf-würzige Ingwer beliebt. Er eignet sich besonders gut zum Würzen von indischen, indonesischen und chinesischen Spezialitäten.

Ingwer-Pflaumen

In Zuckerlösung eingelegte → Ingwerstücke, die für feine Süßspeisen verwendet werden.

Innereien

Die inneren Organe von Schlachttieren, Geflügel und Wild. Am häufigsten werden Leber, Herz, Nieren, Zunge und Lunge verwendet. Innereien sind besonders reich an Nährstoffen und → Vitaminen.

Instant (engl. = augenblicklich)

Instant-Produkte sind Lebensmittel, die sich in kalter und warmer Flüssigkeit sofort auflösen (z. B. Instant-Kaffee, Instant-Tee, Instant-Soßen, Instant-Suppen).

J

Joghurt

In der Türkei ursprünglich aus Büffel-, Schafs- oder Ziegenmilch hergestelltes Nahrungsmittel. Heute aus warmer eingedickter Kuhmilch, die mit Bakterien (Joghurt-Kulturen) versetzt wird, gewonnen. Im Handel erhält man folgende Grundsorten: Magermilch-, Vollmilch- und Sahnejoghurt. Als Frucht-Joghurt sind diese mit verschiedenen Früchten vermischt.

Joule

Joule ist definiert als Energiemenge, die benötigt wird, um 1 kg in einer Sekunde einen Meter weit zu bewegen. Dafür wird der Begriff Kilojoule = KJ benutzt. 1 KJ entspricht = 0,24 kcal (Kilokalorien) oder umgekehrt 1 kcal = 4,186 KJ. Der Umrechnungsfaktor von → Kalorien in Joule wird in der Praxis auf 4,2 aufgerundet. Seit dem 1. Januar 1978 ist Joule statt Kalorie die gesetzliche Energieeinheit. Der Energiegehalt der Nährstoffe in den Lebensmitteln wird daher heute in Joule statt in Kalorien angegeben. In Rezepten werden oft die Joule- bzw. Kalorien-Werte von allen angegebenen Zutaten zusammengerechnet und pro Portion ausgewiesen.

K

Kalorie

Eine Kilokalorie ist die Wärmemenge, die nötig ist, um 1 g reines Wasser von 14,5 Grad C auf 15,5 Grad C zu erwärmen. Der Energiebedarf des Menschen wird in großen Kalorien oder Kilokalorien gemessen. Er richtet sich nach der Arbeitsleistung. Entsprechend seiner Tätigkeit und seines Geschlechts verbraucht der Mensch eine bestimmte Kalorienmenge. Vgl. → Joule.

Kaneel (→ Zimt)

Kapern

Blütenknospen des Kapernstrauches, der in Südeuropa heimisch ist. Sie werden in Salzlösung, Essig oder Öl eingelegt gehandelt und schmecken würzig-pikant. Kapern sind eine Zutat zu Soßen, Suppen, Fleisch- und Fischgerichten sowie für verschiedene Salate.

Karamelisieren

Zucker in einem trockenen Gefäß (Topf oder Pfanne) auf der Kochstelle unter Rühren schmelzen, bis er eine hellbraune Farbe angenommen hat. Das gegarte Kochgut (z. B. Kartoffeln, Rübchen, Zwiebeln) darin wenden.

Kerbel

Ein der Petersilie verwandtes → Küchenkraut mit einem feinen, an Fenchel erinnernden Geschmack. Es wird gern mit anderen Kräutern (Petersilie, Dill, Schnittlauch) für Kräutersoßen, Salate, Eierspeisen, Fisch- und Fleischgerichte verwendet.

Ketchup (Catchup)

Pikante Würzsauce, die ihren Ursprung in Ostasien hat, aber über Amerika und England bekannt geworden ist. Sie wird in verschiedenen Geschmacksrichtungen (z. B. Tomaten- oder Curry-Ketchup) angeboten. Zubereitet wird sie im allgemeinen aus Tomatenmark, Essig, Zucker und Gewürzen, evtl. auch aus Pilzen, Senf und Wein. Man serviert sie zu kalten und warmen Gerichten.

Kochen (Sieden)

→ Garen in viel Flüssigkeit (Gargut ganz oder größtenteils bedeckt) bei gleichbleibender Siedetemperatur von 100 Grad C. Folgende Lebensmittel werden gekocht: Fleisch, Geflügel, Gemüse, Kartoffeln, Eier, Hülsenfrüchte, Teigwaren und Nährmittel.

Konfitüre

In Zucker eingekochte Früchte, die teils ganz bleiben, teils zerkleinert werden. Im Gegensatz zur Marmelade werden nur erstklassige Früchte von einer Obstsorte verwendet.

Koriander

Aus den Mittelmeerländern stammendes Gewürzkraut mit pfefferkornähnlichen Früchten, die gemahlen in den Handel kommen. Es wird vorwiegend zum Würzen von Wurst, Schweinefleisch sowie von Backwaren gebraucht.

Kresse

Beliebte Gewürz- und Salatpflanze. Man unterscheidet die freiwachsende Brunnen- und die Gartenkresse. Letztere wird als Treibhauspflanze angebaut und ist in Kästchen im Handel erhältlich. Kresse hat einen pikant-scharfen und erfrischenden Geschmack.

Küchenfertig

Lebensmittel, von denen der nicht eßbare Anteil entfernt ist (z. B. → geputztes Gemüse). Sie benötigen jedoch meist für die vorgesehene Verarbeitung noch weitere Zutaten.

Küchenkräuter (→ Gewürzkräuter)

Kümmel

Die sichelförmigen getrockneten Samen eines Krautes, die als Gewürz verwendet werden. Kümmel wird auch in Pulverform gehandelt. Sein Geschmack ist sehr intensiv. Er ist magenfreundlich und verdauungsfördernd und wird daher an schwerverdauliche Speisen wie Kohl, fette Fleischgerichte und Käse gegeben.

Kuvertüre

Eine feste Masse zum Überziehen von Gebäck, mitunter auch von Süßspeisen, die aus Kakao und Fett besteht und im Wasserbad streichfähig gemacht werden muß.

L

Lauch (Porree)

Ein Zwiebelgewächs, bei dem man Sommer- und Winterlauch unterscheidet. Lauch hat wenig → Joule/Kalorien und ist reich an → Vitamin B und C. – Zu den Lauchgewächsen gehören auch Knoblauch, Schnittlauch, → Schalotten und Zwiebeln, die alle gern frisch zum Würzen verwendet werden.

Legieren (→ Abziehen, → Binden)

Eine Soße oder Suppe mit Eigelb binden. Das Eigelb mit etwas Brühe, Milch oder Sahne verrühren und unter Rühren in die Soße oder Suppe geben. Danach dürfen die Speisen nicht wieder kochen, da sonst das Eigelb gerinnt.

Liebstöckel (Maggikraut)

Ein → Küchenkraut, dessen Blätter frisch, getrocknet und → gerebelt zum Würzen verwendet werden. Der Geschmack ist sehr würzig und erinnert an den von Suppengrün und Sellerie. Mit Liebstöckel werden Gemüsesuppen, Eintöpfe, Kartoffelgerichte, Blattsalate und Kräutersoßen gewürzt.

Limonen

Eine kleine grünliche, sehr dünnschalige Zitronenart.

Lorbeer

Verwendet werden die Blätter des im Mittelmeerraum beheimateten Lorbeerbaumes, die man in den Anbauländern oft frisch zum Würzen nimmt. Im allgemeinen werden sie aber getrocknet. Man würzt damit Braten, → Beizen, Fleisch- und → Fischsud, → Marinaden, Soßen, Suppen und benutzt sie zum Einlegen von Gurken und Heringen.

M

Macis (»Muskatblüte«)

Der orangenrote Samenmantel der → Muskatnuß ist ein → Gewürz für sich von sehr feinem Geschmack. Mit Macis würzt man Brot, Gebäck, Fleisch- und Fischgerichte. Es kommt getrocknet und flachgedrückt oder pulverisiert in den Handel.

Majoran

Blätter eines → Küchenkrautes, die besonders für Fleischgerichte verwendet werden.

Mango-Chutney

Eine im Handel erhältliche Würzsauce aus Mangofruchtfleisch, Ingwer, Rosinen, Pfeffer und Zucker. Alle Zutaten sind gut vermischt und dicklich eingekocht. Im Handel gibt es zwei Sorten: »Hot sliced Mango-Chutney« (scharf) und »Sweet sliced Mango-Chutney« (mild). Die Sauce ist eine Beigabe zu gekochtem Geflügelfleisch, kaltem Fleisch und Currygerichten.

Marinade (→ Beize)

Ein Gemisch aus Öl, Essig oder Zitronensaft, Wein und → Marinadengewürzen zum Bestreichen, Bepinseln, Übergießen, Tränken von Fleisch, Geflügel, Fisch u. dgl. mit dem Zweck, die Lebensmittel mürbe zu machen und zu aromatisieren.

Marinadengewürze

Hierzu gehören: Cayennepfeffer, Dill, Ingwer, Koriander, Lorbeerblätter, Pfeffer, Piment und Senfkörner.

Mayonnaise

Eine Soße aus Eigelb und Öl, mit Senf, Salz, → Gewürzen und Essig oder Zitronensaft abgeschmeckt. Das Öl wird tropfenweise unter das Eigelb gerührt. Eigelb und Öl müssen stets die gleiche Temperatur haben, da sonst die Masse gerinnt. Mayonnaise ist die Basis für viele kalte Soßen und Salate und auch zum Überziehen von Fleisch, Fisch und Eiern sehr geeignet.

Medaillons

Ovale oder runde Scheiben vom Kalbs-, Schweine- oder Rehfilet oder von Hummerschwänzen.

Meerrettich (Kren)

Die Wurzel einer Staude, die gerieben zum Würzen von Soßen, Mayonnaise, Sahne, Butter und Kartoffelpüree verwendet wird. In kleine Stücke geschnitten wird Meerrettich eingelegter Roter Bete und Gurken zugefügt.

Mehlschwitze (→ Einbrenne)

Melone

Ein sehr saftreiches und daher sehr erfrischendes Kürbisgewächs. Man unterscheidet verschiedene Melonenarten, z. B. Wassermelonen und Zuckermelonen (Honigmelonen, Netzmelonen). Das Fruchtfleisch von Melonen ist sehr vielseitig für salzige und süße Speisen zu verwenden.

Menü

Eine bestimmte Speisefolge (z. B. Vorgericht, Suppe, Hauptgericht, Nachtisch) zum Mittag- oder Abendessen.

Mineralstoffe

Für den menschlichen Körper lebenswichtige Nährstoffe. Daher muß eine ausreichende Zufuhr mit der täglichen Nahrungsaufnahme gewährleistet sein. Zu den Mineralstoffen im engeren Sinn gehören: Natrium, Kalium, Calcium, Magnesium, Chlorid und Phosphat. Nur in Spuren (Spurenelemente) kommen im menschlichen Körper Eisen, Jod, Fluor, Kupfer, Mangan, Nickel, Zink usw. vor.

Minze (Pfefferminze, engl. = Mint)

Ein → Küchenkraut, von dem man die frischen Blätter zum Würzen von Lammfleischgerichten, Hammelfleisch, Salatsoßen, speziell für die englische Mint-Sauce sowie für verschiedene Mixgetränke verwendet. Die Blätter werden getrocknet für Tee und gleichfalls zum Würzen verwendet.

Mixed Pickles

In Essig zusammen mit → Kräutern und → Gewürzen eingelegtes Gemüse (Perlzwiebeln, kleine Maiskolben, Blumenkohlröschen, Cornichons, Paprika, Karotten).

Mixed Grill

Ein Grillgericht, wobei ein Spieß bestückt wird mit verschiedenen kleinen Fleischstücken oder Cocktailwürstchen, die mit Frühstücksspeck umwickelt werden, und evtl. noch Tomaten- und Zwiebelstückchen, Apfelschnitzel und Gewürzgurkenscheiben. Zum Mixed Grill werden herzhafte Soßen serviert.

Mixen

Gründliches Mischen von Flüssigkeiten, evtl. unter Zugabe von Geschmackszutaten, oder von festen Zutaten, unter gleichzeitigem Zerkleinern durch ein rotierendes Messerkreuz (Mixbecher).

Muskatnuß

Keine Nuß, sondern der dunkelbraune Samenkern der Muskatfrucht. Muskatnüsse kommen ganz oder gemahlen in den Handel. Kartoffelgerichte, verschiedene Gemüsearten, Soßen, Suppen und Gerichte aus Reis und Teigwaren werden damit gewürzt.

N

Nappieren (Maskieren)

Speisen mit einer dicken Soße überziehen.

Nelken (→ Gewürznelken)

Nelkenpfeffer (→ Piment)

Nordseekrabben (→ Garnelen)

O

Oliven

Sehr fetthaltige Früchte des Ölbaumes (Olivenbaum), der vorwiegend im Mittelmeerraum angepflanzt wird. Die grünen, noch unreifen Früchte werden in Salz- oder Essigwasser eingelegt. Große Oliven kommen auch mit Mandel- oder Haselnußkernen und Paprikastücken gefüllt in den Handel.

Oregano

Der wildwachsende → Majoran; sein Aroma ist intensiver. Er wird frisch, getrocknet und pulverisiert verwendet. Oregano ist das typische »Pizza«-Gewürz; außerdem werden viele Tomaten- und Fleischgerichte damit gewürzt.

P

Palen

Entschoten oder enthülsen von Erbsen, die dabei aus der Schote oder Hülse gestreift werden.

Panieren

Lebensmittel vor dem → Braten oder → Fritieren nacheinander in Mehl, verschlagenem Ei und → Bröseln (Paniermehl) wenden. Geriebene oder gemahlene Mandeln oder Kokosraspeln werden gleichfalls zum

Panieren verwendet. Wenn die Lebensmittel nur in Mehl gewendet werden, spricht man von »Mehlieren«.

Paprikaschoten

Gemüsepaprika (gelbe, grüne und rote Schoten) sind mild und werden → geputzt als Gemüse, mit Fleisch, oder Reis gefüllt, zubereitet oder anderen Gerichten beigemischt. – Tomatenpaprika haben einen süßlichen Geschmack, sie werden gleichfalls als Gemüse zubereitet oder als Paprikastreifen eingelegt. – Siehe auch → Gewürzpaprika und → Peperoni.

Passieren

Durchschlagen, -rühren, -pressen oder → -seihen von weichem, meist gegartem Gut (Obst, Gemüse, Suppen, Soßen) durch ein Sieb.

Pastetengewürz

Eine im Handel erhältliche Gewürzmischung aus: Zimt, Macis, Ingwer, Lorbeerblättern und weißem Pfeffer.

Peperoni

Kleine grüne oder rote → Gewürzpaprikaschoten, die roh, getrocknet oder in Essig im Handel erhältlich sind.

Petersilie

Das am meisten in der Küche verwendete → Küchenkraut. Man unterscheidet krause Petersilie und glatte, deren Wurzel als Suppengrün mitverwendet wird.

Pfeffer

Die Samen des Pfefferstrauches sind ein sehr häufig verwendetes wichtiges → Gewürz. Es wird für viele Speisen sowie für Gebäck verwendet. Man unterscheidet verschiedene Sorten: Bei grünem Pfeffer handelt es sich um unreife, unfermentierte Pfefferbeeren, in Salzlösung konserviert, die für Fleischgerichte, Salate u. dgl. verwendet werden. – Schwarzer Pfeffer (Pfefferkörner, geschrotet, grob- und feingemahlen) ist sehr scharf. Er behält seinen Duft besonders lange, wenn man ihn in eine Pfeffermühle gibt und immer nur soviel mahlt, wie benötigt wird. – Weißer Pfeffer (Pfefferkörner, feingemahlen) ist nicht so scharf und hat ein feineres Aroma.

Pilaw

Ein orientalisches Reisgericht, zubereitet mit Hühner- oder Hammelfleisch.

Piment (Nelkenpfeffer, Neugewürz)

Die vor der Reife geernteten und getrockneten Beeren des Nelkenpfeffer-Baumes. Im Handel werden Pimentkörner oder gemahlener Piment angeboten. Es wird zum Würzen von Fleischbrühe, → Fischsud, Fleischgerichten, → Marinaden und → Beizen, Suppen und Soßen, Gebäck und Punschgetränken verwendet.

Pochieren

Lebensmittel in kochende Flüssigkeit geben und garen (z. B. aufgeschlagene Eier in Essigwasser = »Verlorene Eier«). → Garziehen.

Pökeln

Einlegen von Fleisch in eine 15%ige Kochsalzlösung oder schichtweises Überstreuen mit Kochsalz, evtl. mit Zusatz von etwa 3% Salpeter (bezogen auf die Kochsalzmenge).

Porree (→ Lauch)

Poularde

Die ursprüngliche Bezeichnung für junge vor der Geschlechtsreife geschlachtete (männliche oder weibliche) Masthühner, die besonders zartes Fleisch haben. In Belgien und Frankreich auch eine gezüchtete Haushuhnrasse. Heute im Handel als Junghuhn.

Poulet

Jungmasthühner oder -hähnchen, die beim Schlachten etwa 7 Wochen alt sind. Sie wiegen ca. 700–1150 g und reichen für 2 Personen. Das Geflügel wird gebraten, gegrillt oder geschmort serviert.

Pudding

Herkömmlich eine warme, salzige oder süße Speise, die in einer Spezial-Puddingform mit festschließendem Deckel im Wasserbad gekocht und gestürzt wird (z. B. Reis-, Brot-, Fleisch- oder Kohlpudding). Heute wird als Pudding meist eine mit Puddingpulver zubereitete kalte, gestürzte Süßspeise bezeichnet (→ Flammeri).

Pürieren

Zerdrücken, zerstampfen und zerkleinern weicher, roher oder gegarter Lebensmittel zu einer einheitlichen Masse mit Hilfe eines Mixers oder anderer geeigneter Geräte.

Putzen

Ist das Entfernen für den Genuß nicht verwendbarer Anteile, z. B. bei Gemüse, Obst u. dgl.

Q

Quark (Speisequark, Topfen)

Gehört zur Familie der Frischkäse. Es gibt ihn in verschiedenen Fettstufen, er ist sehr eiweißreich und daher sehr gesund und bekömmlich. Quark läßt sich sehr vielseitig zubereiten.

Quellen

Bei Lebensmitteln die Aufnahme von Flüssigkeit unter Volumenzunahme. Die Quellfähigkeit ist abhängig von der Zusammensetzung der Lebensmittel, der Flüssigkeitsmenge sowie der Temperatur des Gargutes (z. B. Reis, → Gelatine).

R

Ragout

Ein gekochtes, meist dunkles Fleisch, das kleingeschnitten (gewürfelt) in einer dunklen, → gebundenen, sehr pikant abgeschmeckten Soße (häufig mit Madeira, Sherry oder Rotwein) serviert wird.

Ragout fin

Ein feines Fleischgericht aus Kalbfleisch, Kalbszunge oder Geflügelfleisch in einer hellen Soße.

Raspeln

Das Zerkleinern von Lebensmitteln (Gemüse, Nüsse) in mehr oder minder große Streifen auf einer Reibe.

Rebeln

Blätter (oder Beeren) vom Zweig abstreifen. Angabe auf den Packungen von getrockneten → Gewürzen besagt, daß keine Stengel mitverarbeitet wurden.

Reiben (Raffeln)

Das Zerkleinern von Lebensmitteln in feinste Teile auf einer Reibe (oder Küchenmaschine).

Risotto

Ein italienisches Reisgericht mit viel frischem, geriebenem Käse.

Rosmarin

Ein im Mittelmeerraum heimisches → Küchenkraut, dessen Blätter frisch oder getrocknet zum Würzen von Fleisch-, Geflügel-, Fisch- und Kartoffelgerichten sowie für Salate und Essigmarinaden verwendet werden.

Rösten

Lebensmittel in heißem Fett oder in »trockener Heißluft« braun und knusperig (→ Toast) machen.

Rühren

Ein Vermengen von Lebensmitteln mit einem größeren Anteil von Flüssigkeit zu einer breiigen, teigigen Masse, in der alle Zutaten gleichmäßig verteilt sind und teilweise durch Luft aufgelockert werden (z. B. Kuchenteige, Soßen u. dgl.). – Bei trockenen Zutaten spricht man meist von »Mischen.«

S

Safran

Getrocknete Narbenschenkel aus der kultivierten Safranpflanze. Sie werden ganz oder pulverisiert im Handel angeboten und zum Würzen und Färben von Gebäck und Reisspeisen verwendet.

Salbei

Ein intensives → Gewürzkraut, das meistens getrocknet verwendet wird. Fisch-, Fleisch- und Teigwarengerichte sowie Soßen und Suppen werden damit gewürzt. Salbei wird häufig mit anderen Kräutern gemischt (z. B. Estragon, Thymian, Beifuß u. a.).

Säuern (→ Fischzubereitung)

Schälen

Das Entfernen von Schalen (z. B. bei Kartoffeln, bestimmtem Gemüse und Obst). – Die Haut von Tomaten und Mandeln dagegen wird »abgezogen«. Eierschalen und Pellkartoffeln »pellt« man. – Junge Kartoffeln und Möhren werden »geschrappt«.

Schalotte

Eine kleine eiförmige → Lauchknolle, deren Geschmack feiner und milder ist als der von Zwiebeln. Sie wird für feine Fleisch- und Fischgerichte, Soßen und Suppen verwendet.

Schlagen (Aufschlagen)

Das Einarbeiten von Luft in flüssiges oder gallertartiges Nahrungsgut (z. B. Sahne, Eiweiß).

Schmoren

Das Bräunen in Fett (→ Anbraten) und ein anschließendes → Garen in wenig siedender Flüssigkeit im geschlossenen Topf. Anfangstemperatur etwa 180 Grad C, nach Flüssigkeitszugabe etwa 100 Grad C.

Schneiden

Das Zerkleinern von Lebensmitteln in Scheiben, Würfel, Stifte, Streifen.

Schnittlauch (→ Lauch)

Sieden (→ Kochen)

Spicken

Mageres Fleisch mit einer »Spicknadel« mit Streifen von geräuchertem fettem Speck durchziehen, um ein Austrocknen des Fleisches zu verhindern. Gespickt wird vorwiegend Wild, Rindfleisch und teils auch magerer Fisch. – Ferner spickt man Zwiebeln und Fleisch (Schweinebraten) mit Nelken zum Würzen.

Steaks

a. Fleischscheiben aus dem zarten Filet von Rind, Kalb, Schwein, Hammel, Reh und Hirsch
b. Scheiben vom Roastbeef = Rumpsteak
c. Scheiben von Putenbrust = Putensteak
d. aus Rinder- oder gemischtem Hackfleisch geformt = Hacksteak

Die Fleischscheiben werden entweder in der Pfanne gebraten oder unter einem heißen Grill gegart. → Garstufen.

In der internationalen Küche werden außerdem noch angeboten:
Club-Steak
Porterhouse Steak
Round Steak
Sirloin Steak
T-Bone-Steak.

T

Tabascosauce

Eine Würzsauce aus dem Extrakt scharfer → Chilis und anderen Zusätzen. Da die Sauce sehr scharf ist, wird sie nur tropfenweise zum Würzen von pikanten Gerichten verwendet.

Thymian

Ein → Küchenkraut, das frisch, getrocknet und → gerebelt oder pulverisiert im Handel angeboten wird. Getrocknet ist Thymian besonders aromatisch und wird zum Würzen von Wild-, Geflügel-, Fleisch- und Fischspeisen sowie für Soßen, Suppen und Salate sowie → Marinaden verwendet.

Toast (engl. = rösten)

Brotscheibe (meist Weißbrot), die im »Toaster« knusprig gebräunt ist (→ Rösten).

Tranchieren (Vorschneiden)

Gekochtes oder gebratenes Fleisch, Geflügel, Wild oder Fisch mit einem Tranchierbesteck (großes Messer mit großer Gabel) oder mit einer Geflügelschere oder einem Fischbesteck in Scheiben oder Portionsstücke zerlegen.

U

Überbacken (→ Gratinieren)

Überflämmen

Ganz kurzes → Überbacken unter einem heißen Grill oder mittels einer glühenden Eisenstange (z. B. Marzipangebäck oder Speisen mit einer Baiserdecke).

Unterheben (Unterziehen)

Geschlagene Sahne oder Eischnee unter eine Masse (Creme, Soße oder Kuchenteig) mischen.

V

Vanille

Die getrocknete Kapselfrucht einer Kletterorchidee mit einem sehr feinen Aroma. Mit Vanille werden Cremes, Süßspeisen, Gebäck, Kuchen, Eis und Süßigkeiten gewürzt. Man verwendet sowohl das ausgeschabte Mark als auch die Schote oder nimmt mit Vanille gewürzten Zucker.

Verzehrfertig (Genußfertig, Konsumfertig)

Lebensmittel und Speisen, die unmittelbar gegessen oder getrunken werden können. Gegebenenfalls ist nur das Entfernen oder Öffnen der Verpackung erforderlich (z. B. → Joghurt, Obstkonserven).

Vorbereiten

Bei der Vorbereitung werden die verschiedenen Lebensmittel vor allem mechanisch behandelt (→ schälen, hacken usw.), um sie in → küchen- oder garfertigen Zustand zu bringen.

Vorgefertigt

Gewerblich oder industriell bearbeitete oder verarbeitete Lebensmittel, die entweder verzehrfertig oder teilfertig sein können (z. B. → Instant-Produkte, Fleisch- und Fischsalate).

Vitamine

Die Wissenschaft hat eine größere Anzahl von Vitaminen ermittelt, die hier nicht alle aufgeführt werden können, und unterscheidet diese außerdem nach fett- und wasserlöslichen. Vitamine sind lebensnotwendige Wirkstoffe, die der Körper nicht selbst aufbauen kann. Daher müssen sie ihm täglich in Form einer gemischten Kost zugeführt werden. Ein Mangel kann zu Störungen im menschlichen Organismus führen.

W

Wacholderbeeren

Die Beeren des Wacholderstrauches werden getrocknet im Handel angeboten und zum Würzen von Fleisch- und Fischmarinaden, Wildgerichten und Gemüse verwendet.

Wasserbad

Ein mit siedendem Wasser gefüllter Kochtopf, in den ein kleinerer Topf oder eine Spezialform (→ Pudding) gestellt wird. (Eine flache Wanne für mehrere Gefäße wird auch »Bain-Marie« genannt.) So lassen sich bestimmte Speisen → garen (z. B. Eierstich) oder auflösen (→ Kuvertüre). – Außerdem werden empfindliche Cremes und Saucen im Wasserbad gegart, damit die Zutaten nicht durch zu große Wärmezufuhr gerinnen. Man kann Speisen so auch aufwärmen oder warm halten.

Worcestershire-Sauce

Eine englische Würzsauce, die tropfenweise zum Würzen von feinen Ragouts, Soßen, Suppen, Pastetenfüllungen, Fleisch- und Fischgerichten verwendet wird.

Y

Ysop

Blätter des Ysop-Strauches, die frisch zum Würzen von Salaten verwendet werden.

Z

Zimt (Kaneel)

Die getrocknete Innenrinde des Zimtbaumes oder -strauches, die in Stangen oder gemahlen in den Handel kommt. Zimt kann sehr vielseitig zum Würzen von süßen und salzigen Speisen verwendet werden.

Zucchini (Gurkenkürbisse)

Gehören zur Familie der Kürbisse und werden zu Gemüse, → Aufläufen und in Verbindung mit anderen Gemüsen oder mit Fleisch verarbeitet.

Zuckerfarbe (Zuckercouleur)

Mit Wasser → abgelöschter Karamel. Er wird zum Färben von Suppen, Soßen und Süßspeisen verwendet.

Joule-/Kalorientabellen

Der Umrechnungsfaktor von Kalorien (kcal) auf Joule (kJ) beträgt:
1 kcal = 4,186 kJ. In der Praxis wird er aufgerundet auf 4,2 kJ.

Wenn nicht anders angegeben, sind die Joule- und Kalorienwerte aller Nahrungsmittel auf 100 g eßbaren Anteil berechnet.
Das heißt z. B. Fleisch: immer ohne Knochen. Obst und Gemüse: immer ohne Schalen und ohne Blattwerk. Nüsse und Schalentiere: immer ohne Schale

Milch und Milchprodukte

Lebensmittel	Joule	Kalorien
Buttermilch	151	36
Fettarme Milch (1,5 % Fett)	210	50
Magermilch	147	35
Sauermilch (3,5 % Fett)	273	65
Vollmilch	281	67
Kaffeesahne (10 % Fett)	768	183
Kondensmilch (7,5 % Fett)	575	137
Saure Sahne (10 % Fett)	533	127
Schlagsahne	1260	300
Joghurt aus Magermilch (1 Becher = 125 g)	243	58
Joghurt aus Trinkmilch (1 Becher = 150 g)	390	93
Joghurt aus Sahne (1 Becher = 150 g)	1155	275
Speisequark (Magerstufe)	369	88
Speisequark (10 % Fett)	441	105
Speisequark (40 % Fett)	735	175
Frischkäse (60 % Fett)	1486	354
Hüttenkäse (20 % Fett)	483	115
Camembert (30 % Fett)	987	235
Camembert (60 % Fett)	1680	400

Lebensmittel	Joule	Kalorien
Edamer (40 % Fett)	1428	340
Gouda (45 % Fett)	1680	400
Roquefort (50 % Fett)	1734	413
Schmelzkäse (30 % Fett)	840	200
Schmelzkäse (60 % Fett)	1402	334
Schweizer Käse (45 % Fett)	1764	420
Tilsiter (30 % Fett)	1197	285

Fleisch, Fleisch- und Wurstwaren

Kalbsfilet	441	105
Kalbskotelett	525	125
Kalbsleber	600	143
Kalbsschnitzel	453	108
Hammelfleisch, mager	924	220
Rindfleisch, mager	1066	254
Rinderfilet	529	126
Rinderleber	592	141
Beefsteakhack (Tatar)	504	120
Hackfleisch (halb Rind, halb Schwein)	1344	320

Lebensmittel	Joule	Kalorien
Schweinebauch	1890	450
Schweinefilet	739	176
Schweinefleisch, mager	840	200
Schweinekotelett	1545	368
Schweine-schnitzel	705	168
Eisbein	869	207
Kasseler Rippenspeer	1377	328
Bockwurst	1155	275
Bratwurst (Schwein)	1365	325
Bratwurst (Kalb)	1302	310
Fleischwurst	1323	315
Leberwurst	1890	450
Mettwurst (im Durchschnitt)	3210	550
Schinken (gekocht)	1184	282
Schinken (roh)	1659	395

Fische und Krustentiere

Aal, frisch	1255	299
Aal, geräuchert	1415	337
Forelle	436	104
Goldbarsch (Filet)	462	110

Lebensmittel	Joule	Kalorien
Heilbutt, geräuchert	999	238
Hering	1071	255
Kabeljau (Filet)	327	78
Karpfen	634	151
Schellfisch (ganzer Fisch)	336	80
Schleie	357	85
Scholle	348	83
Seelachs (Filet)	369	88
Seezunge (Filet)	378	90
Steinbutt	315	75
Bismarckhering	898	214
Brathering	982	234
Bückling	974	232
Makrele, geräuchert	999	238
Räucherlachs	1050	250
Schillerlocken	1323	315
Sprotten	1092	260
Thunfisch in Öl	1276	304
Krabbenfleisch	432	102
Muschelfleisch	302	72
Schnecken (mit Kräuterbutter)	1050	250

Wild und Geflügel

Hase	520	124
Hirsch	546	130
Rehkeule	445	106

Lebensmittel	Joule	Kalorien
Rehrücken	558	133
Wildschwein	504	120
Brathähnchen	604	144
Ente	1020	243
Fasan	462	110
Gans	1528	364
Hähnchenschenkel	504	120
Hühnerbrust	457	109
Huhn	840	200
Pute	966	230

Fette und Öle

Butter	3263	777
Halbfettmargarine	1512	360
Kräuterbutter	3263	777
Margarine	3078	733
Pflanzenfett (z. B. Biskin)	3780	900
Pflanzenöl	3906	930
Schmalz	3977	947

Eier

Ei (60 g, Klasse 4) 1 Stück	399	95
Eigelb von einem Ei	319	76
Eiweiß von einem Ei	71	17

Lebensmittel	Joule	Kalorien

Obst, Gemüse und Nüsse

Lebensmittel	Joule	Kalorien
Apfel	218	52
Apfelsine	226	54
Aprikose	226	54
Birne	247	59
Erdbeeren	163	39
Himbeeren	168	40
Johannisbeeren, rot	155	37
Kirschen, süß	268	64
Mirabellen	281	67
Pfirsich	193	46
Pflaumen	222	53
Weintrauben	310	74
Avocado	1008	240
Blumenkohl	117	28
Bohnen, grün	138	33
Erbsen	390	93
Grünkohl	193	46
Gurke	42	10
Kartoffeln	357	85
Kohlrabi	109	26
Kopfsalat	58	14
Möhren	147	35
Paprika	117	28
Porree (Lauch)	159	38
Rettich, Radieschen	79	19
Rhabarber	84	20
Sauerkraut	109	26
Sellerie	159	38
Spargel	84	20
Spinat	96	23
Tomaten	79	19
Champignons	100	24
Pfifferlinge	96	23
Steinpilze	142	34
Erdnüsse, geröstet	2646	630
Haselnüsse	2898	690
Mandeln	2730	650
Walnüsse	2961	705

Getränke und Spirituosen

Lebensmittel	Joule	Kalorien
Kakao	483	115
Apfelsaft	197	47
Johannisbeersaft, rot	210	50
Traubensaft	310	74
Orangensaft	205	49
Cola	189	45
Limonade	252	60
Tomatensaft	88	21
Bier	201	48
Malzbier	235	56
Rotwein	323	77
Weißwein	294	70
Sekt, trocken	336	80

Lebensmittel	Joule	Kalorien
Klarer Korn, 32 % (2 cl)	168	40
Fruchtsaftlikör, 30 % (2 cl)	252	60
Weinbrand, 38 % (2 cl)	205	49
Whisky (2 cl)	210	50

Brot, Backwaren und Nährmittel

Brötchen (1 Stück)	525	125
Knäckebrot (1 Scheibe)	147	35
Mischbrot (1 Scheibe)	525	125
Roggenbrot (1 Scheibe)	483	115
Toastbrot (1 Scheibe)	273	65
Vollkornbrot (1 Scheibe)	504	120
Apfelkuchen (1 Stück)	840	200
Buttercremetorte (1 Stück)	1680	400
Blätterteiggebäck (1 Stück)	1092	260
Butterkekse (1 Stück)	105	25

Lebensmittel	Joule	Kalorien
Napfkuchen (1 Stück)	1197	285
Quarktorte (1 Stück)	1218	290
Corn-flakes	1680	400
Eierteigwaren	1638	390
Grieß	1554	370
Haferflocken	1688	402
Reis	1545	368
Weizenmehl (Type 405)	1545	368
Weizenstärke	1554	370

Zucker und Zuckerwaren

Würfelzucker (1 Stück)	42	10
Zucker	1654	394
Honig	1281	305
Marmelade	1079	257
Bitterschokolade	2331	555
Milchschokolade	2364	563
Bonbon (1 Stück)	168	40
Marzipan	1890	450
Pralinen (1 Stück)	210	50
Weinbrand-kirschen (1 Stück)	189	45
Eiscreme	903	215
Fruchteis	588	140

Moderne Rezepte von A bis Z

Aal in Dillsoße

(Foto Seite 49)

Pro Portion ca. 2850 Joule = ca. 680 Kalorien – Zubereitungszeit ca. 35 Minuten

Zutaten

(für 4 Portionen)

800 g frischer Aal
Essig, Salz
3/8 Liter Wasser
1 geschälte Zwiebel
1 Bund geputztes Suppengrün
1 Lorbeerblatt, Salz
Gewürz- und Pfefferkörner

Für die Soße
2 Eßl. Mehl
100 g Butter oder Margarine
2 Tassen Fischbrühe
1/8 Liter saure Sahne
1 Bund Dill

Zubereitung

Den Aal vom Fischhändler vorbereiten lassen (Haut abziehen und den Aal in Stücke schneiden lassen). Den Aal *säuern* und salzen. In einen Kochtopf Wasser, die zerteilte Zwiebel, Suppengrün, etwas Essig, das Lorbeerblatt, Salz und die Gewürzkörner geben und alles zum Kochen bringen. Die Aalstücke hineinlegen und bei milder Wärme ca. 15 Minuten garen.
Für die Soße Mehl und Butter in einem Topf goldgelb rösten, mit 2 Tassen Fischbrühe ablöschen, gut durchkochen lassen, die saure Sahne darunterrühren und die Soße abschmecken. Vor dem Anrichten den feingeschnittenen Dill und die Aalstücke in die Soße geben.

Aal am Spieß

Pro Portion ca. 3350 Joule = ca. 800 Kalorien – Zubereitungszeit ca. 45 Minuten

Zutaten

(für 4 Portionen)

1 frischer Aal (ca. 800 g)
Zitronensaft, Salz, Pfeffer
250 g durchwachsener geräucherter Speck

Zum Garnieren
2 Zitronen, 2 Tomaten
Petersilie, 1 kleiner Kopf Salat

Zubereitung

Den vom Fischhändler gehäuteten Aal in 3 cm dicke Stücke schneiden. Aus Zitronensaft, Salz und Pfeffer eine Marinade zubereiten, über die Aalstücke gießen und diese etwa 20 Minuten darin ziehen lassen. Den Speck in gleich große (ca. 3×3 cm) Stücke schneiden. Abwechselnd abgetropfte Aalstücke und Speckscheiben auf Spieße stekken und unter einem heißen Grill etwa 3–5 Minuten von jeder Seite grillen. Die Spieße auf einer Platte anrichten und mit Zitronenspalten, Tomatenstückchen, Petersilie und Salatblättern garnieren.

Aprikosenklöße

Pro Portion ca. 1760 Joule = ca. 420 Kalorien – Zubereitungszeit ca. 40 Minuten

Zutaten

(für 4 Portionen)

1 Packung »gekochte Klöße« (230 g)
500 g Aprikosen
8 Stückchen Würfelzucker
Salzwasser

Für die Soße
250 g Aprikosen
5 Eßl. Wasser
4–6 Eßl. Zucker
½ Stange Zimt
Schale von ½ unbehandelten Zitrone
½ Vanilleschote
20 g Butter
2 Eßl. Semmelbrösel

Zubereitung

Die Klöße nach Anweisung auf der Packung zubereiten. 8 gewaschene Aprikosen entkernen und mit Würfelzucker füllen. Die Kloßmasse in 8 gleiche Teile teilen, die Aprikosen darin einhüllen und runde Klöße formen. Die Klöße in kochendem Salzwasser etwa 20 Minuten gar ziehen lassen.
Für die Soße die restlichen Aprikosen entkernen, kleinschneiden und in Zuckerwasser mit Gewürzen weich dünsten. Danach die Gewürze entfernen und die Aprikosen pürieren.
Vor dem Anrichten die Semmelbrösel in heißer Butter rösten und über die Klöße geben. Die Klöße mit Aprikosensoße servieren.

Artischocken mit Sauce Vinaigrette

(Foto Seite 50)

Pro Portion ca. 2219 Joule = ca. 662 Kalorien – Zubereitungszeit ca. 50 Minuten

Zutaten

(für 4 Portionen)

4 Artischocken
Salzwasser
Saft von ½ Zitrone

Für die Sauce
6–8 Eßl. Öl
2–3 Teel. Senf
2–3 Teel. Essig
1 Eßl. Weißwein
1 kleine geschälte Zwiebel
1 mittelgroße Gewürzgurke
2 hartgekochte Eier
Petersilie, Dill
Salz, weißer Pfeffer, Zucker

Zubereitung

Die Artischocken unter fließendem Wasser waschen. Danach die unteren Blätter entfernen und den Stiel möglichst kurz abschneiden. Die Blattspitzen mit einer Schere etwas stutzen. Die vorbereiteten Artischocken in einem großen Topf mit reichlich kochendem Salzwasser (sie müssen darin schwimmen können!) und Zitronensaft etwa 40–45 Minuten garen. (Bitte keinen Aluminiumtopf verwenden, da die Artischocken sich darin verfärben.) Die Artischocken sind gar, sobald sich die unteren Blätter herausziehen lassen. Danach die Artischokken aus dem Kochwasser herausheben, umgekehrt auf eine Serviette legen und gut abtropfen lassen. Als Vorgericht mit Sauce Vinaigrette servieren.
Für die Sauce Öl, Senf, Essig und Weißwein gut verschlagen. Die Zwiebel und die Gurke sehr fein würfeln, die Eier hacken und alles in die Ölmarinade geben. Zuletzt die sehr fein gehackten Kräuter darunterrühren und die Sauce herzhaft abschmecken.

Aspik mit buntem Gemüse

Pro Portion ca. 800 Joule = ca. 190 Kalorien – Zubereitungszeit ca. 1½ Stunden

Zutaten

(für 4–6 Portionen)

200 g geputzte Blumenkohlröschen
1 geputzte Möhre
125 g kleine Rosenkohlröschen
100 g tiefgefrorene Brechbohnen
150 g Fleischwurst
½ Bund Petersilie

Für den Aspik
½ Liter klare Brühe instant
¼ Liter Weißwein
ca. 4 Eßl. Essig
ca. ½ Teel. Salz
ca. 1 Teel. Zucker
12 Blatt weiße Gelatine

Zubereitung

Das vorbereitete Gemüse getrennt je Sorte in kochendem Salzwasser garen und gut abtropfen lassen. Die Möhre mit einem Buntmesser in Scheiben schneiden. Aus den Wurstscheiben mit Ausstechformen kleine Figuren ausstechen, die restliche Wurst würfeln.
Für den Aspik die Brühe kurz aufkochen, Weißwein, Essig, Salz und Zucker hinzufügen, alles gut verrühren, die in kaltem Wasser eingeweichte, gut ausgedrückte Gelatine darin auflösen und den Sud recht pikant und kräftig abschmecken.
In eine Form 2 cm hoch Flüssigkeit gießen und den Spiegel im Kühlschrank erstarren lassen. Aus den Zutaten auf den festen Spiegel ein Muster legen, etwas Gelatineflüssigkeit darübergießen und alles wieder im Kühlschrank erstarren lassen. Danach das restliche Gemüse, die Wurst und die Flüssigkeit in die Form füllen und den Aspik im Kühlschrank fest werden lassen. Vor dem Anrichten die Form kurz in heißes Wasser tauchen und den Aspik auf eine mit kaltem Wasser abgespülte Platte stürzen. Mit einer Remouladensauce (siehe Seite 80) und Toastbrot servieren.

Auberginen auf Makkaroni

Pro Portion ca. 1680 Joule = ca. 400 Kalorien – Zubereitungszeit ca. 70 Minuten

Zutaten

(für 4 Portionen)

1 kg Auberginen
Salz, 1 geschälte Knoblauchzehe
3 Eßl. Öl
250 g frische geputzte Pilze (Maronen)
4 abgezogene Tomaten
Salz, Pfeffer, Thymian
Petersilie, Schnittlauch
200 g Makkaroni
2 Liter Salzwasser
20 g Butter oder Margarine
2 Eßl. Parmesankäse

Zubereitung

Die Auberginen gut waschen und ungeschält in Würfel schneiden. Danach salzen und 10 Minuten ziehen lassen. Die feingehackte Knoblauchzehe im heißen Öl andünsten, die kleingeschnittenen Pilze und die abgetropften Auberginenwürfel hinzufügen, alles gut durchdünsten, zuletzt die kleingeschnittenen Tomaten dazugeben und alles zugedeckt etwa 15–20 Minuten dünsten. In dieser Zeit auch die Makkaroni in kochendem Salzwasser etwa 20 Minuten garen, auf einem Sieb abtropfen lassen. Das Gemüse salzen und würzen und die gehackten Kräuter daruntermischen. Die Makkaroni in zerlassener Butter und Parmesankäse schwenken und bergartig auf einer vorgewärmten Platte anrichten. Das Gemüse darübergeben, mit Kräutern bestreuen und servieren.

Avocados überbacken

(Foto Seite 51)

Pro Portion ca. 1840 Joule = ca. 440 Kalorien – Zubereitungszeit ca. 60 Minuten

Zutaten

(für 4 Portionen)

2 reife Avocados,
Zitronensaft

Füllung
200 g frische geputzte Champignons
Zitronensaft
1 geschälte Zwiebel
1 Eßl. Butter oder Margarine
Salz, Pfeffer
1 Eßl. gehackte Petersilie

Für die Soße
20 g Butter oder Margarine
1–2 Eßl. Mehl
1/8 Liter klare Brühe instant
1/8 Liter Milch
2 Eßl. grobgeriebener Emmentaler Käse
Salz, Pfeffer, Muskat, Zucker

Zum Bestreuen
3–4 Eßl. geriebener Emmentaler Käse

Zubereitung

Für die Füllung die Champignons in dünne Scheiben schneiden und mit Zitronensaft beträufeln. Die Zwiebel würfeln, in heißer Butter dünsten, die Champignons hinzufügen und alles etwa 10 Minuten dünsten. Danach Salz, Pfeffer und Petersilie dazugeben.
Für die Soße Butter und Mehl hellgelb rösten, mit Brühe und Milch löschen und alles gut durchkochen lassen. Käse, Salz, Gewürze und Zucker hinzufügen.
Die gewaschenen Avocados halbieren, entkernen, in eine flache, feuerfeste Form setzen und die Schnittflächen mit Zitronensaft beträufeln. Die Füllung in die Vertiefungen geben, die Soße darübergießen, alles mit Käse bestreuen, die Form auf den Rost stellen, in den vorgeheizten Backofen schieben und bei 200 Grad oder Stufe 3 ca. 25 Minuten überbacken.

Balkantopf

Pro Portion ca. 2480 Joule = ca. 590 Kalorien – Zubereitungszeit ca. 75 Minuten

Zutaten

(für 4 Portionen)

30 g Schweineschmalz
500 g Schweinenacken ohne Knochen
250 g geschälte Zwiebeln
1 Teel. Edelsüßpaprika
1 Teel. Kümmel
1/2 Teel. Majoran
1/2 Teel. Knoblauchsalz
3/4 Liter klare Brühe instant
375 g geschälte Kartoffeln
1 kleine Dose Tomatenmark (70 g)
5 Eßl. saure Sahne
1 Bund gehackte Petersilie

Zubereitung

Schmalz in einem Schmortopf heiß werden lassen, das Fleisch in Würfel schneiden und darin anbraten. Die Zwiebeln in Würfel schneiden und kurz mitbraten. Gewürze hinzufügen, heiße Brühe darübergießen und alles 30 Minuten schmoren lassen. Danach die in Würfel geschnittenen Kartoffeln dazugeben und alles weitere 25 Minuten garen. Tomatenmark und Sahne verrühren, dazugeben und den Balkantopf mit Salz und Gewürzen herzhaft abschmecken. Mit Petersilie bestreut anrichten und Graubrot dazu servieren.

Bananen-Koteletts

Pro Portion ca. 2510 Joule = ca. 600 Kalorien – Zubereitungszeit ca. 45 Minuten

Zutaten

(für 4 Portionen)

4 Schweinekoteletts à 150 g
Ingwerpulver
4 Bananen (ca. 400 g)
1 Teel. gehackte Pistazien
3 Eßl. Öl
Salz
6 gefüllte Oliven
2 Eßl. Mango-Chutney
3 Eßl. saure Sahne

Zubereitung

In die Koteletts vom Fleischer eine Tasche einschneiden lassen. Das Fleisch innen und außen mit Ingwerpulver und etwas Salz einreiben. Drei Bananen schälen und in Würfel schneiden. Pistazien und Bananen vermischen, die Masse in die Fleischtaschen füllen und diese zustecken. Das Öl in einer Bratpfanne heiß werden lassen, die Koteletts hineinlegen und bei milder Wärme von jeder Seite etwa 6–8 Minuten braten. Danach die Koteletts herausnehmen, salzen und warm stellen. Die in Scheiben geschnittenen Oliven und Mango-Chutney in das Bratfett geben, die letzte Banane zerdrücken, mit Sahne verrühren und die Soße damit binden. Die Soße über die Koteletts gießen und dazu gekochten Reis servieren.

Bananen-Reis-Omelett

Pro Portion ca. 2020 Joule = ca. 480 Kalorien – Zubereitungszeit ca. 25 Minuten

Zutaten

(für 4 Portionen)

140 g Doppelrahmfrischkäse
1 Bund Dill
1 Bund Petersilie
6 Eier
2 Eßl. Mehl
140 g gekochter Reis
2 gestr. Teel. Backpulver
4 geschälte Bananen
3 Eßl. Butter oder Margarine
2 Eßl. Tomatenketchup

Zubereitung

Den Doppelrahmfrischkäse mit gehacktem Dill und gehackter Petersilie verrühren. Nach und nach die ganzen Eier, Mehl, Reis und Backpulver daruntermischen. Die Bananen in Scheiben schneiden, in etwas heißer Butter braten und warm stellen. Wieder etwas Fett in die Bratpfanne geben, heiß werden lassen, etwas von der Teigmasse hineingeben und nacheinander Omeletts nur auf einer Seite backen. Auf die eine Hälfte der ungebackenen Seite etwas von der Bananenmasse streichen, mit Ketchup beträufeln und die andere Hälfte darüberklappen. Zu den Omeletts Feldsalat servieren.

Bauernfrühstück

Pro Portion ca. 2510 Joule = ca. 600 Kalorien – Zubereitungszeit ca. 25 Minuten

Zutaten

(für 4 Portionen)

1 kg gekochte Pellkartoffeln
125 g durchwachsener geräucherter Speck
4 Eßl. Öl
2 kleine Zwiebeln
4 Eier
3 Eßl. Wasser
Salz
frischgemahlener Pfeffer
4 mittelgroße Gewürzgurken
1 Bund Petersilie

Zubereitung

Die Kartoffeln abziehen und in Scheiben schneiden. Den Speck in Würfel schneiden. In einer großen Bratpfanne das Öl erhitzen, die Speckwürfel darin glasig werden lassen und die Kartoffelscheiben dazugeben. Zwiebeln schälen, fein würfeln und über die Kartoffelscheiben streuen. Die Kartoffeln unter häufigem Wenden braun braten. Eier, Wasser, Salz und Pfeffer gut verschlagen, über die gebratenen Kartoffeln gießen, stokken lassen und zuletzt die kleingeschnittenen Gewürzgurken und die gehackte Petersilie darüberstreuen. Das Bauernfrühstück im ganzen aus der Pfanne auf eine vorgewärmte Platte gleiten lassen und dabei zur Hälfte zusammenklappen.

Bauernomelett

Pro Portion ca. 2310 Joule = ca. 550 Kalorien – Zubereitungszeit ca. 50 Minuten

Zutaten

(für 4 Portionen)

100 g Schinkenspeck
200 g Mortadella
2 geschälte Zwiebeln
750 g gekochte Pellkartoffeln
6 Eier
Salz
Pfeffer aus der Mühle
1 Bund Schnittlauch

Zubereitung

Den Schinkenspeck und die Wurst in Würfel schneiden. Die Zwiebeln fein hacken, die Kartoffeln abziehen und in Scheiben schneiden. In einer Bratpfanne die Speckwürfel anbraten, Mortadella, Zwiebeln und Kartoffelscheiben hinzufügen und alles kräftig anbraten. Die Eier, Salz und Gewürze verschlagen, über die Kartoffeln gießen und bei milder Wärme stocken lassen. Das Bauernomelett aus der Pfanne auf eine vorgewärmte Platte gleiten lassen und mit Schnittlauchröllchen bestreuen. Das Omelett mit Tomatensalat servieren.

Beefsteak nach Elsässer Art

(Foto Seite 52 links unten)

Pro Portion ca. 2650 Joule = ca. 630 Kalorien – Zubereitungszeit ca. 30 Minuten

Zutaten

(für 4 Portionen)

4 Beefsteaks à 200 g (gut abgehangen)
3–4 Eßl. Öl
30 g Butter oder Margarine
Salz, Pfeffer
1 Glas Portwein
2 Eßl. herbe Orangenmarmelade
1 Prise Muskat
1 Eßl. geriebener Meerrettich
½ Becher saure Sahne (100 g)
Oliven zum Verzieren

Zubereitung

Die Steaks abspülen und gut trocknen. Das Öl in die Steaks einmassieren. Eine Eisen- oder Stahlpfanne heiß werden lassen und die Steaks auf jeder Seite kurz bräunen. Butter hinzufügen und die Steaks bei milder Wärme etwa 3–4 Minuten von jeder Seite braten. Salzen, würzen und warm stellen. Portwein, Orangenmarmelade und Muskat in das Bratfett geben, kurz einkochen lassen, mit Meerrettich und Sahne verrühren und über die Steaks geben. Die Steaks mit Meerrettich, Orangenschale und Oliven verziert anrichten.

Beefsteak nach Farmer Art

Pro Portion ca. 2600 Joule = ca. 620 Kalorien – Zubereitungszeit ca. 25 Minuten

Zutaten

(für 4 Portionen)

1 Eßl. Pflanzenöl
4 Beefsteaks (à 125 g)
grober Pfeffer
Salz
Edelsüßpaprika
1 Dose Champignons (230 g Einwaage)
4 Tomaten (mittelgroß)
500 g Quark, Magerstufe
1 Bund Petersilie
1 Bund Schnittlauch

Zubereitung

Das Öl in einer großen Pfanne heiß werden lassen. Die Beefsteaks leicht klopfen, mit Pfeffer bestreuen und im heißen Öl von jeder Seite etwa 5 Minuten braten. Danach salzen, mit Paprika bestreuen und auf einer Platte warm stellen. Die gut abgetropften Champignons in das Bratfett geben und anbraten. Die abgezogenen, in Achtel geschnittenen Tomaten hinzufügen, erwärmen und vor dem Anrichten auf die Beefsteaks geben. Den Quark, Salz, Pfeffer, Paprika und die gehackten Kräuter gut verrühren und zu den Beefsteaks servieren.

Beefsteak mit Orangensoße

(Foto Seite 52 rechts oben)

Pro Portion ca. 2560 Joule = ca. 610 Kalorien – Zubereitungszeit ca. 30 Minuten

Zutaten

(für 4 Portionen)

4 Beefsteaks à 200 g (gut abgehangen)
3–4 Eßl. Öl
30 g Butter oder Margarine
Salz, Pfeffer
1/8 Liter Wasser
Saft und Schale einer unbehandelten Orange
3 Eßl. süße Sahne
1 Teel. Speisestärke
2–3 Eßl. Sherry
Filets von einer Orange
Kresse zum Verzieren

Zubereitung

Die Steaks abspülen und gut trocknen. Das Öl einmassieren. Eine Eisen- oder Stahlpfanne sehr heiß werden lassen und die Steaks von beiden Seiten darin kurz bräunen. Butter hinzufügen und die Steaks von beiden Seiten etwa 3–4 Minuten bei milder Wärme braten; salzen, würzen und warm stellen. Wasser in das Bratfett gießen, Orangensaft und -schale dazugeben und alles aufkochen lassen. Sahne und Speisestärke verrühren und die Flüssigkeit damit binden. Die Soße mit Sherry, Salz und Gewürzen abschmekken, die Orangenfilets hineingeben, alles über die Beefsteaks verteilen und mit Kresse verziert anrichten.

Beefsteak nach Prager Art

(Foto Seite 52 rechts unten)

Pro Portion ca. 3190 Joule = ca. 760 Kalorien – Zubereitungszeit ca. 25 Minuten

Zutaten

(für 4 Portionen)

4 Beefsteaks à 200 g (gut abgehangen)
3–4 Eßl. Öl
30 g Butter oder Margarine
Salz, Pfeffer
4 Eier
4 dünne Scheiben Prager Schinken (150 g)
1–2 Teel. Kaviar zum Verzieren

Zubereitung

Die Steaks abspülen und gut trocknen. Das Öl einmassieren und die Steaks in einer heißen Eisen- oder Stahlpfanne kurz bräunen. Butter hinzufügen und die Beefsteaks von jeder Seite bei milder Wärme 3–4 Minuten braten. Danach salzen, würzen und warm stellen. Im Bratfett 4 Spiegeleier braten. Auf jedes Beefsteak eine Scheibe Schinken und ein Spiegelei geben und mit Kaviar verziert servieren.

Beefsteak mit Tomaten

(Foto Seite 52 links oben)

Pro Portion ca. 2900 Joule = ca. 690 Kalorien – Zubereitungszeit ca. 25 Minuten

Zutaten

(für 4 Portionen)

4 Beefsteaks à 200 g (gut abgehangen)
3-4 Eßl. Öl
30 g Butter oder Margarine
Salz, schwarzer Pfeffer
30 g Kräuterbutter
1 kleine Dose Tomaten
Knoblauchsalz, Zwiebelsalz
Majoran, 1 Prise Zucker
½ Becher saure Sahne (100 g)
Petersilie zum Garnieren

Zubereitung

Die Steaks abspülen und gut trocknen. Das Öl einmassieren. Eine Eisen- oder Stahlpfanne sehr heiß werden lassen und die Steaks von jeder Seite kurz bräunen. Butter hinzugeben und die Steaks bei milder Wärme von jeder Seite etwa 3–4 Minuten braten. Danach die Steaks salzen, würzen und warm stellen. Die Kräuterbutter in das Bratfett geben, die gut abgetropften Tomaten hinzugeben, alles salzen und würzen und die Sahne darübergießen. Die Tomaten zugedeckt etwa 4 Minuten dünsten, auf die Steaks geben und diese mit Petersilie garniert servieren.

Beefsteak mit Zwiebeln und Käse

Pro Portion ca. 2470 Joule = ca. 590 Kalorien – Zubereitungszeit ca. 35 Minuten

Zutaten

(für 4 Portionen)

4 gut abgehangene Beefsteaks à 150 g
5 Eßl. Öl
geschroteter Pfeffer
250 g geschälte Zwiebeln
Salz
40 g Butter oder Margarine
2 Gläschen Weinbrand
4 Käse-Scheibletten
Edelsüßpaprika

Zubereitung

Die Beefsteaks mit Öl einreiben, mit Pfeffer bestreuen und etwa 24 Stunden zugedeckt im Kühlschrank stehen lassen. Danach die Beefsteaks in einer Pfanne in heißem Öl von jeder Seite scharf anbraten (etwa ½ Minute pro Seite) und bei geringerer Wärme von jeder Seite 2–3 Minuten fertig braten. Die in Ringe geschnittenen Zwiebeln mit Fett in das restliche Bratfett geben und braun rösten. Alles mit Weinbrand ablöschen. Die Steaks salzen und würzen, Zwiebelringe und je 1 Scheiblette auf jedes Steak geben, kurz unter einem heißen Grill überbacken und mit Paprika bestäubt servieren.

Birnen in Weinsoße

Pro Portion ca. 1680 Joule = ca. 400 Kalorien – Zubereitungszeit ca. 30 Minuten

Zutaten

(für 4 Portionen)

4 Birnen
2 Tassen Weißwein (¼ Liter)
3 Eßl. Zucker
3–5 Nelkenköpfe
1 Stückchen Zitronenschale
1 Stange Zimt
200 g Doppelrahmfrischkäse
2–3 Eßl. Birnengeist
1 Päckchen Vanillezucker

Zum Verzieren
Schokoladenstreusel
Cocktailkirschen

Zubereitung

Die gewaschenen Birnen schälen, halbieren und vom Kerngehäuse befreien. Weißwein darübergießen, die Birnen, Wein, Zucker und Gewürze in einen Kochtopf geben und alles etwa 20 Minuten bei milder Wärme dünsten. Danach die Gewürze entfernen und die Birnen erkalten lassen. In der Zwischenzeit den Frischkäse und 3–4 Eßlöffel Birnensaft schaumig schlagen und mit Birnengeist und Vanillezucker abschmecken. Die Soße über die Birnen gießen und mit Schokoladenstreuseln und Cocktailkirschen verzieren.

Birnenauflauf mit Bohnen und Speck

(Foto Seite 53)

Pro Portion ca. 2550 Joule = ca. 610 Kalorien – Zubereitungszeit ca. 1 Stunde

Zutaten

(für 4 Portionen)

1 Teel. Butter oder Margarine
1 kleine Dose weiße Bohnen (Einwaage 200 g)
1 Packung tiefgefrorenes Suppengrün
4 Eßl. Tomatenketchup
Salz, Pfeffer
200 g geräucherter durchwachsener Speck
1 große Dose Brechbohnen (Einwaage 500 g)
1 Bund Bohnenkraut
1 Bund Petersilie
500 g Birnen oder 1 große Dose (Einwaage 460 g)
Kresse
1 Eßl. Butter oder Margarine

Zubereitung

Die weißen Bohnen, Suppengrün, 2 Eßlöffel Tomatenketchup, Salz und Pfeffer vermischen und alles in eine gefettete Auflaufform füllen. Den Speck in dünne Scheiben schneiden, 6 Scheiben zurückstellen, die restlichen über die Bohnen legen. Die gut abgetropften grünen Bohnen daraufgeben, Salz und gehackte Kräuter darüberstreuen. Die Birnenhälften abtropfen lassen und auf die grünen Bohnen legen. Zuletzt die 6 Speckscheiben aufrollen, zwischen die Birnen stellen, in die Mitte Tomatenketchup und Kresse füllen, Butterflöckchen daraufsetzen und den Auflauf im vorgeheizten Backofen bei starker Hitze (225 Grad oder Stufe 4) etwa 30 Minuten backen.

Blätterteigrollen mit Brokkoli-Lachs-Füllung

(Foto Seite 54 Mitte)

Pro Portion ca. 1720 Joule = ca. 410 Kalorien – Zubereitungszeit ca. 20 Minuten

Zutaten

(für 4 Portionen)

1 Packung tiefgefrorener Blätterteig (300 g)
1 Ei

Für die Füllung
1 Packung (300 g) tiefgefrorener Brokkoli
4 Scheiben echter Lachs

Zubereitung

Brokkoli nach Anweisung auf der Packung dünsten und erkalten lassen. – Den Blätterteig nach Anweisung auf der Packung auftauen lassen und danach dünn ausrollen. In Rechtecke von 15×20 cm schneiden und mit Lachs belegen; Brokkoli in Röschen zerteilen und daraufgeben. Die Blätterteigstücke aufrollen, die Kanten mit Eiweiß bestreichen und die Rollen so auf ein mit kaltem Wasser abgespültes Backblech legen, daß das Ende des aufgewickelten Teiges auf dem Backblech liegt. Die Rollen mit verschlagenem Eigelb bestreichen. Das Backblech in den vorgeheizten Backofen schieben und die Rollen bei starker Hitze (225 Grad oder Stufe 4) 20–30 Minuten backen.

Aal in Dillsoße

Rezept siehe Seite 38

Als Getränk empfehlen wir: Weißwein (z. B. spritzigen Riesling von Mosel, Saar oder Ruwer) oder einen Rotwein (z. B. Spätburgunder)

Zum grünen Aal reichen Sie Petersilienkartoffeln und Gurkensalat.

Artischocken mit Sauce Vinaigrette

Rezept siehe Seite 39

Als Getränk empfehlen wir: Weißwein (z. B. einen gehaltvollen Ruländer oder einen Gewürztraminer aus dem Elsaß)

Schmeckt besonders gut zu gekochten Artischocken: Sauce Vinaigrette.

Avocados überbacken

Rezept siehe Seite 41

Als Getränk empfehlen wir: Spätlese von der Mosel oder Pfälzer Wein

Zwei exquisite Avocado-Vorspeisen: mit Champignons gefüllt und mit einer Käsesoße überbacken (oben auf dem Foto); mit Curry-Geflügel-Salat gefüllt (unten).

Beefsteak in vier Variationen

Rezepte siehe Seite 44–46

Als Getränk empfehlen wir: leichten Rot- oder Weißwein

Vier Beefsteak-Variationen; mit Tomaten; Orangen; Meerrettich und Oliven; Schinken und Spiegelei. Dazu passen Kartoffelkroketten oder Pommes frites.

Birnenauflauf mit Bohnen und Speck

Rezept siehe Seite 48

Als Getränk empfehlen wir: Bier und einen Klaren

Fruchtig-pikant schmeckt der Auflauf mit Birnen, grünen und weißen Bohnen, vielen Kräutern und aufgerollten Speckscheiben. Dazu gibt's Salzkartoffeln.

Blätterteigrollen in drei Variationen

Rezepte siehe Seite 48, 57

Als Getränk empfehlen wir: Rotwein oder Bier

Blätterteigrollen mit Krabben und Geflügel (links), mit Brokkoli und Lachs (Mitte), mit Schinken und Oliven (rechts). Ideal als Vorspeisen oder zum Abendessen!

Bohnensuppe auf serbische Art

Rezept siehe Seite 63

Als Getränk empfehlen wir: Rotwein (z. B. Spätburgunder von der Ahr)

Scharfe Bohnensuppe: sehr lecker als Imbiß am Abend oder auch für eine Party

Brottorte

Rezept siehe Seite 67

Als Getränk empfehlen wir: Bier

Ein ausgehöhltes Fladenbrot mit einer pikant abgeschmeckten Hackfleischmasse füllen, mit Käse belegen und überbacken. Prima für kleine Partys!

Blätterteigrollen mit Krabben-Geflügel-Füllung

(Foto Seite 54 links)

Pro Portion ca. 1890 Joule = ca. 450 Kalorien – Zubereitungszeit ca. 50 Minuten

Zutaten

(für 4 Portionen)

1 Packung tiefgefrorener Blätterteig (300 g)
1 Ei

Für die Füllung
125 g Krabbenfleisch
125 g gekochtes oder gebratenes Hühnerfleisch (kleingeschnitten)
1 Stange geputzter kleingeschnittener Porree
15 g abgezogene gehackte Mandeln
Curry, China-Gewürz
ca. 1/2 Eßl. Sojasoße
1 Eßl. Öl

Zubereitung

Den Blätterteig nach Anweisung auf der Packung auftauen lassen und danach dünn ausrollen. In Rechtecke von 15×20 cm schneiden. – Für die Füllung alle Zutaten in heißem Öl kräftig anbraten und pikant würzen. Die Füllung etwas erkalten lassen und auf die Blätterteigstücke verteilen. Den Blätterteig aufrollen, die Kanten mit Eiweiß bestreichen und die Rollen so auf ein mit kaltem Wasser abgespültes Backblech legen, daß das Ende des aufgewickelten Teiges auf dem Backblech liegt. Die Rollen mit verschlagenem Eigelb bestreichen, das Backblech in den vorgeheizten Backofen schieben und die Rollen bei starker Hitze (225 Grad oder Stufe 4) 20–30 Minuten backen.

Blätterteigrollen mit Schinken-Oliven-Füllung

(Foto Seite 54 rechts)

Pro Portion ca. 2180 Joule = ca. 520 Kalorien – Zubereitungszeit ca. 30 Minuten

Zutaten

(für 4 Portionen)

1 Packung tiefgefrorener Blätterteig (300 g)
1 Ei

Für die Füllung
50 g Schinkenwürfel
1 kleine geschälte Zwiebel
50 g geriebener Emmentaler Käse
100 g mit Mandeln gefüllte Oliven
20 g Butter oder Margarine
1 Eßl. Sahne
Salz, Pfeffer, Oregano

Zubereitung

Den Blätterteig nach Anweisung auf der Packung auftauen lassen und danach dünn ausrollen. In Rechtecke von 15×20 cm schneiden. – Für die Füllung alle Zutaten, bis auf die Sahne, in heißer Butter kurz dünsten, die Sahne daruntergeben und die Füllung pikant abschmecken. Die Blätterteigstücke mit der Füllung belegen und aufrollen. Die Kanten mit Eiweiß bestreichen und die Rollen so auf ein mit kaltem Wasser abgespültes Backblech legen, daß das Ende des aufgewickelten Teiges auf dem Backblech liegt. Die Rollen mit verschlagenem Eigelb bestreichen und im vorgeheizten Backofen bei starker Hitze (225 Grad oder Stufe 4) 20–30 Minuten backen.

Blumenkohl maskiert

Pro Portion ca. 1260 Joule = ca. 300 Kalorien – Zubereitungszeit ca. 40 Minuten

Zutaten

(für 4 Portionen)

1 großer geputzter Blumenkohl (ca. 750 g)
Salzwasser

Für die Soße
1 Eßl. Butter oder Margarine
1 kleine geschälte Zwiebel
1 Eßl. Mehl
1/4 Liter Milch
1 Teel. klare Fleischsuppe instant
200 g Doppelrahmfrischkäse
1 Prise Zucker
Salz, weißer Pfeffer
Muskat
Zitronensaft
1 ganze Zitrone

Zubereitung

Den Blumenkohl eine Weile in kaltes Salzwasser legen. In kochendem Salzwasser etwa 35 Minuten garen. Danach den Kohl herausheben, abtropfen lassen, in eine vorgewärmte Schüssel legen und warm stellen. Für die Soße das Fett in einem Kochtopf heiß werden lassen, die in Würfel geschnittene Zwiebel darin hell andünsten, das Mehl darüberstäuben und die Milch unter Rühren dazugeben. Klare Fleischsuppe einstreuen, den in Würfel geschnittenen Frischkäse darunterheben, die Soße gut durchrühren und mit Zucker, Salz, Pfeffer, Muskat und Zitronensaft herzhaft abschmecken. Die Soße über den Blumenkohl gießen, den Kohl mit Zitronenachteln umlegen und zu kurzgebratenem Fleisch servieren.

Blumenkohl mit Bratwurstklößchen

Pro Portion ca. 2180 Joule = ca. 520 Kalorien – Zubereitungszeit ca. 60 Minuten

Zutaten

(für 4 Portionen)

1 großer geputzter Blumenkohl (ca. 1 kg)
4 feine Bratwürste (je ca. 110 g)
2 Eßl. gehackte Petersilie
2 Eßl. gehackter Dill
2 Eßl. Schnittlauchröllchen
China-Gewürz
Majoran, Zwiebelpulver
ca. 1 Liter Wasser (schwach gesalzen)

Für die Soße
20 g Butter oder Margarine
2 Eßl. Mehl
1/4 Liter Blumenkohlwasser
1 Glas (50 ml) Weißwein
3 Eßl. Sahne, Salz

Zubereitung

Den Blumenkohl kurz in kaltes Salzwasser legen und danach 30–40 Minuten in kochendem Salzwasser garen. Die Bratwurstmasse in eine Schüssel geben, mit Kräutern und Gewürzen vermischen und pikant abschmecken. Aus der Masse Klößchen abstechen oder mit nassen Händen formen. Die Klößchen in siedendem Salzwasser ca. 15 Minuten gar ziehen lassen. Den Kohl herausheben, abtropfen lassen, in eine Schüssel geben und die Bratwurstklößchen rundherum legen. – Für die Soße Butter und Mehl in einem Kochtopf hellgelb rösten, mit Blumenkohlwasser löschen und gut durchkochen lassen. Die Soße mit Weißwein, Sahne, Salz und Gewürzen abschmecken und zum Blumenkohl servieren.

Blumenkohl in Käsesoße überbacken

Pro Portion ca. 1470 Joule = ca. 350 Kalorien – Zubereitungszeit ca. 50 Minuten

Zutaten

(für 4 Portionen)

1 mittelgroßer geputzter Blumenkohl
Salzwasser
1/8 Liter Milch
1 Schächtelchen helle Soße
1 Eigelb
Salz, Muskat
Rosenpaprika
200 g bayrischer Tilsiter
20 g Semmelbrösel
20 g Butter oder Margarine

Zubereitung

Den Blumenkohl eine Weile in kaltes Salzwasser legen. Danach in kochendem Salzwasser 25 Minuten garen. Den Kohl herausheben, abtropfen lassen und in eine ausgebutterte feuerfeste Form legen. 1/8 Liter Blumenkohlwasser und die Milch zusammen aufkochen, das Soßenpulver einrühren, die Soße mit verschlagenem Eigelb legieren und mit Salz und Gewürzen abschmecken. Den Käse reiben, die Hälfte davon in die Soße geben und diese über den Blumenkohl gießen. Den restlichen Käse und Semmelbrösel darüberstreuen, den Kohl mit Butterflöckchen belegen und alles im vorgeheizten Backofen (200 Grad oder Stufe 3) ca. 15 Minuten goldgelb überbacken.

Blumenkohlauflauf mit Nudeln

Pro Portion ca. 2310 Joule = ca. 550 Kalorien – Zubereitungszeit ca. 60 Minuten

Zutaten

(für 4 Portionen)

200 g Nudeln
Salzwasser
1 kleiner geputzter Blumenkohl (ca. 500 g)
200 g gehacktes Rindfleisch
1 geschälte Zwiebel
30 g Butter oder Margarine
Salz, Pfeffer, Oregano
1 Eßl. Mehl
1/4 Liter Milch
1 Ei
Zitronensaft
Muskat
3 Eßl. geriebener Käse
25 g Butter oder Margarine

Zubereitung

Die Nudeln in kochendem Salzwasser ca. 20 Minuten garen, auf ein Sieb schütten und mit kaltem Wasser abschrecken. Den Blumenkohl in Röschen zerteilen und ca. 20 Minuten in Salzwasser garen. Das Hackfleisch und die in Würfel geschnittene Zwiebel in heißem Fett anbraten und danach salzen und würzen. Die Nudeln und das Fleisch in eine ausgebutterte Auflaufform einschichten. Mehl, Milch und Ei verquirlen, mit Salz, Zitronensaft und Gewürzen verrühren, über den Auflauf gießen, Käse darüberstreuen und Butterflöckchen daraufsetzen. Den Auflauf bei 200 Grad oder Stufe 3 im vorgeheizten Backofen ca. 30 Minuten backen.

Blumenkohlsuppe

Pro Portion ca. 2220 Joule = ca. 530 Kalorien – Zubereitungszeit ca. 30 Minuten

Zutaten

(für 4 Portionen)

1 kleiner geputzter Blumenkohl
1 Glas Kartoffeln (420 g Einwaage)
300 g Fleischwurst
1/2 Liter Wasser
1/4 Liter Milch
2 Beutel helle Soße instant
1 Packung tiefgefrorenes Buttergemüse (300 g)
Salz, weißer Pfeffer

Zubereitung

Den Blumenkohl auf einer groben Reibe raspeln. Die Kartoffeln abtropfen lassen und in Viertel schneiden. Die Fleischwurst würfeln. Wasser und Milch aufkochen, das Soßenpulver unter Rühren einstreuen, den Blumenkohl, die Kartoffelstücke und das Buttergemüse dazugeben und alles ca. 10 Minuten kochen lassen. Zuletzt die Wurst in die Suppe geben und alles herzhaft abschmecken.

Bœuf Stroganoff

Pro Portion ca. 2100 Joule = ca. 500 Kalorien – Zubereitungszeit ca. 55 Minuten

Zutaten

(für 4 Portionen)

1 Eßl. Senfpulver
1 Teel. Zucker
Salz
ca. 1 Eßl. heißes Wasser
300 g geschälte Zwiebeln
250 g geputzte Champignons
3 Eßl. Öl
500 g Rinderfilet (gut abgehangen)
1/2 Teel. Pfeffer
1/8 Liter saure Sahne

Zubereitung

Das Senfpulver, Zucker, 1 Prise Salz und das heiße Wasser zu einer dicken Paste verrühren. Die Zwiebeln in Ringe, die Champignons in Scheiben schneiden und in 1 1/2 Eßlöffel heißem Öl in einer Bratpfanne anbraten. Die Pfanne zudecken und alles bei milder Wärme 20 Minuten dünsten. Das Rinderfilet in 1/2 cm dicke Scheiben schneiden. Danach in Faserrichtung in 1/2 cm breite Streifen schneiden. Das restliche Öl in einer Pfanne heiß werden lassen und das Fleisch in 2 Portionen nacheinander ca. 2–3 Minuten unter Wenden braun braten. Das gebratene Fleisch, Zwiebeln, Champignons, Senfpaste, Salz und Pfeffer vermischen, die Sahne hinzufügen und alles einige Minuten durchbraten. Das Gericht herzhaft abschmecken.

Bohnen, Birnen und Speck

Pro Portion ca. 2510 Joule = ca. 600 Kalorien – Zubereitungszeit ca. 70 Minuten

Zutaten

(für 4 Portionen)

250 g geräucherter durchwachsener Speck
³/₄ Liter Wasser
500 g geputzte Brechbohnen
500 g geschälte Kartoffeln
500 g kleine Kochbirnen
Bohnenkraut
1 geh. Teel. Speisestärke
Salz, Pfeffer
2 Eßl. gehackte Petersilie

Zubereitung

Den Speck waschen und in Wasser ca. 30 Minuten kochen. Die Bohnen waschen und in Stücke brechen. Die Kartoffeln in Würfel schneiden. Bohnen und Kartoffeln zum Speck geben, die Birnen waschen, von Blüte und Stengel befreien (nicht schälen), auf die Bohnen legen, das Bohnenkraut hinzufügen und alles weitere 30 Minuten garen. Das Gericht mit der in wenig kaltem Wasser verrührten Speisestärke binden, das Bohnenkraut evtl. entfernen, das Gericht mit Salz und Pfeffer abschmecken und mit Petersilie bestreut servieren.

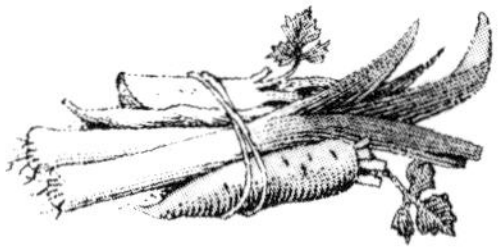

Bohnen in Specksoße

Pro Portion ca. 2100 Joule = ca. 500 Kalorien – Zubereitungszeit ca. 50 Minuten

Zutaten

(für 4 Portionen)

750 g geputzte grüne Bohnen
1 Teel. getrocknetes Bohnenkraut
1¹/₂ Teel. Streuwürze
Salz
¹/₂ Liter Wasser
150 g Frühstücksspeck
1 Eßl. Butter oder Margarine
200 g Doppelrahmfrischkäse
grob gemahlener Pfeffer

Zubereitung

Die Bohnen waschen und in Stücke brechen. Bohnenkraut, Streuwürze, Salz und Wasser zum Kochen bringen, die Bohnen hineinschütten und etwa 30 Minuten darin garen. In der Zwischenzeit den Speck in Würfel schneiden und in einer Pfanne knusprig braun braten. Butter oder Margarine und Frischkäse hinzufügen, alles unter Rühren erwärmen und evtl. noch etwas Bohnenwasser darunterrühren, mit Pfeffer abschmecken. Die Bohnen abgießen, in eine Schüssel füllen und die Soße darübergießen. Das Gericht mit Pellkartoffeln servieren.

Bohneneintopf mit Schweinebauch

Pro Portion ca. 1720 Joule = ca. 410 Kalorien – Zubereitungszeit ca. 70 Minuten

Zutaten

(für 4 Portionen)

¼ Liter klare Brühe instant
¼ Liter Tomatensaft
375 g frischer magerer Schweinebauch ohne Knochen
750 g frische grüne Bohnen
2 geschälte Zwiebeln
1 Eßl. Öl
4 Eßl. Dosenmilch
Salz
1 Teel. Bohnenkraut
1 Teel. Thymian

Zubereitung

Brühe und Tomatensaft in einen Topf geben und darin den gewaschenen Schweinebauch etwa 20 Minuten kochen. In der Zwischenzeit die Bohnen putzen, waschen und in Stücke brechen. Zum Fleisch geben und alles weitere 30 Minuten kochen lassen. Die Zwiebeln in Würfel schneiden und in heißem Öl braun braten. Das gekochte Fleisch in Würfel schneiden und zusammen mit den gebratenen Zwiebeln unter die Bohnen mischen. Die Dosenmilch hinzufügen und den Bohneneintopf mit Salz und Gewürzen abschmecken.

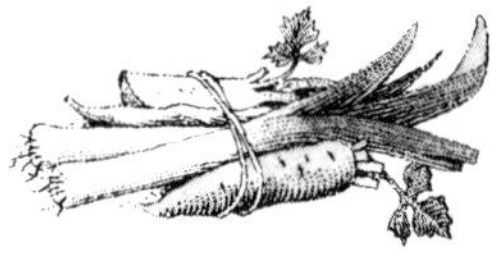

Bohnensuppe

Pro Portion ca. 2050 Joule = ca. 490 Kalorien – Zubereitungszeit ca. 50 Minuten

Zutaten

(für 4 Portionen)

500 g Kasseler Nacken
1 Liter Wasser
2 Teel. klare Brühe instant
375 g geschälte Kartoffeln
500 g geputzte Möhren
1 Packung tiefgefrorene Brechbohnen (300 g)
Salz, Pfeffer
2 Eßl. gehackte Petersilie

Zubereitung

Das Fleisch in das kochende Wasser geben, klare Brühe einstreuen und das Fleisch garen. In der Zwischenzeit Kartoffeln und Möhren in Würfel schneiden. Das Fleisch aus der Brühe herausnehmen und kleinschneiden. Die Kartoffeln, Möhren und Bohnen in der heißen Brühe garen, das Fleisch zum Gemüse geben, alles gut vermischen, herzhaft abschmecken und mit Petersilie bestreut servieren.

Bohnensuppe auf serbische Art

(Foto Seite 55)

Pro Portion ca. 5150 Joule = ca. 1230 Kalorien – Zubereitungszeit ca. 2¼ Stunden

Zutaten

(für 4 Portionen)

100 g getrocknete weiße Bohnen
250 g Suppenknochen
1 Bund geputztes Suppengrün
Salz
2 Liter Wasser
500 g Kartoffeln
125 g geräucherter durchwachsener Speck
650 g magere Schweineschulter
5 Eßl. Öl
250 g geschälte Zwiebeln
1 kleine Dose Tomatenmark
2 grüne Paprikaschoten
2 rote Paprikaschoten
Salz, Pfeffer
Chili-Pulver
Edelsüßpaprika, Oregano
Estragon, Knoblauchpulver
Tabasco, Bohnenkraut
⅛ Liter saure Sahne
1 Bund gehackte Petersilie

Zubereitung

Die Bohnen am Tage vorher in kaltem Wasser einweichen. Knochen und Suppengrün in kaltem Salzwasser aufsetzen und 1 Stunde kochen lassen. Danach die Brühe durchseihen, die Bohnen mit dem Wasser hineingeben und 25 Minuten kochen. Die geschälten, gewürfelten Kartoffeln hinzufügen und alles weitere 25 Minuten kochen. In der Zwischenzeit den Speck und das Fleisch in kleine Würfel schneiden und in einem Schmortopf in heißem Öl ca. 15 Minuten kräftig anbraten. Die grobgeschnittenen Zwiebeln dazugeben, goldgelb werden lassen, Tomatenmark und die in feine Streifen geschnittenen Paprikaschoten, etwas Brühe, Salz und Gewürze daruntermischen und alles 25 Minuten weiterschmoren lassen. Vor dem Anrichten alles zusammenschütten, die Sahne dazugießen, das Gericht recht herzhaft abschmecken und mit Petersilie bestreut servieren.

Auf einen Spieß Tomaten- und Paprikastückchen, Zwiebeln und Speck stecken. Zur Garnierung über die Suppentasse legen

Bohnen mit Rindfleisch im Schnellkochtopf

Pro Portion ca. 1720 Joule = ca. 410 Kalorien – Zubereitungszeit ca. 50 Minuten

Zutaten

(für 4 Portionen)

1½ Liter Wasser
500 g Suppenknochen
Salz
2 Teel. gekörnte Brühe
500 g schieres Rindfleisch
750 g grüne Bohnen
500 g Kartoffeln
2 Zwiebeln
1 kleines Bund Bohnenkraut
Pfeffer, Salz
2 Eßl. gehackte Petersilie

Zubereitung

Das Wasser mit den gewaschenen Knochen, Salz und gekörnter Brühe im Schnellkochtopf 10 Minuten kochen. Danach das gewaschene Fleisch hinzugeben und alles weitere 20 Minuten kochen. In der Zwischenzeit die Bohnen putzen und in Stücke brechen. Die Kartoffeln und Zwiebeln schälen und in Scheiben schneiden. Nach 20 Minuten mit dem Bohnenkraut, Salz und Pfeffer zum Fleisch geben und weitere 10 Minuten kochen lassen. Die Knochen und das Rindfleisch herausnehmen, das Fleisch in mundgerechte Würfel schneiden, wieder unter die Bohnen mischen und den Bohnentopf mit Petersilie bestreut servieren.

Bratheringe mariniert

Pro Portion ca. 2180 Joule = ca. 520 Kalorien – Zubereitungszeit ca. 45 Minuten

Zutaten

(für 4 Portionen)

1 kg grüne Heringe
Salz
20–30 g Mehl
Fett zum Braten

Für die Marinade
2 geschälte Zwiebeln
¼ Liter Essig
⅛ Liter Wasser
½ Teel. Salz
6–8 Pfefferkörner
1 Eßl. Senfkörner
1 Lorbeerblatt

Zubereitung

Die Heringe ausnehmen, Köpfe, Schwänze und Flossen abschneiden. Die Heringe gründlich waschen, mit Küchenkrepp abtupfen und von innen und außen salzen. Danach die Heringe in Mehl wenden und in heißem Fett in einer Bratpfanne von jeder Seite ca. 6 Minuten goldbraun braten. Die Heringe auf Küchenkrepp abtropfen lassen.
Danach die Zwiebeln in dünne Scheiben schneiden. Essig, Wasser, Salz und Gewürze aufkochen. Die gebratenen Heringe in eine flache Schüssel legen, mit Zwiebelringen bestreuen und mit dem erkalteten Essigsud begießen. Die Heringe einige Tage durchziehen lassen. Zu den Heringen Bratkartoffeln servieren.

Bratkartoffeln pikant

Pro Portion ca. 2010 Joule = ca. 480 Kalorien – Zubereitungszeit ca. 60 Minuten

Zutaten

(für 4 Portionen)

750 g Kartoffeln
250 g geschälte Zwiebeln
1 geschälte Knoblauchzehe
4 Eßl. Öl
Salz, Pfeffer, Majoran
200 g Schweinemett
50 g geriebener Käse
2 Eßl. gehackte Petersilie

Zubereitung

Die Kartoffeln schälen, waschen und in dünne Scheiben schneiden. Die Zwiebeln in Ringe schneiden und die Knoblauchzehe zerdrücken. Das Öl in einer tiefen Pfanne heiß werden lassen, Kartoffeln, Zwiebeln und Knoblauch darin anbraten und bei milder Wärme ca. 15 Minuten weiterbraten. Salz und Gewürze darüberstreuen und alles warm stellen. Das Schweinemett in das Bratfett geben, durchbraten und die Kartoffelmasse wieder zugeben. Käse und Petersilie darübersteuen und das Gericht mit Tomatensalat servieren.

Bratwurst – sächsisch

Pro Portion ca. 2430 Joule = ca. 580 Kalorien – Zubereitungszeit ca. 30 Minuten

Zutaten

(für 4 Portionen)

4 grobe Bratwürste à 120 g
3 Eßl. Öl
$^1/_4$ Liter dunkles Bier
2 Nelkenköpfe
abgeriebene Schale von $^1/_2$ unbehandelten Zitrone
2 Eßl. Instant-Soße zum Braten
1 Prise Zucker
Salz, Pfeffer
2 Eßl. Sahne

Zubereitung

Die Bratwürste mit kochendem Wasser überbrühen. Danach abtrocknen und in einer Bratpfanne in heißem Öl bei milder Wärme von allen Seiten 8–10 Minuten gut braun braten. Die Bratwürste in eine vorgewärmte flache Schüssel legen und warm stellen. Das Bier in den Bratensatz gießen, den Satz abkochen, Nelken und Zitronenschale hinzufügen, alles gut durchkochen, Instant-Soße einrühren, die Soße mit Zucker, Salz, Pfeffer und Sahne abschmecken, die Bratwürste darin kurz ziehen lassen und alles in einer Schüssel anrichten.

Bratwurst mit Apfel-Zwiebel-Soße

Pro Portion ca. 2510 Joule = ca. 600 Kalorien – Zubereitungszeit ca. 25 Minuten

Zutaten

(für 4 Portionen)

4 feine Bratwürste, ca. 100 g pro Stück
2 Eßl. Öl
125 g geschälte Zwiebeln
1 geschälter Apfel
¼ Liter Wasser
2–3 Eßl. Feinkost Bratensoße instant
Salz, Pfeffer
2 Eßl. gehackte Petersilie

Zubereitung

Die Bratwürste mit kochendem Wasser überbrühen und danach abtrocknen. Das Öl in einer Bratpfanne heiß werden lassen und die Bratwürste rundherum darin etwa 10 Minuten braun braten. Die Bratwürste in einer vorgewärmten Schüssel warm stellen. Die Zwiebeln in feine Würfel und die Äpfel in Scheiben schneiden. Zwiebeln und Apfelscheiben in dem heißen Bratenfett bräunen, Wasser hinzufügen, alles durchkochen, das Soßenpulver einrühren, die Soße herzhaft würzen und über die Bratwürste gießen. Das Gericht mit gehackter Petersilie servieren.

Brot – bunt gefüllt

Pro Portion ca. 3150 Joule = ca. 750 Kalorien – Zubereitungszeit ca. 1 Stunde (kühlen ca. 2–3 Stunden)

Zutaten

(für 4 Portionen)

1 kleines Kastenweißbrot (500 g)
1 kleines Päckchen Kräuterbutter (62,5 g)
2–3 dünne Scheiben gekochter Schinken (ca. 150 g)

Für den Aspik
1 Tasse Wasser
1 Teel. klare Fleischsuppe instant
1 Tasse lieblicher Weißwein
2 Eßl. Kräuteressig
ca. ¼ Teel. Salz, Pfeffer
¼ Teel. Zucker
5 Blatt weiße Gelatine

Für die Füllung
2–3 dünne Würstchen (Frankfurter)
ca. 6 Cornichons
ca. 6 eingelegte Maiskölbchen
2–3 Eßl. tiefgefrorene gedünstete Erbsen
10 mit Paprika gefüllte Oliven

Zubereitung

Das Weißbrot so aushöhlen, daß ein 1½ cm dicker Rand stehen bleibt. Dann von innen mit der Kräuterbutter ausstreichen und mit den Schinkenscheiben auskleiden.

Für den Aspik kochendes Wasser und klare Fleischsuppe verrühren, Wein, Essig, Salz, Pfeffer und Zucker hinzufügen und den Sud recht kräftig abschmekken. Die in kaltem Wasser eingeweichte, gut ausgedrückte Gelatine zugeben und auflösen. Die Flüssigkeit abkühlen lassen. Das Brot aufrecht in ein hohes Gefäß stellen, die Würstchen hineinstellen und nach und nach die restlichen Zutaten hinzufügen. Zuletzt die kalte, noch nicht gelierte Flüssigkeit löffelweise darüberfüllen. Das Brot in den Kühlschrank stellen, bis die Flüssigkeit fest ist, danach das Brot in Alufolie einwickeln und so lange im Kühlschrank liegen lassen, bis die Füllung ganz fest ist. Vor dem Anrichten das Brot in dünne Scheiben schneiden.

Brottorte

(Foto Seite 56)

Pro Portion ca. 4530 Joule = ca. 1080 Kalorien – Zubereitungszeit ca. 50 Minuten

Zutaten

(für 4–6 Portionen)

1 Fladenbrot
60 g Butter oder Margarine
Knoblauchsalz
250 g Rinderhackfleisch
250 g Schweinemett
4 geschälte Zwiebeln
2 Eier
Salz
frischgemahlener Pfeffer
1 Eßl. Tomatenmark
1 Teel. Senf
2 Päckchen tiefgefrorene
Petersilie
1 Glas Kapern (40 g)
2–3 Tomaten
1 Packung Emmentaler
Scheibletten (10 Scheiben)

Zubereitung

Von dem Brot einen Deckel abschneiden und aushöhlen. Butter und Knoblauchsalz verkneten und das Brot damit ausstreichen. Die Brotkrumen, das Fleisch, die gehackten Zwiebeln und Eier, Salz, Pfeffer, Tomatenmark, Senf, Petersilie und 2/3 der Kapernmenge zu einem glatten Teig vermischen und sehr pikant abschmecken. Die Fleischmasse gleichmäßig in das Brot füllen. Die Tomaten in Scheiben schneiden und darauflegen, die restlichen Kapern darüberstreuen, zuletzt den in breite Streifen geschnittenen Käse darüberdecken, das Brot auf ein Backblech legen und bei 200–225 Grad oder Stufe 2–3 im vorgeheizten Backofen etwa 25 Minuten überbacken.

Bunter Eintopf mit Melone

Pro Portion ca. 2310 Joule = ca. 550 Kalorien – Zubereitungszeit ca. 75 Minuten

Zutaten

(für 4 Portionen)

500 g Schweinenacken ohne Knochen
2 Eßl. Öl
3 geschälte Zwiebeln
Salz, Pfeffer
Curry
3/8 Liter klare Brühe instant
1 Teel. Edelsüßpaprika
1 Lorbeerblatt
2 grüne Paprikaschoten
4 Tomaten
1 kleine Honigmelone (ca. 1 kg)

Zubereitung

Das gewaschene und abgetrocknete Fleisch in Würfel schneiden. Das Öl in einem Schmortopf heiß werden lassen, die Fleischwürfel darin kräftig anbraten, die gewürfelten Zwiebeln, Salz und Gewürze darüberstreuen, mitbräunen. Die heiße Brühe über das Fleisch gießen, Paprikapulver und Lorbeerblatt hinzufügen und das Fleisch 20 Minuten schmoren lassen. Danach die geputzten, in Streifen geschnittenen Paprikaschoten dazugeben und alles weitere 20–25 Minuten schmoren. Die Tomaten kurz überbrühen, abziehen und in Viertel schneiden. Die Melone entkernen, das Fruchtfleisch herausschneiden und würfeln. Tomaten und Melonenstücke 5 Minuten vor Beendigung der Garzeit unter das Fleisch mischen. Den Eintopf mit gekochtem Reis servieren.

Bunter Nudel-Geflügel-Salat

Pro Portion ca. 2510 Joule = ca. 600 Kalorien – Zubereitungszeit ca. 30 Minuten.

Zutaten

(für 4 Portionen)

250 g Nudeln
2 Liter Salzwasser
400 g gekochtes Hühnerfleisch ohne Knochen
1 kleines Glas Mixed Pickles (Einwaage 220 g)

Marinade
7 Eßl. Weinessig
Salz, Pfeffer
1 Teel. Zucker
1 Teel. geriebene Salbeiblätter
7 Eßl. Öl

Zubereitung

Die Nudeln in kochendem Salzwasser ca. 20 Minuten garen, auf einem Durchschlag abtropfen lassen und mit kaltem Wasser abschrecken. – Für die Marinade Essig, Salz, Pfeffer, Zucker, Salbeiblätter und Öl verrühren. – Das kleingeschnittene Hühnerfleisch, die Nudeln und Mixed Pickles hineingeben, alles gut vermischen und den Salat eine Weile gut durchziehen lassen.

Camembert gebraten

(Foto Seite 89)

Pro Portion ca. 1640 Joule = ca. 390 Kalorien – Zubereitungszeit ca. 20 Minuten

Zutaten

(für 4 Portionen)

2 Camemberts (4 feste Hälften, 45%)
1 Ei
3–4 Eßl. Paniermehl
4–6 Eßl. Öl

Zum Garnieren
Salatblätter
4 Eßl. Preiselbeeren (gedünstet oder eingemacht)

Zubereitung

Die Camembert-Hälften zuerst in verschlagenem Ei und danach von allen Seiten in Paniermehl wenden. In einer Pfanne Öl heiß werden lassen und die Camemberts darin von allen Seiten etwa 5 Minuten goldgelb braten. Die gebratenen Camemberts auf eine vorgewärmte Platte legen, mit Salatblättern garnieren und mit Preiselbeeren servieren.

Cannelloni mit Fleisch-Spinat-Füllung

Pro Portion ca. 2890 Joule = ca. 690 Kalorien – Zubereitungszeit ca. 75 Minuten

Zutaten

(für 4 Portionen)

2 mittelgroße geschälte Zwiebeln
1 geschälte Knoblauchzehe
2 Eßl. Olivenöl
1 Packung tiefgefrorener Spinat (300 g)
500 g Beefsteakhack
Hühnerleber (2 Stück)
20 g Butter oder Margarine
5 Eßl. Parmesankäse
2 Eßl. süße Sahne
2 Eier
1/2 Teel. Oregano
Salz, weißer Pfeffer
250 g grüne Cannelloni (1 Packung)

Für die Soße
4 Eßl. Butter oder Margarine
4 Eßl. Mehl
1/4 Liter Milch
1/8 Liter Sahne
Salz, Pfeffer, Muskat

Zum Bestreuen
4 Eßl. Paniermehl

Zum Belegen
20 g Butter

Zubereitung

Zwiebeln und Knoblauch hakken und in heißem Öl glasig dünsten. Den angetauten Spinat darunterrühren. Das Hackfleisch und die feingehackte Hühnerleber vermischen und in heißem Fett durchbraten. Spinatmasse darunterheben, Käse, Sahne, Eier und Gewürze hinzufügen, alles pikant abschmekken. Die erkaltete Masse in die ungekochten Cannelloni füllen und diese in eine flache, ausgefettete, feuerfeste Form legen.
Für die Soße eine Einbrenne herstellen, mit Milch ablöschen. Die Sahne hineingeben und die Soße salzen, würzen und über die Cannelloni gießen. Paniermehl darüberstreuen, die Cannelloni mit Butterflöckchen belegen und in den vorgeheizten Backofen schieben. Bei Mittelhitze (220 Grad oder Stufe 3) ca. 30 Minuten backen.

Champignonauflauf

Pro Portion ca. 1590 Joule = ca. 380 Kalorien – Zubereitungszeit ca. 60 Minuten

Zutaten

(für 4 Portionen)

500 g frische geputzte Champignons
40 g Butter oder Margarine
40 g Mehl
3/8 Liter Milch
Salz, weißer Pfeffer
3 Eier
50 g geriebener Käse
30 g Butter oder Margarine

Zubereitung

Die gewaschenen Champignons gut abtropfen lassen (6 Pilze beiseite stellen), in Scheiben schneiden und in einem Kochtopf in heißem Fett dünsten. Mehl darüberstäuben, hellgelb rösten, Milch, Salz und Gewürze hinzufügen und alles etwa 15 Minuten bei milder Wärme schmoren lassen. Danach das mit etwas Milch oder Sahne verschlagene Eigelb darunterziehen, den steifen Eischnee darunterheben und die Pilzmasse in eine gefettete Auflaufform füllen. Die Oberfläche mit halbierten Champignons belegen, mit Käse bestreuen und mit Butterflöckchen belegen. Den Auflauf in den vorgeheizten Backofen schieben und bei Mittelhitze (200 Grad oder Stufe 3) etwa 30 Minuten backen. Den Auflauf zu Schweinefilet servieren.

Champignonragout mit Schinken

Pro Portion ca. 2010 Joule = ca. 480 Kalorien – Zubereitungszeit ca. 30 Minuten

Zutaten

(für 4 Portionen)

250 g magerer gekochter Schinken im Stück
50 g Butter oder Margarine
5 mittelgroße geschälte Zwiebeln
750 g frische geputzte Champignons
1 1/2 Eßl. Mehl
1/8 Liter Weißwein
Salz, frischgemahlener Pfeffer
Kräuter der Provence
1/8 Liter süße Sahne

Zubereitung

Den Schinken in ca. 1 cm breite Streifen schneiden und in heißem Fett anbraten. Die in dünne Ringe geschnittenen Zwiebeln hinzufügen und goldgelb braten. Die kleingeschnittenen, gewaschenen Champignons daruntergeben, Mehl darüberstäuben, alles kräftig durchbraten, Weißwein, Salz und Gewürze hinzufügen und alles ca. 15 Minuten schmoren. Zuletzt die Sahne darunterrühren, das Ragout herzhaft abschmecken und mit gekochtem Reis oder Weißbrot servieren.

Champignonsalat in Kräutermarinade

Pro Portion ca. 340 Joule = ca. 80 Kalorien – Zubereitungszeit ca. 20 Minuten

Zutaten

(für 4 Portionen)

250 g frische geputzte Champignons
Zitronensaft

Für die Marinade
½ Tasse Wasser
1 Eßl. frischer gehackter Rosmarin oder 1 Teel. getrockneter Rosmarin
1 Eßl. frischer gehackter Salbei oder 1 Teel. getrockneter Salbei
1 geschälte Zwiebel
2 Eßl. Essig, 2 Eßl. Öl
1 Teel. Senf
Salz, frischgemahlener Pfeffer, 1 Prise Zucker
1 Bund glatte Petersilie

Zubereitung

Die Champignons waschen, in dünne Scheiben schneiden und mit Zitronensaft beträufeln, damit die Pilze sich nicht verfärben. – Für die Marinade Wasser und Kräuter aufkochen, durch ein feines Sieb gießen und erkalten lassen. – Die Zwiebel sehr fein hacken, mit Essig, Öl, Senf, Salz, Gewürzen und Zucker verrühren, 2–3 Eßlöffel von dem Kräuteraufguß dazugeben, alles über die Champignons gießen und den Salat eine Weile gut durchziehen lassen. Mit grobgeschnittener Petersilie bestreut zu Fleisch- oder Fischgerichten servieren.

Chicorée-Auflauf

Pro Portion ca. 2180 Joule = ca. 520 Kalorien – Zubereitungszeit ca. 40 Minuten

Zutaten

(für 4 Portionen)

8 Stauden Chicorée
300 g Schweinemett
1 Ei
2 geschälte Zwiebeln
schwarzer Pfeffer
Salz
1 Teel. Rosenpaprika
1 Teel. Butter oder Margarine
4 Tomaten
Oregano, Thymian
4 Scheiben (à 40 g) mittelalter Gouda

Zubereitung

Die Chicoréestauden putzen, den bitteren Kern mit einem spitzen Messer herausschneiden und die Stauden kurz in kaltes Salzwasser legen. Danach den Chicorée in wenig kochendem Wasser, mit etwas Zitronensaft angereichert, etwa 10 Minuten garen und gut abtropfen lassen. Die Stauden nebeneinander in eine ausgebutterte Auflaufform legen. Das Schweinemett, Ei, die gehackten Zwiebeln, Salz und Gewürze vermischen, pikant abschmecken und die Fleischmasse in die Zwischenräume der Chicoréestauden geben. Die Tomaten überbrühen, abziehen, durchschneiden und die Hälften auf das Fleisch legen. Den Auflauf mit Käsescheiben belegen, in den vorgeheizten Backofen schieben und etwa 20 Minuten bei guter Mittelhitze (200 Grad oder Stufe 3) überbacken.

Chicorée-Schinkenrollen

Pro Portion ca. 2310 Joule = ca. 550 Kalorien – Zubereitungszeit ca. 50 Minuten

Zutaten

(für 4 Portionen)

8 Stauden Chicorée (à 200 g)
Salzwasser
Zitronensaft
4 geschälte Zwiebeln
20 g Butter oder Margarine
¼ Liter Milch
2 Beutel helle Soße instant
40 g geriebener Käse
Pfeffer, Cayennepfeffer
1 Eigelb
3 Eßl. Sahne
4 Scheiben gekochter Schinken (à 200 g)
1 Eßl. Semmelbrösel
30 g Butter oder Margarine

Zubereitung

Die vorbereiteten Chicoréestauden in Salzwasser mit etwas Zitronensaft etwa 15 Minuten kochen. Danach auf einem Durchschlag gut abtropfen lassen. Die Zwiebeln hacken und in Butter oder Margarine glasig dünsten. Milch und ¼ Liter Gemüsewasser hinzufügen und das Soßenpulver einrühren. Alles aufkochen lassen, Käse und Gewürze darunterrühren, Eigelb und Sahne verrühren und die Soße damit legieren. Je 1 Chicorée in eine halbe Scheibe Schinken einrollen, in eine gefettete Auflaufform legen, Käse, Semmelbrösel darüberstreuen, den Auflauf mit Butterflöckchen belegen und bei starker Hitze (250 Grad oder Stufe 5) ca. 15 Minuten goldgelb überbacken.

Chili con Carne

Pro Portion ca. 1550 Joule = ca. 370 Kalorien – Zubereitungszeit ca. 30 Minuten

Zutaten

(für 4 Portionen)

2 Packungen tiefgefrorenes Ungarisch Gulasch (à 450 g)
2 große geschälte Zwiebeln
1 geschälte Knoblauchzehe
2 Eßl. Öl
2 Eßl. Tomatenmark
Salz, Oregano
1 Messerspitze Chilipulver
1 Dose Kidney Beans (weiße Bohnen) (310 g)

Zubereitung

Das Gulasch nach Anweisung auf der Packung heiß werden lassen. Die Zwiebeln in Scheiben schneiden, die Knoblauchzehe zerdrücken und beides in heißem Öl in einem Kochtopf anbraten. Tomatenmark und Gulasch hinzufügen, Salz, Gewürze und die Bohnen dazugeben und alles heiß werden lassen. Das Gericht herzhaft abschmecken und mit Weiß- oder Graubrot servieren.

Chinakohl geschmort

Pro Portion ca. 2520 Joule = ca. 600 Kalorien – Zubereitungszeit ca. 60 Minuten

Zutaten

(für 4 Portionen)

750 g Chinakohl
1 säuerlicher geschälter Apfel
200 g frischer geschälter Sellerie
1 geschälte Zwiebel
30 g Butter oder Margarine
1 Glas Weißwein oder Apfelwein
Salz, Edelsüßpaprika
2 Packungen tiefgefrorene Rostbratwürste
2 Eßl. Öl
1 Eßl. gehackte Petersilie

Zubereitung

Den Chinakohl putzen, waschen und in schmale Streifen schneiden. Apfel und Sellerie grob raspeln. In einem Kochtopf Fett heiß werden lassen, das Gemüse darin andünsten, mit Wein ablöschen, alles salzen und würzen und zugedeckt etwa 20 Minuten garen. In der Zwischenzeit die Würstchen in heißem Öl braten. Das Gemüse auf einer tiefen Platte anrichten, die Würstchen darauflegen, alles mit Petersilie bestreuen und mit Pellkartoffeln servieren.

Chinakohleintopf mit Beefsteakhack

Pro Portion ca. 1890 Joule = ca. 450 Kalorien – Zubereitungszeit ca. 60 Minuten

Zutaten

(für 4 Portionen)

250 g geputzte Möhren
250 g geschälte Kartoffeln
1 kg geputzter Chinakohl
2 Eßl. Öl
500 g Beefsteakhack (Schabefleisch)
2 geschälte Zwiebeln
¼ Liter klare Fleischsuppe
Salz, Pfeffer
Edelsüßpaprika
2 Apfelsinen
1 Bund Petersilie

Zubereitung

Die Möhren, Kartoffeln und Kohl in Streifen schneiden. In einem großen Kochtopf das Öl heiß werden lassen, das Fleisch darin kurz anbraten, die gewürfelten Zwiebeln dazugeben, mit anbraten, die heiße Fleischsuppe daraufgießen, das kleingeschnittene Gemüse, Salz und Gewürze hinzufügen und alles 30–35 Minuten garen. Zuletzt die geschälten und zerteilten Apfelsinen daruntermischen, den Eintopf herzhaft abschmekken und mit gehackter Petersilie bestreut anrichten.

Cordon bleu

Pro Portion ca. 3020 Joule = ca. 720 Kalorien – Zubereitungszeit ca. 35 Minuten

Zutaten

(für 4 Portionen)

4 Kalbsschnitzel (à ca. 200 g)
Salz, weißer Pfeffer
2 Scheiben gekochter Schinken (à ca. 150 g)
4 Scheiben Schweizer Käse (à ca. 150 g)
2 Eßl. Mehl
2 Eier
6 Eßl. Semmelbrösel
80 g Fett zum Braten

Zum Garnieren
1 Zitrone
Petersilie

Zubereitung

In die Kalbsschnitzel vom Fleischer seitlich eine Tasche einschneiden lassen. Das Fleisch salzen und würzen. Die Schinkenscheiben halbieren und in jede Fleischtasche eine halbe Schinkenscheibe und 1 Scheibe Käse geben und die Taschen mit Holzstäbchen zustecken. Die gefüllten Schnitzel zuerst in Mehl, danach in verschlagenem Ei und zuletzt in Semmelbrösel wenden und leicht abklopfen. Fett in einer Bratpfanne heiß werden lassen und die Schnitzel bei milder Wärme von jeder Seite etwa 8–10 Minuten braten. Die Schnitzel mit Zitronenspalten und Petersiliensträußchen garniert servieren.

Corned beef-Schnitzel

Pro Portion ca. 2140 Joule = ca. 510 Kalorien – Zubereitungszeit ca. 20 Minuten

Zutaten

(für 4 Portionen)

450 g Corned beef
4 Eßl. Mehl
Pfeffer
Edelsüßpaprika
1 Ei
4 Eßl. Semmelbrösel
4 Eßl. Öl
4 Gewürzgurken
4 Tomaten
Salz, frischgemahlener Pfeffer

Zubereitung

Das Corned beef in 4 Scheiben schneiden. Jede Scheibe zuerst in einem Gemisch aus Mehl und Gewürzen, danach in verschlagenem Ei und zuletzt in Semmelbröseln wenden. Das Öl in einer Bratpfanne heiß werden lassen, die Corned beef-Scheiben von beiden Seiten darin goldbraun braten. Die Schnitzel auf eine vorgewärmte Platte legen, mit gehackten Gewürzgurken, Salz und Pfeffer bestreuen und mit Tomatenstückchen belegt servieren.

Curryfisch

Pro Portion ca. 1130 Joule = ca. 270 Kalorien – Zubereitungszeit ca. 55 Minuten

Zutaten

(für 4 Portionen)

2 Kabeljaufilets (800 g)
Saft von 1 Zitrone
Salz
Pfeffer, Curry
3 geschälte Zwiebeln
1 kleine Dose Champignons (230 g Einwaage)
Rosenpaprika
1 Bund Dill
50 g Schinkenspeck
1 Eßl. Butter oder Margarine
2 Eßl. Semmelbrösel
2 Eßl. saure Sahne

Zubereitung

Das Fischfilet säubern, säuern, salzen. Danach das Fischfilet würzen und die Hälfte davon in eine ausgefettete Auflaufform legen. Die gehackten Zwiebeln und Pilze mit gehacktem Dill, Salz und Gewürzen vermischen und auf das Fischfilet streichen. Das restliche Fischfilet darüberdecken, den gewürfelten Schinkenspeck in Butter oder Margarine braten und darübergeben. Den Fisch mit Semmelbrösel bestreuen, die Auflaufform in den vorgeheizten Backofen schieben und bei Mittelhitze (200 Grad oder Stufe 3) etwa 30–40 Minuten garen. Die saure Sahne mit etwas Curry verrühren und den Fischsud damit binden.

Currygurken

Pro Portion ca. 1250 Joule = ca. 300 Kalorien – Zubereitungszeit ca. 45 Minuten

Zutaten

(für 4 Portionen)

2 mittelgroße Salatgurken
2 Eßl. Tomatenmark
½ Teel. Salz
1 Messerspitze Pfeffer
1 Teel. Currypulver
1 Eßl. gehackter Dill
1 Eßl. gehackte Petersilie
2 große Currywürste (ca. 300 g)
2 Eßl. Öl
250 g Tomaten
100 g geschälte Zwiebeln
⅛ Liter Brühe
1 Eßl. Mehl
2 Eßl. saure Sahne

Zubereitung

Die gewaschenen Gurken schälen und der Länge nach halbieren. Die Kerne herausschaben, die Gurken von innen mit Tomatenmark bestreichen, mit Salz, Gewürzen und Kräutern bestreuen. Die abgezogenen Currywürste in 2 Gurkenhälften legen, mit den beiden anderen Hälften bedecken und die Gurken zusammenbinden. Öl in einem Schmortopf heiß werden lassen, die Gurken darin kräftig anbraten, die abgezogenen Tomaten, die in Ringe geschnittenen Zwiebeln und die Brühe hinzufügen und alles etwa 25 Minuten schmoren. Die Soße mit in saurer Sahne verrührtem Mehl binden. Die Gurken von den Fäden befreien und in der Soße angerichtet servieren.

Curryhackfleisch

Pro Portion ca. 1550 Joule = ca. 370 Kalorien – Zubereitungszeit ca. 25 Minuten

Zutaten

(für 4 Portionen)

1–2 Eßl. Öl
600 g gehacktes Rindfleisch
Salz
Pfeffer
2 Teel. Currypulver
¼ Liter Wasser
1 Schächtelchen
Delikateß-Currysoße
150 g eingelegte Senfgurken
3 Eßl. saure Sahne

Zubereitung

Das Öl in einer Bratpfanne heiß werden lassen, das Fleisch darin kräftig anbraten, bis es gut gebräunt ist. Danach Salz, Gewürze und kochendes Wasser dazugeben und alles aufkochen lassen. Das Soßenpulver einrühren, die in Würfel geschnittenen Senfgurken hinzufügen und alles etwa 5 Minuten durchziehen lassen. Zuletzt die Sahne darunterrühren, alles recht pikant abschmecken und mit gekochtem Butterreis servieren.

Currykotelett

Pro Portion ca. 2470 Joule = ca. 590 Kalorien – Zubereitungszeit ca. 40 Minuten

Zutaten

(für 4 Portionen)

4 Schweinekoteletts
(à 150 g)
Salz, Pfeffer, Paprika
Currypulver
2 Eßl. Mehl
2 Eßl. Öl
1 dünne geputzte Stange
Porree
2 säuerliche geschälte Äpfel
2 Bananen
2 Eßl. Sojasauce
¼ Liter klare Brühe instant

Zubereitung

Das Fleisch unter fließendem Wasser waschen und mit Küchenkrepp trocknen. Die Koteletts mit Salz und Gewürzen einreiben und in Mehl wenden. Das Öl in einer Bratpfanne heiß werden lassen und die Koteletts von jeder Seite 5–7 Minuten bei mäßiger Wärme darin braten. Danach das Fleisch auf eine vorgewärmte Platte legen und warm stellen. Die in sehr dünne Ringe geschnittene Porreestange, die in dünne Scheiben geschnittenen Äpfel und die geschälten, kleingeschnittenen Bananen in das Bratfett geben, Sojasauce und Brühe hinzufügen und alles etwa 10 Minuten dünsten. Das Gemüse um die Koteletts legen und das Fleisch mit gekochtem Reis servieren.

Dampfnudeln mit Backobst

Pro Portion ca. 4870 Joule = ca. 1160 Kalorien – Zubereitungszeit ca. 1½ Stunden

Zutaten

(für 4 Portionen)

500 g Mehl
30 g Hefe
etwa ¼ Liter lauwarme Milch
100 g Zucker
2 kleine Eier
1 Prise Salz
50 g Butter
abgeriebene Schale von 1 Zitrone

Zum Dämpfen
¼ Liter Milch
2 Eßl. Butter
2 Eßl. Zucker

Backobstkompott
250 g gemischtes Backobst (z. B. Apfelringe, Aprikosen, Birnen, Pflaumen)
¾ Liter Wasser
80 g Zucker
Schale von 1 Zitrone
2 Teel. Speisestärke

Zubereitung

Für die Dampfnudeln das Mehl in eine Schüssel geben, in die Mitte eine Vertiefung drücken, die Hefe hineinbröckeln und mit etwas Milch und Zucker zu einem Hefevorteig verrühren. Diesen aufgehen lassen, bis er sich verdoppelt hat. Danach den restlichen Zucker, die Milch, Eier, Salz und Butter hinzufügen, den Teig gut verkneten, bis er sich vom Schüsselrand löst. Den Hefeteig nochmals gehen lassen, eine Rolle daraus formen, in gleichgroße Stücke schneiden und Klöße daraus drehen.

In einem breiten großen Kochtopf Milch, Butter und Zucker zum Kochen bringen, die Hefeklöße nicht zu dicht aneinander in die kochende Milch setzen, den Kochtopf zudecken, damit kein Dampf entweichen kann. Die Dampfnudeln bei milder Wärme etwa 30 Minuten garen. Sie sind fertig, wenn die ganze Flüssigkeit aufgesogen ist und die Dampfnudeln von unten eine hellbraune Kruste haben. Mit der Kruste nach oben auf einer Platte anrichten und mit Backobst servieren.

Für das Kompott das Backobst in lauwarmem Wasser kurz waschen und in ¾ Liter kaltem Wasser einige Stunden oder über Nacht einweichen. Danach das Backobst mit dem Einweichwasser, Zucker und Zitronenschale zum Kochen bringen und garen. Die Zitronenschale entfernen und die Flüssigkeit mit in kaltem Wasser verrührter Speisestärke binden.

Datteln, pikant gefüllt

Pro Portion ca. 1300 Joule = ca. 310 Kalorien – Zubereitungszeit ca. 30 Minuten

Zutaten

(für 4 Portionen)

250 g frische Datteln (ca. 12 Stück)

Für die Füllung
1 geschälte Schalotte oder ½ Zwiebel
1 Packung Doppelrahmfrischkäse (62,5 g)
1 Teel. gehackter Dill
½–1 Teel. geriebener Meerrettich, Salz
50 g Bündner Fleisch (hauchdünn geschnitten, ca. 12 Scheiben)

Zubereitung

Die Datteln mit einem scharfen Messer der Länge nach einschneiden, etwas öffnen und den Kern herauslösen. – Für die Füllung die Schalotte fein hakken, mit Frischkäse, Dill, Meerrettich und Salz vermischen und pikant abschmecken. Je eine dünne Scheibe Bündner Fleisch in jede Dattel geben. Die Frischkäsemasse in einen Spritzbeutel füllen und in die Datteln spritzen. Mit etwas Dill bestreut servieren.

Eine leckere Überraschung:
Frische Datteln entkernen und mit Frischkäse füllen.
Dann mit einer Scheibe Bacon umwickeln,
feststecken und knusprig grillen

Dattelpudding

(Foto Seite 90)

Pro Portion ca. 3440 Joule = ca. 820 Kalorien – Zubereitungszeit ca. 2 Stunden

Zutaten

(für 4–6 Portionen)

500 g frische Datteln
2 Eßl. Butter oder Margarine
1/4 Liter Milch
2 Eier
2 Päckchen Vanillezucker
oder 1 Eßl. Rum
225 g Mehl
30 g Speisestärke
2 1/2 Teel. Backpulver
1/2 Teel. Kardamom
1/2 Teel. gemahlener Zimt
1/2 Teel. Muskat
80 g abgezogene, gehackte Mandeln
50 g geröstete, geriebene Haselnußkerne

Zubereitung

Die frischen Datteln entkernen und kleinschneiden. Die Butter schaumig rühren, 1/8 Liter Milch und die verschlagenen Eier, Vanillezucker, das Gemisch aus Mehl, Speisestärke und Backpulver sowie Gewürze, Mandeln und Nüsse darunterrühren. Nach und nach die restliche Milch und zuletzt die Dattelstücke unter die Teigmasse mischen und in eine gut gefettete, ausgebröselte und verschließbare Puddingform füllen. Den Pudding etwa 1 1/2 Stunden im Wasserbad kochen. Danach die Form mit kaltem Wasser abschrecken und den Pudding auf eine Platte stürzen. Heiße Aprikosensoße dazu servieren.

Dorsch mit Champignonfüllung

Pro Portion ca. 1640 Joule = ca. 390 Kalorien – Zubereitungszeit ca. 60 Minuten

Zutaten

(für 4 Portionen)

1 Dorsch, ca. 1,5 kg
Essig oder Zitronensaft
Salz
25 g Butter oder Margarine
1 Dose Champignonstücke
(230 g Einwaage)
2 geschälte Zwiebeln
Salz, Pfeffer
Knoblauchpulver
75 g geräucherter durchwachsener Speck
500 g Tomaten

Zubereitung

Den Fisch säubern, säuern, salzen und eine Weile durchziehen lassen. Fett heiß werden lassen, die gut abgetropften Champignonstücke und die gehackten Zwiebeln darin anbraten. Die Masse mit Salz und Gewürzen pikant abschmecken, in den Dorsch füllen. Den Fisch mit Holzstäbchen zustecken und in eine gefettete Auflaufform legen. Den Speck in dünne Streifen schneiden und über den Fisch legen. Die Tomaten mit kochendem Wasser überbrühen, abziehen und um den Fisch herumstellen. Den mit Salz und Pfeffer bestreuten Fisch in den vorgeheizten Backofen schieben und bei guter Mittelhitze (225 Grad oder Stufe 4) ca. 35 Minuten braten.

Eier gebacken, mit Remouladensoße

Pro Portion ca. 2260 Joule = ca. 540 Kalorien – Zubereitungszeit ca. 30 Minuten

Zutaten

(für 4 Portionen)

8 Eier
2–3 Eßl. Mehl
1 verschlagenes Ei
3 Eßl. Semmelbrösel, Salz
Öl zum Ausbacken

Für die Remouladensoße
3 Eßl. Mayonnaise (50 %)
1 Becher Magermilchjoghurt
1 Teel. scharfer Senf
1 Teel. Zitronensaft
100 g Gewürzgurke
1 Eßl. Kapern
Salz, frischgemahlener Pfeffer
Zwiebelsalz, 1 Prise Zucker
1 Eßl. gehackter Dill,
1 Eßl. gehackte Petersilie,
1 Bund geschnittener Schnittlauch

Zubereitung

Für die Soße Mayonnaise, Joghurt, Senf und Zitronensaft zu einer glatten Masse verrühren. Die gewürfelten Gewürzgurken, Kapern, Salz, Gewürze, Zucker und die gehackten Kräuter hinzufügen und die Soße herzhaft abschmecken.

Die Eier etwa 8 Minuten hart kochen, mit kaltem Wasser abschrecken und pellen. Dann zuerst in Mehl, danach in verschlagenem Ei und zuletzt in gesalzenen Semmelbrösel wenden und in heißem Öl (175 Grad) in einer Friteuse oder in einem Kochtopf schwimmend ausbacken (ca. 2–3 Minuten). Die Eier auf Kreppapier abtropfen lassen und mit der Remouladensoße und Toastbrot servieren.

Eier süß-sauer

Pro Portion ca. 2060 Joule = ca. 490 Kalorien – Zubereitungszeit ca. 30 Minuten

Zutaten

(für 4 Portionen)

8 Eier
100 g geräucherter fetter Speck
125 g frische geputzte Champignons
3 Eßl. Mehl
½ Liter Wasser
1–2 Teel. Essig-Essenz
2 Gläschen (4 cl) Wodka
1 Bund Petersilie
1 Teel. getrockneter Kerbel
Salz, Pfeffer
Zucker

Zubereitung

Die Eier 8–10 Minuten hart kochen, abschrecken und pellen. Den Speck in kleine Würfel schneiden, in einem Kochtopf ausbraten, die in Scheiben geschnittenen Champignons hineingeben und 10 Minuten dünsten. Danach das Mehl darüberstäuben, heißes Wasser daraufgießen, alles gut verrühren und kurz aufkochen lassen. Essig-Essenz und Wodka hinzufügen, die gehackte Petersilie, Kerbel, Salz, Pfeffer und Zucker in die Soße geben und diese süß-sauer abschmecken. Die heiße Soße über die Eier gießen und servieren.

Eier in grüner Pfeffersoße

Pro Portion ca. 1130 Joule = ca. 270 Kalorien – Zubereitungszeit ca. 25 Minuten

Zutaten

(für 4 Portionen)

8 Eier

Für die Soße
30 g Butter oder Margarine
40 g Mehl
¼ Liter klare Brühe instant
¼ Liter Milch
Salz, weißer Pfeffer
3 Eßl. eingelegter grüner Pfeffer
2–3 Eßl. Zitronensaft
1 Teel. Zucker
2 Eßl. gehackte Petersilie

Zubereitung

Die Eier 8–10 Minuten hart kochen, mit kaltem Wasser abschrecken, pellen und halbieren. Für die Soße Fett und Mehl hell schwitzen und mit Brühe und Milch ablöschen. Die Soße gut durchkochen lassen. Danach Salz, weißer Pfeffer und grüne Pfefferkörner, Zitronensaft und Zucker hinzugeben und die Soße herzhaft abschmecken. Die Soße in eine Schüssel füllen, die Eihälften hineinsetzen, mit Petersilie bestreuen und mit Salzkartoffeln servieren.

Eier im Spinatbett

Pro Portion ca. 2140 Joule = ca. 510 Kalorien – Zubereitungszeit ca. 40 Minuten

Zutaten

(für 4 Portionen)

500 g frischer Spinat
¼ Liter süße Sahne
3 Eßl. Speisestärke
Salz, weißer Pfeffer
2 Teel. Zitronensaft
Zucker, Muskat
1 Teel. Butter oder Margarine
6 Eier
100 g geriebener Goudakäse

Zubereitung

Den Spinat gut waschen und auf einem Durchschlag abtropfen lassen. 5 Eßlöffel Sahne und die Speisestärke verrühren, die restliche Sahne zum Kochen bringen, die angerührte Speisestärke einrühren und aufkochen lassen. Den gehackten Spinat hineingeben, aufkochen lassen, salzen und würzen. Die Spinatmasse in eine ausgebutterte Auflaufform geben, die Eier einzeln aufschlagen und auf den Spinat geben. Die Auflaufform in den vorgeheizten Backofen schieben und (bei 200 Grad oder Stufe 3) 25–30 Minuten backen.
5 Minuten vor Beendigung der Zeit den Auflauf mit Käse bestreuen.

Eierfrikassee

Pro Portion ca. 1470 Joule = ca. 350 Kalorien – Zubereitungszeit ca. 35 Minuten

Zutaten

(für 4 Portionen)

2 geschälte Kohlrabi
250 g geputzte Möhren
1 Packung tiefgefrorene Erbsen (300 g)
½ Liter Wasser
8 Eier
2 Beutel helle Soße instant
1 Prise Zucker
2 Eßl. gehackte Petersilie

Zubereitung

Kohlrabi und Möhren in feine Stifte schneiden, in kochendem Salzwasser etwa 20 Minuten kochen, nach 10 Minuten die Erbsen hinzufügen. In der Zwischenzeit die Eier 8–10 Minuten hart kochen, mit kaltem Wasser abschrecken, pellen und in Achtel schneiden. Das Soßenpulver in das Gemüsewasser einrühren, die Soße mit Zucker abschmekken, die Eier hineinlegen und die Petersilie darüberstreuen. Das Gericht im Reisrand anrichten und servieren.

Eierkuchen mit Äpfeln und Speck

Pro Portion ca. 2520 Joule = ca. 600 Kalorien – Zubereitungszeit ca. 40 Minuten

Zutaten

(für 4 Portionen)

250 g Mehl
3 Eier
Salz
¼ Liter Milch
¼ Liter Wasser
500 g geschälte Äpfel
150 g geräucherter durchwachsener Speck
Zucker zum Bestreuen

Zubereitung

In einer Schüssel Mehl Eier, Salz, Milch und Wasser zu einem glatten Teig verrühren. Die Äpfel vom Kerngehäuse befreien und in dünne Scheiben schneiden. Den Speck in kleine Würfel schneiden. In einer Bratpfanne einen Teil der Speckwürfel ausbraten, eine Schöpfkelle voll Eierkuchenteig darübergießen, Apfelscheiben darauflegen und die Eierkuchen von beiden Seiten goldbraun backen. So weiter backen, bis alle Zutaten verbraucht sind. Die Apfelspeck-Eierkuchen mit Zucker bestreut servieren.

Eierpastete

Pro Portion ca. 2520 Joule = ca. 600 Kalorien – Zubereitungszeit ca. 70 Minuten

Zutaten

(für 4 Portionen)

1 Packung tiefgefrorener Blätterteig (300 g)
1 Dose Thunfisch (210 g Einwaage)
2 Eßl. saure Sahne
1 Eßl. gehackter Dill
1 Eßl. gehackte Petersilie
Salz, Pfeffer
1–2 Eßl. Butter oder Margarine
1 geschälte Zwiebel
250 g geputzte Champignons
1 Eßl. Zitronensaft
3 hartgekochte geschälte Eier
1 Eigelb

Zubereitung

Den Blätterteig nach Anweisung auf der Packung auftauen. Den Thunfisch gut abtropfen lassen. Saure Sahne, Dill, Petersilie, Salz und Gewürze verrühren, den Thunfisch darunterheben und alles recht pikant abschmecken. Butter oder Margarine in einer Pfanne heiß werden lassen. Die Zwiebel würfeln, die Champignons in Scheiben schneiden, mit Zitronensaft beträufeln und alles in heißem Fett kurz braten.
Je zwei aufgetaute Blätterteigplatten so zusammenlegen, daß die Ränder etwas übereinanderliegen. Die Ränder mit Wasser etwas anfeuchten und den Blätterteig messerrückendick ausrollen. Eine Platte auf ein mit kaltem Wasser abgespültes Backblech legen, die in Scheiben geschnittenen Eier auf die Platte legen, die Thunfischmasse und die Champignons untereinander mischen und über die Eischeiben streichen. Die zweite Teigplatte darüberdecken und die Ränder fest andrücken. Aus der letzten Teigplatte Plätzchen und Streifen schneiden. Die Blätterteigpastete mit in Wasser verschlagenem Eigelb bestreichen, mit Plätzchen und Teigstreifen verzieren, die Pastete in den vorgeheizten Backofen schieben und bei guter Hitze (225 Grad oder Stufe 4) etwa 45 Minuten goldgelb backen. Die Eierpastete warm servieren und Tomatenketchup dazu reichen.

Eierpfanne

Pro Portion ca. 1420 Joule = ca. 340 Kalorien – Zubereitungszeit ca. 25 Minuten

Zutaten

(für 4 Portionen)

50 g geräucherter durchwachsener Speck
4 geschälte Zwiebeln
500 g Tomaten
8 Eier
6 Eßl. Sahne
Salz, Pfeffer
Estragon
1 Eßl. gehackter Dill
2 Eßl. gehackte Petersilie

Zubereitung

Den Speck in Würfel schneiden und in einer Bratpfanne auslassen. Die Zwiebeln in Ringe schneiden und im Speck anbraten. Die Tomaten mit kochendem Wasser überbrühen, abziehen, in Viertel schneiden und mit den Zwiebeln durchbraten. Eier und Sahne gut verschlagen, Salz und Gewürze hinzufügen, alles über die Zwiebeln und Tomaten gießen und bei mäßiger Wärme stocken lassen. Vor dem Anrichten die Eierpfanne mit Kräutern bestreuen und Graubrot dazu servieren.

Eierragout

Pro Portion ca. 1970 Joule = ca. 470 Kalorien – Zubereitungszeit ca. 20 Minuten

Zutaten

(für 4 Portionen)

8 Eier
40 g Butter oder Margarine
40 g Mehl
1/4 Liter klare Brühe instant
1/4 Liter Milch
1/2 Teel. Salz
2 Spritzer Worcestersoße
1 Glas Kapern (ca. 35 g)
125 g gekochter Schinken
1 Glas Mixed Pickles
(220 g Einwaage)

Zubereitung

Die Eier hart kochen (8–10 Minuten), danach mit kaltem Wasser abschrecken, pellen und in Achtel schneiden. – Für die Soße Butter oder Margarine in einem Kochtopf zerlassen, das Mehl hinzugeben und hellgelb rösten, mit Brühe und Milch ablöschen und durchkochen lassen. Die Soße mit Salz und Worcestersoße pikant abschmecken. Kapern, den in Streifen geschnittenen Schinken und die Mixed Pickles in die Soße geben, nochmals heiß werden lassen, zuletzt die Eier darunterheben und das Ragout mit Kartoffelpüree servieren.

Eier-Tomatengericht

Pro Portion ca. 1930 Joule = ca. 460 Kalorien – Zubereitungszeit ca. 40 Minuten

Zutaten

(für 4 Portionen)

125 g Frühstücksspeck
2 Eßl. Öl
2 große geschälte Zwiebeln
6 große Tomaten
6 Eier
3 Eßl. Milch
Salz, Pfeffer
Muskat
1 Bund Schnittlauch
50 g geriebener Käse

Zubereitung

In einer Bratpfanne den Speck in heißem Öl knusprig braten. Die Zwiebeln in dünne Ringe schneiden und mit dem Speck braten. Die Tomaten mit kochendem Wasser überbrühen und abziehen. Die Tomaten halbieren, in die Pfanne geben und mit dem Speck und den Zwiebeln kurz schmoren. Alles in eine flache Auflaufform füllen, Eier und Milch verschlagen, salzen und würzen und die Schnittlauchröllchen hineingeben. Die Eimasse über die Tomaten gießen, mit Käse bestreuen und im vorgeheizten Backofen bei guter Mittelhitze (200 Grad oder Stufe 3) etwa 20 Minuten stocken lassen.

Ente à l'Orange

Pro Portion ca. 4140 Joule = ca. 990 Kalorien – Zubereitungszeit ca. 2 Stunden

Zutaten

(für 4–6 Portionen)

1 Ente (ca. 1,6–2 kg)
Salz, Pfeffer, Thymian
3–4 Eßl. Öl
1 Eßl. Butter
1/2 Liter Fleischbrühe
1/8 Liter Weißwein
100 g geschälte Zwiebeln

Für die Orangensoße
2 Orangen
1 Zitrone
100 g Würfelzucker
ca. 2 Eßl. Weinessig
1/4 Liter Fleischbrühe
1–2 Teel. Johannisbeergelee
1 Teel. Speisestärke
1–2 Eßl. Grand Marnier
1/2 Teel. Butter

Zubereitung

Die vorbereitete, gut abgetrocknete Ente von innen und außen mit Salz und Gewürzen einreiben. Öl und Butter in einem Bräter heiß werden lassen und die Ente etwa 10–15 Minuten darin kräftig anbraten, die ganzen Zwiebeln hinzufügen und bräunen. Danach das Fett abgießen. Nun etwas Brühe und Weißwein dazugeben und die Ente im zugedeckten Bräter im Backofen bei Mittelhitze (175–200 Grad oder Stufe 2–3) ca. 60–90 Minuten braten. Während der Bratzeit die Ente mit Brühe und Wein begießen.

Für die Soße die Orangenschale hauchdünn abschälen, überbrühen, abtropfen lassen und in feine Streifen schneiden. Den Würfelzucker in einem Kochtopf langsam schmelzen lassen, bis er eine hellgelbe Farbe angenommen hat. Danach den Zukker mit Weinessig und Brühe ablöschen und loskochen, Orangen- und Zitronensaft und die restliche Brühe hinzufügen und alles bis auf die Hälfte einkochen. Gelee darunterrühren.

Die gebratene Ente warm stellen, den Bratensatz mit Brühe und etwas Wein abkochen und durch ein Sieb gießen. Nach Belieben die Bratensoße mit angerührter Speisestärke binden, mit der Orangensoße vermischen, die Hälfte der Orangenschale daruntergeben, Butter hinzufügen und die Soße mit Grand Marnier abschmecken. Die Ente im ganzen oder zerteilt anrichten, mit der restlichen Orangenschale bestreuen, evtl. mit etwas Soße begießen und mit Orangenscheiben garnieren.

Erbseneintopf mit Speck und Kochwurst

(Foto Seite 91)

Pro Portion ca. 3066 Joule = ca. 730 Kalorien – Zubereitungszeit ca. 2 Stunden

Zutaten

(für 4 Portionen)

500 g ungeschälte Erbsen
2½ Liter Wasser
einige Speckschwarten
Salz
ca. ½ Teel. Majoran
Pfeffer
1 Teel. gekörnte Brühe
1 Bund geputztes Suppengrün
375 g geschälte Kartoffeln
100 g geräucherter durchwachsener Speck
4 Kochwürste à 100 g

Zubereitung

Die Erbsen in 2½ Liter Wasser am Abend vorher einweichen. Dann mit dem Einweichwasser und den gewaschenen Schwarten in einen Kochtopf geben, zum Kochen bringen, Salz, Majoran, Pfeffer und gekörnte Brühe hinzufügen und alles bei milder Wärme 1¼ Stunden weiterkochen. Das kleingeschnittene Suppengrün, gewürfelte Kartoffeln und den gewürfelten, in einer Pfanne ausgebratenen Speck zu den Erbsen geben und alles weitere 30 Minuten garen. Die gewaschenen Kochwürste in Scheiben schneiden, die Speckschwarten herausnehmen, die Wurstscheiben in den Eintopf geben, darin heiß werden lassen und alles herzhaft mit Salz, Majoran und Pfeffer abschmecken.

Erbsenpüree oder dick gekochte Suppe läßt sich appetitlich anrichten mit gedünsteten Apfelscheiben und Zwiebelringen

Erbsensuppe bürgerlich

Pro Portion ca. 2390 Joule = ca. 570 Kalorien – Zubereitungszeit ca. 2½ Stunden

Zutaten

(für 4 Portionen)

350 g ungeschälte gelbe oder grüne Erbsen
2 Liter Wasser
einige Speckschwarten
1 Bund geputztes Suppengrün
50 g geräucherter durchwachsener Speck
4 Wiener Würstchen
Salz, Majoran
1 Bund Petersilie

Zubereitung

Die Erbsen am Vorabend in Wasser einweichen. Am nächsten Tag mit dem Einweichwasser und den gewaschenen Speckschwarten 2–2½ Stunden kochen. Eine halbe Stunde vor Beendigung der Kochzeit das feingeschnittene Suppengrün in die Suppe geben und garen. Die Speckschwarten herausnehmen, den gewürfelten Speck knusprig braten, die Würstchen in Scheiben schneiden und beides in die Erbsensuppe geben. Die Suppe mit Salz und Gewürzen abschmecken und mit gehackter Petersilie bestreut anrichten. Nach Belieben geröstete Weißbrotwürfel dazu servieren.

Erbsensuppe mit Grießklößchen

Pro Portion ca. 2140 Joule = ca. 510 Kalorien – Zubereitungszeit ca. 1 Stunde

Zutaten

(für 4 Portionen)

500 g frische enthülste oder tiefgefrorene Erbsen
1 Liter klare Fleischsuppe
40 g Butter oder Margarine
40 g Mehl
Salz, 1 Prise Zucker
2 Eßl. gehackte Petersilie

Grießklößchen
60 g Butter oder Margarine
2 Eier
125 g Grieß
Salz, Muskatnuß

Zubereitung

Zuerst für die Grießklößchen die Butter verrühren, nach und nach die Eier daruntergeben, den Grieß hinzufügen, die Masse salzen und würzen und den Grieß etwa 15 Minuten quellen lassen. – Die Erbsen in der kochenden Fleischsuppe etwa 20 Minuten garen. In der Zwischenzeit mit zwei Teelöffeln von der Grießmasse kleine Klößchen abstechen und diese in kochendem Salzwasser 15 bis 20 Minuten bei milder Wärme gar ziehen lassen. – Aus Fett und Mehl eine helle Mehlschwitze zubereiten, mit Erbsenbrühe auffüllen und gut durchkochen lassen. Die Hälfte der Erbsen in die Suppe geben, die restlichen Erbsen durch ein Sieb passieren und gleichfalls in die Suppe geben. Alles abschmecken, die Grießklößchen mit einer Schaumkelle aus dem Wasser heben, abtropfen und vorsichtig in die Erbsensuppe gleiten lassen. Mit Petersilie bestreut servieren.

Erbsensuppe mit Mettwurst

Pro Portion ca. 1970 Joule = ca. 470 Kalorien – Zubereitungszeit ca. 30 Minuten

Zutaten

(für 4 Portionen)

1 Beutel Erbsensuppe mit Speck
½ Liter lauwarmes Wasser
1 geschälte Zwiebel
2 Eßl. Öl
1 Packung tiefgefrorene Erbsen (300 g)
250 g feine Mettwurst
Salz
frischgemahlener schwarzer Pfeffer
2 Eßl. gehackte Petersilie

Zubereitung

Die Erbsensuppe in das lauwarme Wasser einrühren und nach Anweisung auf der Packung zubereiten. Die Zwiebel hacken und in heißem Öl goldgelb rösten. Die tiefgefrorenen Erbsen in die Suppe geben und etwa 5 Minuten darin garen. Die Zwiebelwürfel und die in Streifen geschnittene Mettwurst in die Suppe geben und alles gut durchziehen lassen. Die Erbsensuppe mit Salz und Pfeffer herzhaft abschmecken und mit Petersilie bestreut servieren.

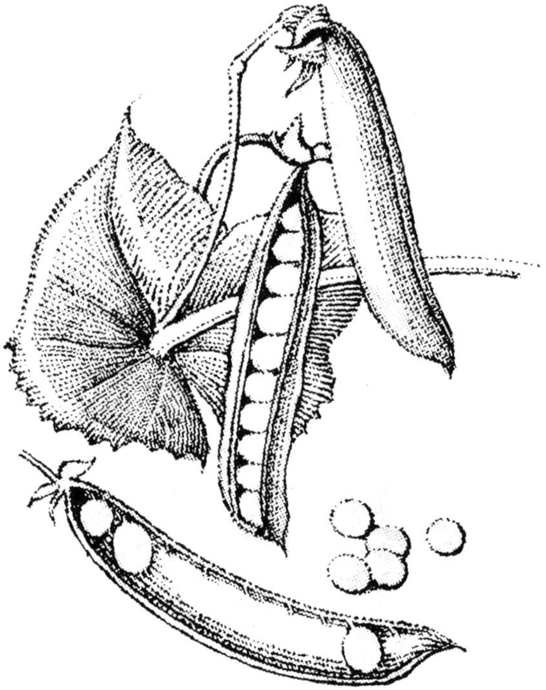

Camembert gebraten

Rezept siehe Seite 69

Als Getränk empfehlen wir: fruchtigen Rotwein (z. B. Beaujolais oder Ahrburgunder)

Gebratener Camembert mit Preiselbeeren schmeckt ausgezeichnet. Sie haben ihn im Nu gezaubert. Also ideal, wenn überraschend Gäste kommen.

Dattelpudding

Rezept siehe Seite 79

Als Getränk empfehlen wir: Süßwein oder Mineralwasser

Diesen würzigen Pudding – zubereitet mit ganz frischen, süßen und sehr saftigen Datteln – können Sie als Dessert, aber auch als kleines Abendessen für Süßschnäbel servieren.

Erbseneintopf mit Speck und Kochwurst

Rezept siehe Seite 86

Als Getränk empfehlen wir: ein helles Bier und einen Klaren

Immer wieder gern gegessen: Erbsensuppe aus trockenen Erbsen, die ganz zünftig mit Speck und Wurst gekocht wird.

Erdbeerbombe

Rezept siehe Seite 97

Als Getränk empfehlen wir: Mineralwasser, Sekt oder Asti Spumante

Schmeckt so süß, wie sie aussieht: die Erdbeerbombe aus Biskuitteig, gefüllt mit Erdbeeren und bestrichen mit Sahnequark.

Fenchel mit Käsesoße überbacken

Rezept siehe Seite 100

Als Getränk empfehlen wir: leichten italienischen Rotwein

Das sollten Sie unbedingt probieren: Gemüsefenchel aus Italien. Schmeckt sehr apart, besonders wenn Sie ihn wie wir mit Käsesoße überbacken. Dazu: kurzgebratenes Fleisch und Salzkartoffeln.

Forellen mit Mandeln

Rezept siehe Seite 115

Als Getränk empfehlen wir: würzigen Weißwein

So werden sie schön knusprig: Forellen, die Sie in Mandelblättchen panieren und dann braten.

Frikadellen mit Bacon und Chester

Rezepte siehe Seite 117–119

Als Getränke empfehlen wir: Tomatensaft, Bier, leichten Weiß- oder Rotwein

Frikadellen mal ganz anders serviert: mit Bacon und Chester; mit Sauerkraut und Ananas; gefüllt mit Frühlingsquark; mit Gurke und Salami.

Grünkohl auf norddeutsche Art

Rezept siehe Seite 137

Als Getränk empfehlen wir: ein helles Bier und einen eisgekühlten Klaren

Im Norden ißt man dieses „frostige Gemüse" gern – wie hier abgebildet – mit Kasseler, Schweinebacke und Kochwürsten. Dazu passen kleine Röstkartoffeln.

Erdbeerbombe

(Foto Seite 92)

Pro Portion ca. 1722 Joule = ca. 410 Kalorien – Zubereitungszeit ca. 1¼ Stunde

Zutaten

(für 6 Portionen)

3 Eier
100 g Zucker
1 Teel. abgeriebene Zitronenschale
1 gestr. Teel. Backpulver
100 g Mehl
70 g Speisestärke
Semmelbrösel

Für die Füllung
500 g geputzte Erdbeeren
ca. 75 g Zucker
1 Eßl. Zitronensaft
3–4 Blatt weiße Gelatine

Zum Bestreichen
250 g Sahnequark
25 g Zucker
1 Päckchen Vanillezucker

Zum Verzieren
etwa 200 g geputzte kleine Erdbeeren

Zubereitung

Für die Biskuitmasse Eigelb, Zucker und Zitronenschale schaumig rühren. Das mit Backpulver und Speisestärke gemischte Mehl darunterrühren, zuletzt das steifgeschlagene Eiweiß darunterheben und die Masse in eine gefettete, gebröselte Bombenform oder in eine runde feuerfeste Schüssel füllen. Im vorgeheizten Backofen auf der unteren Schiebeleiste bei Mittelhitze (175–200 Grad oder Stufe 2–3) etwa 40–45 Minuten backen. Danach den Biskuit auf ein Kuchenrost stürzen, erkalten lassen und in 4–5 Platten schneiden.

Für die Füllung die Erdbeeren zuckern, mit einer Gabel zerdrücken und Zitronensaft darunterrühren. Die Gelatine in kaltem Wasser einweichen, ausdrücken, mit wenig Flüssigkeit bei milder Wärme auflösen und zuletzt unter die Erdbeermasse mischen. Die Kuchenplatten damit bestreichen und wieder zusammensetzen. Den Sahnequark schaumig schlagen, Zucker und Vanillezucker darunterrühren und die Bombe damit bestreichen. Mit einem Eßlöffel oder mit einer Gabel ein Muster hineindrücken und die Bombe mit Erdbeeren umlegen.

Exotisches Fischgericht

Pro Portion ca. 1800 Joule = ca. 430 Kalorien – Zubereitungszeit ca. 40 Minuten

Zutaten

(für 4 Portionen)

2 Packungen tiefgefrorenes Rotbarschfilet à 400 g
Zitronensaft
Salz
1 kleine Dose Mandarinen (Einwaage 190 g)
1 kleine Dose Ananasstücke (Einwaage 220 g)
1 Päckchen Currysoße
etwa 1 Teel. Currypulver

Zubereitung

Das Fischfilet antauen lassen, in große Stücke zerschneiden, mit Zitronensaft begießen und salzen. Mandarinen und Ananas auf einem Sieb gut abtropfen lassen. Den Fruchtsaft zum Kochen bringen, den vorbereiteten Fisch etwa 10 Minuten darin dünsten, danach in eine Schüssel geben und warm stellen. Das Soßenpulver in die Flüssigkeit einrühren, aufkochen lassen, mit Curry abschmecken, Mandarinen und Ananas darin erwärmen, über das Fischfilet geben und mit gekochtem Kräuterreis servieren.

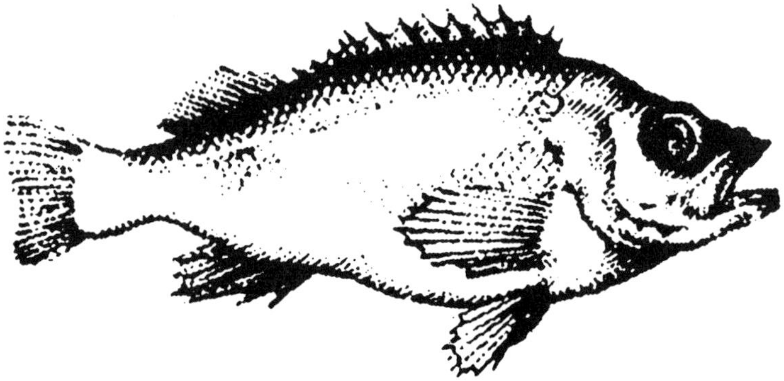

Falscher Hase

Pro Portion ca. 2520 Joule = ca. 600 Kalorien – Zubereitungszeit ca. 1½ Stunden

Zutaten

(für 4 Portionen)

500 g Rinderhackfleisch
200 g Schweinemett
1 geschälte Zwiebel
1 Eßl. gehackte Petersilie
1 Brötchen
1 Ei
Salz, Pfeffer
Paprika, Currypulver
4 hartgekochte Eier
2 Eßl. Öl
¼ Liter Wasser
2–3 Eßl. Feinkost Bratensoße instant

Zubereitung

Das Hackfleisch, Schweinemett, die feingehackte Zwiebel, Petersilie, das eingeweichte und ausgedrückte Brötchen, Ei, Salz und Gewürze verkneten und den Hackfleischteig pikant abschmecken. Den Teig zu einer Rolle formen und breitstreichen. Die gepellten Eier der Länge nach darauflegen, den Teig darüberschlagen, zu einem Brot formen und in eine gefettete Auflaufform legen. Den Braten mit Öl bestreichen und bei guter Mittelhitze (200–225 Grad oder Stufe 3–4) ca. 50 Minuten im vorgeheizten Backofen braten. Danach den Braten herausnehmen und warm stellen. Den Bratensatz mit heißem Wasser lösen und die Bratensoße darin verrühren. Die Soße zum Braten servieren.

Fasan mit Früchten

Pro Portion ca. 2640 Joule = ca. 630 Kalorien – Zubereitungszeit ca. 75 Minuten

Zutaten

(für 4 Portionen)

1 großer junger Fasan, bratfertig
Salz, weißer Pfeffer
80 g Butter oder Margarine
¼ Liter Pfirsichsaft
1 Glas Weinbrand
3 Eßl. Sahne
1 Eßl. Mehl
8 Reineclauden aus dem Glas
4 Pfirsichhälften aus der Dose
3 Ananasscheiben aus der Dose
6 Aprikosenhälften aus der Dose
8 halbe Walnußkerne

Zubereitung

Den Fasan waschen, trocknen, in 4 Teile zerlegen, salzen und würzen. Butter oder Margarine in einem Bratentopf heiß werden lassen, die Fasanenviertel von allen Seiten darin anbraten und zugedeckt bei milder Wärme ca. 30 Minuten weiterbraten. Danach den Pfirsichsaft und den Weinbrand hinzufügen und weitere 20 Minuten schmoren lassen. Die Fasanenstücke auf eine vorgewärmte Platte legen und warm stellen. Die Bratflüssigkeit mit in Sahne verrührtem Mehl binden, gut durchkochen lassen und abschmecken. Die ganzen Reineclauden und das restliche, kleingeschnittene Obst in die Soße geben, erwärmen, über die Fasanenstücke geben und alles mit Walnüssen verzieren.

Fenchel mit Käsesoße überbacken

(Foto Seite 93)

Pro Portion ca. 2430 Joule = ca. 580 Kalorien – Zubereitungszeit ca. 60 Minuten

Zutaten

(für 4 Portionen)

2 Fenchelknollen, ca. 750 g
Salzwasser
40 g Butter oder Margarine
40 g Mehl
¼ Liter Milch
180 g geriebener Emmentaler Käse
4 Eigelb
4 Eßl. Sahne
2 Eßl. Semmelbrösel
30 g Butter

Zum Garnieren
Petersilie und Fenchelgrün

Zubereitung

Die Fenchelknollen putzen, Wurzelansatz abschneiden, die Blattstiele kürzen und die äußeren welken Blätter entfernen. Die Fenchelknollen unter fließendem Wasser waschen, halbieren, in kochendem Salzwasser etwa 20 Minuten kochen, bis das Gemüse weich ist. – Für die Soße aus Fett und Mehl eine helle Mehlschwitze bereiten, mit ¼ Liter Gemüsewasser und Milch ablöschen und gut durchkochen lassen. Den Käse darunterrühren. Eigelb und Sahne verquirlen und die Soße damit legieren. – Den gegarten Fenchel in eine ausgebutterte, feuerfeste Form legen, die Soße darübergießen, Semmelbrösel darüberstreuen und alles mit flüssiger Butter begießen. Die Form in den vorgeheizten Backofen schieben und den Fenchel bei guter Mittelhitze (200 Grad oder Stufe 3) ca. 20 Minuten überbacken. Mit Petersiliensträußchen und Fenchelgrün garniert servieren.

Finkenwerder Speckscholle

Pro Portion ca. 1430 Joule = ca. 340 Kalorien – Zubereitungszeit ca. 40 Minuten

Zutaten

(für 4 Portionen)

4 küchenfertige Schollen à 300 g
Essig oder Zitronensaft
Salz
100 g geräucherter durchwachsener Speck
15 g Butter oder Margarine
2 Eßl. Mehl
Salz

Zum Garnieren
1 Zitrone, 1 Tomate, 1 Bund Petersilie

Zubereitung

Die Schollen säubern, mit Küchenkrepp abtupfen, mit Essig oder Zitronensaft säuern und salzen. Den Speck in Würfel schneiden und in einer Pfanne in heißem Fett auslassen. Die Schollen in Mehl wenden, salzen und in heißem Fett und Speck von jeder Seite etwa 10 Minuten bei milder Wärme hellbraun braten. Die Schollen auf eine vorgewärmte Platte legen, den Speck darübergeben und die Schollen mit Zitronenspalten, Tomatenvierteln und Petersiliensträußchen garniert servieren.

Fisch auf japanische Art

Pro Portion ca. 1550 Joule = ca. 370 Kalorien – Zubereitungszeit ca. 40 Minuten

Zutaten

(für 4 Portionen)

4 Scheiben Goldbarschfilet (800 g)
Zitronensaft
Salz, Streuwürze
150 g geputzter Sellerie
150 g geputzte Möhren
1 geputzte Stange Porree
20 g Butter oder 2 Eßl. Öl
1/8 Liter saure Sahne
2 Eßl. geriebener Käse
1 Eßl. gehackte Petersilie

Zubereitung

Das Fischfilet waschen, mit Zitronensaft beträufeln, salzen und würzen. Das Gemüse in sehr feine Streifen schneiden und in einem Kochtopf in heißem Öl etwa 10 Minuten dünsten. Danach das gesalzene Gemüse in eine gefettete, feuerfeste Form füllen, das Fischfilet darauflegen, die saure Sahne darübergießen, den Fisch mit Käse bestreuen und im vorgeheizten Backofen bei starker Mittelhitze (225 Grad oder Stufe 4) 20 Minuten backen. Den Fisch mit gehackter Petersilie bestreut servieren und körnig gekochten Reis dazu reichen.

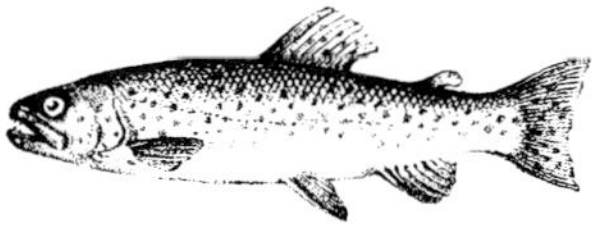

Fisch vom Rost

Pro Portion ca. 1050 Joule = ca. 250 Kalorien – Zubereitungszeit ca. 50 Minuten

Zutaten

(für 4 Portionen)

1 kg Fisch (Schwanzstück vom Kabeljau oder Schellfisch)
Essig, Salz
3 Eßl. Öl
50 g geriebener Käse
1 Eßl. Mehl
3 Eßl. Dosenmilch

Zubereitung

Den Fisch säubern (evtl. schuppen und die Flossen abschneiden), säuern und salzen. Einen Rost mit einem Stück Alufolie belegen, den vorbereiteten Fisch darauflegen, mit Öl bestreichen und den Fisch in den vorgeheizten Backofen schieben. Bei starker Hitze (225 Grad oder Stufe 4) ca. 20 Minuten braten. Nach Bedarf ab und zu mit Öl bestreichen. Den Käse, Mehl und Dosenmilch zu einer glatten Masse verrühren und den Fisch gleichmäßig damit bestreichen. Den Fisch weitere 10–15 Minuten überbacken, bis die Kruste hellgelb ist.

Fischauflauf

Pro Portion ca. 970 Joule = ca. 230 Kalorien – Zubereitungszeit ca. 45 Minuten

Zutaten

(für 4 Portionen)

800 g Seelachsfilet
Zitronensaft
Salz, Pfeffer
10 g Butter
1 geschälte Zwiebel
1 Dose Tomaten
(480 g Einwaage)
1 geschälte Knoblauchzehe
2 Eßl. gehackter Dill

Zubereitung

Das Fischfilet säubern, mit Zitronensaft säuern, salzen, mit Pfeffer bestreuen und in vier gleichgroße Stücke teilen. Eine Auflaufform ausfetten. Die Zwiebel in dünne Ringe schneiden und in die Form legen. Das Fischfilet darauf verteilen. Die Tomaten zerkleinern, mit der zerdrückten Knoblauchzehe, Salz und Gewürzen vermischen und über den Fisch streichen. Fisch in den vorgeheizten Backofen schieben und bei Mittelhitze (200 Grad oder Stufe 3) ca. 30 Minuten garen. Mit Dill bestreut servieren.

Fischbraten gefüllt

Pro Portion ca. 1480 Joule = ca. 330 Kalorien – Zubereitungszeit ca. 60 Minuten

Zutaten

(für 4 Portionen)

2 große Stücke Fischfilet
(Seelachs oder Kabeljau)
ca. 800 g
Saft von 1 Zitrone
1 Teel. Salz
Streuwürze
3 geschälte Zwiebeln
1 kleine Dose Champignons
(Einwaage 230 g)
2 Eßl. gehackter Dill
2 Eßl. gehackte Petersilie
Salz, Rosenpaprika
2 Eßl. Semmelbrösel
50 g geräucherter
durchwachsener Speck
2 Eßl. saure Sahne

Zubereitung

Das Fischfilet waschen, abtupfen, mit Zitronensaft beträufeln, salzen und würzen. – Für die Füllung die Zwiebeln und die gut abgetropften Champignons fein hacken, mit Dill und Petersilie vermischen, salzen und würzen. Ein vorbereitetes Fischfilet in eine ausgebutterte Auflaufform legen, die Füllung daraufstreichen, das zweite Fischfilet darüberlegen, mit Semmelbrösel bestreuen, mit Speckstreifen belegen und bei starker Hitze (225–250 Grad oder Stufe 4–5) ca. 35 Minuten im vorgeheizten Backofen braten. Zuletzt den Fischsud mit saurer Sahne binden und im ausgeschalteten Backofen stokken lassen.

Fischfilet auf indische Art

Pro Portion ca. 1590 Joule = ca. 380 Kalorien – Zubereitungszeit ca. 50 Minuten

Zutaten

(für 4 Portionen)

750 g Rotbarschfilet (frisch oder tiefgefroren)
Zitronensaft
Salz
2 Eßl. Mehl
2–3 Eßl. Öl
1 geschälter Apfel
1 Orange
2 Bananen
1/8 Liter Brühe
3–4 Eßl. Weißwein
2 Eßl. Dosenmilch
1 Teel. Speisestärke
Zucker
1–2 Teel. Currypulver
1 geschälter, geraspelter Apfel

Zubereitung

Das gewaschene Fischfilet (tiefgefrorenen Fisch antauen) mit Zitronensaft säuern, salzen und ca. 15 Minuten ziehen lassen. Danach das Fischfilet in Mehl wenden und in einer Pfanne in heißem Öl von beiden Seiten goldbraun backen. Das gebackene Fischfilet warm stellen. – Den in Scheiben geschnittenen Apfel, die geschälte, filierte Orange und die geschälten, in Scheiben geschnittenen Bananen kurz im Bratfett heiß werden lassen und gleichfalls warm stellen. Brühe und Weißwein in die Pfanne gießen, den Bratensatz kurz abkochen. Dosenmilch und Speisestärke verrühren und die Soße damit binden. Zuletzt den geraspelten Apfel darunterrühren, die Soße mit Currypulver und einer Prise Zucker abschmecken, das gedünstete Obst hineingeben und alles über den gebratenen Fisch füllen.

Fischfilet im Bierteig

Pro Portion ca. 1760 Joule = ca. 420 Kalorien – Zubereitungszeit ca. 25 Minuten

Zutaten

(für 4 Portionen)

2 Packungen tiefgefrorenes Kabeljaufilet à 400 g
Zitronensaft
Salz, Pfeffer
Streuwürze
120 g Mehl
1 Ei
Salz
1/2 Liter helles Bier
Fett- oder Ölbad

Zum Garnieren
1 Zitrone
Petersilie

Zubereitung

Das Fischfilet auftauen, mit Zitronensaft säuern, salzen und durchziehen lassen. Aus Mehl, Ei, Salz und Bier einen glatten Teig rühren. Das Fischfilet mit Küchenkrepp trocken tupfen, würzen, in den Teig tauchen und in heißem Öl schwimmend von jeder Seite goldbraun ausbacken. Das gebackene Fischfilet auf Kreppapier abtropfen lassen und mit Zitronenspalten und Petersiliensträußchen garniert servieren.

Fischfilet in Meerrettichsoße

Pro Portion ca. 1380 Joule = ca. 330 Kalorien – Zubereitungszeit ca. 45 Minuten

Zutaten

(für 4 Portionen)

800 g Fischfilet (frisch oder tiefgefroren)
Zitronensaft
Salz, weißer Pfeffer
4 Eßl. Weißwein
1/2 Liter Brühe
2 Beutel helle Soße instant
2–3 Eßl. geriebener Meerrettich
1 Eßl. Zucker
1 säuerlicher geschälter Apfel
4 Eßl. Sahne

Zubereitung

Das Fischfilet waschen, tiefgefrorenes antauen, mit Zitronensaft säuern und mit Salz und Pfeffer bestreuen. Das vorbereitete Fischfilet in einen flachen Kochtopf legen, mit Weißwein begießen und bei milder Wärme 20 Minuten dünsten. Danach das Filet in eine vorgewärmte Schüssel geben und warm stellen. Den Fischsud mit Brühe zu einem halben Liter auffüllen, Soßenpulver einrühren, die Soße aufkochen, mit Meerrettich, Zucker und Salz abschmecken, zuletzt den geriebenen Apfel und die Sahne darunterrühren und die Soße über den Fisch gießen. Petersilienkartoffeln dazu servieren.

Fischfrikadellen

Pro Portion ca. 1720 Joule = ca. 410 Kalorien – Zubereitungszeit ca. 40 Minuten

Zutaten

(für 4 Portionen)

500 g Seelachsfilet
1/2 Teel. Salz
Pfeffer, Paprika
1 geschälte Knoblauchzehe
1 geschälte Zwiebel
2 Eßl. gehackte Petersilie
1 Teel. Kapern
1 Ei
4–5 Eßl. Semmelbrösel
80 g Fett zum Braten

Für die Soße
1 Becher Magermilchjoghurt
1 Eßl. Mayonnaise (50%)
5 Eßl. Tomatenketchup
Paprika, Pfeffer
Salz
1 geschälte, feingehackte Zwiebel
50 g gewürfelte Gewürzgurke

Zubereitung

Das Fischfilet durch einen Fleischwolf drehen, mit Salz, Gewürzen, der zerdrückten Knoblauchzehe, gehackter Zwiebel, Petersilie, Kapern, Ei und Semmelbrösel vermischen, die Masse pikant abschmecken und Frikadellen daraus formen. Das Fett in einer Pfanne heiß werden lassen und die Frikadellen von beiden Seiten 10 Minuten goldbraun braten. – Für die Soße alle Zutaten verrühren und herzhaft abschmecken.

Fischfrikassee orientalisch

Pro Portion ca. 1340 Joule = ca. 320 Kalorien – Zubereitungszeit ca. 40 Minuten

Zutaten

(für 4 Portionen)

2 geschälte Zwiebeln
30 g Butter oder Margarine
1 kleine Dose Tomatenmark
1 1/2 Tassen Weißwein
1 Beutel helle Soße instant
Zucker, Salz
gemahlener Zimt und Ingwer
800 g Seelachsfilet
Saft von 1 Zitrone

Zubereitung

Die Zwiebeln in feine Würfel schneiden. Das Fett in einem Topf heiß werden lassen, die Zwiebelwürfel darin glasig dünsten, Tomatenmark hinzufügen und alles durchschmoren. Den Wein hineingeben, aufkochen, das Soßenpulver einrühren und die Soße mit Salz, Zucker und Gewürzen kräftig abschmecken. – Das gewaschene Fischfilet mit Zitronensaft säuern, salzen, in grobe Würfel schneiden und in der Soße ca. 15–20 Minuten garen. Fischfrikassee in einem Reisrand servieren.

Fisch-Käse-Rouladen

Pro Portion ca. 1680 Joule = ca. 400 Kalorien – Zubereitungszeit ca. 35 Minuten

Zutaten

(für 4 Portionen)

4 Scheiben Rotbarschfilet (750 g)
Zitronensaft
Salz
1 Eßl. Tomatenmark
4 dünne Scheiben Gouda (125 g)
2 Eßl. kleingeschnittener eingelegter roter Paprika
10 g Butter oder Margarine
1 Schachtel helle Delikateß Soße
1/8 Liter Milch
1/8 Liter Brühe
2 Ecken Schmelzkäse (30%)

Zubereitung

Das Fischfilet säubern, mit Zitronensaft säuern und salzen. Das Fischfilet mit Tomatenmark bestreichen, Käsescheiben und Paprikastreifen darauflegen und das Fischfilet aufrollen. Die Rouladen in eine gefettete Auflaufform legen. Für die Soße das Soßenpulver, Milch, Wasser oder Brühe verrühren, zum Kochen bringen und die Käseecken darin glattrühren. Die Soße herzhaft abschmecken, über die Rouladen gießen und alles im vorgeheizten Backofen bei guter Mittelhitze (225 Grad oder Stufe 4) ca. 20 Minuten garen.

Fischkasserolle

Pro Portion ca. 1180 Joule = ca. 280 Kalorien – Zubereitungszeit ca. 45 Minuten

Zutaten

(für 4 Portionen)

800 g Seelachsfilet
1 Zitrone
Salz
250 g geputzte Champignons
300 g Tomaten
30 g Butter oder Margarine
Pfeffer, Streuwürze
1 Tasse trockner Weißwein
2 Eßl. gehackte Petersilie

Zubereitung

Das Fischfilet waschen, mit Zitronensaft beträufeln, salzen und 15 Minuten ziehen lassen. In der Zwischenzeit die Champignons waschen, abtropfen lassen und in Scheiben schneiden. Die Tomaten mit kochendem Wasser überbrühen, abziehen und in Viertel schneiden. Den Fisch in heißem Fett andünsten, Champignons und Tomaten hinzufügen, alles salzen und würzen, mit Wein begießen und im geschlossenen Topf ca. 20 Minuten dünsten. Den Fischtopf mit gehackter Petersilie bestreut anrichten.

Fischpfanne

Pro Portion ca. 2270 Joule = ca. 540 Kalorien – Zubereitungszeit ca. 20 Minuten

Zutaten

(für 4 Portionen)

400 g geräucherter Heilbutt
1 Dose Erbsen und Karotten
(280 g Einwaage)
8 Eier
8 Eßl. Milch
Salz, Pfeffer
Zwiebelsalz
25 g Butter oder Margarine
2 Eßl. gehackte Petersilie
1 Eßl. Schnittlauchröllchen

Zubereitung

Den Heilbutt von Haut und Gräten befreien und zerlegen. Erbsen und Karotten in einem Sieb abtropfen lassen. Eier, Milch, Salz und Gewürze verschlagen. Butter oder Margarine in einer Pfanne heiß werden lassen, die verschlagenen Eier hineingießen, Erbsen und Karotten und den zerkleinerten Fisch daraufgeben. Die Pfanne zudecken und alles etwa 5–10 Minuten stocken lassen. Die Fischpfanne mit Petersilie und Schnittlauchröllchen bestreut servieren.

Fischragout

Pro Portion ca. 1410 Joule = ca. 350 Kalorien – Zubereitungszeit ca. 40 Minuten

Zutaten

(für 4 Portionen)

800 g Seelachsfilet
Saft von 1/2 Zitrone
Salz
1 Eßl. Öl
50 g geräucherter durchwachsener Speck
3 geschälte Zwiebeln
Paprika, Pfeffer
100 g Tomatenmark
2 Eßl. Mehl
1/2 Liter Wasser
2 Teel. klare Brühe instant
Kümmel, Majoran
4 Eßl. Dosenmilch

Zubereitung

Das Fischfilet waschen, in Würfel schneiden, mit Zitronensaft säuern und salzen. Das Öl in einem Schmortopf heiß werden lassen, den gewürfelten Speck darin braten, die Zwiebeln hakken und im Fett dünsten. Paprika, Pfeffer, Tomatenmark und Mehl dazugeben, alles gut verrühren, mit Brühe löschen, die Soße durchkochen lassen, salzen und würzen. Die Fischwürfel zugedeckt darin gar ziehen lassen (ca. 15–20 Minuten). Vor dem Anrichten das Gericht mit Salz, Gewürzen und Dosenmilch pikant abschmecken.

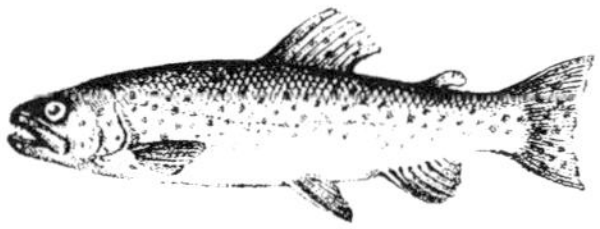

Fischröllchen überbacken

Pro Portion ca. 1590 Joule = ca. 380 Kalorien – Zubereitungszeit ca. 70 Minuten

Zutaten

(für 4 Portionen)

1 kg Rotbarschfilet
Essig, Salz
50 g geräucherter durchwachsener Speck
3 geschälte Zwiebeln
1 geschälte Knoblauchzehe
1 Dose Champignons (230 g Einwaage)
Paprika, Pfeffer
2 Eßl. gehackte Petersilie
2 Teel. Senf
2 Eßl. Parmesankäse
1 Teel. Butter

Zubereitung

Das Fischfilet säubern, säuern, salzen und durchziehen lassen. Den Speck würfeln, ausbraten, die gehackten Zwiebeln und Knoblauchzehe und die feingewiegten Champignons darin dünsten. Alles würzen und mit der Petersilie vermischen. Die Fischfilets mit Senf bestreichen, aufrollen, in eine ausgefettete Auflaufform stellen, die Pilzmasse darübergeben, alles mit Käse bestreuen, mit Butterflöckchen belegen und im vorgeheizten Backofen (bei 200 Grad oder Stufe 3) ca. 45 Minuten überbacken.

Fischröllchen in Apfel-Curry-Soße

Pro Portion ca. 1260 Joule = ca. 300 Kalorien – Zubereitungszeit ca. 40 Minuten

Zutaten

(für 4 Portionen)

4 dünne, schmale Goldbarschfilets à 150 g
Zitronensaft, Salz
weißer Pfeffer, Paprika
1 große geschälte Zwiebel
2 feste geschälte Äpfel
1 Eßl. Öl
1 Teel. Currypulver
¼ Liter lauwarmes Wasser
2 Päckchen Currysoße

Zubereitung

Das Fischfilet waschen, abtupfen, mit Zitronensaft beträufeln, salzen, würzen und aufrollen. Zwiebel und Äpfel in kleine Würfel schneiden und in heißem Öl dünsten. Currypulver und Wasser hinzufügen, die Currysoße nach Anweisung auf der Packung darin zubereiten, alles aufkochen lassen, die Fischröllchen hineinsetzen und 20 Minuten bei geringer Wärme gar ziehen lassen. Mit gekochtem Reis servieren.

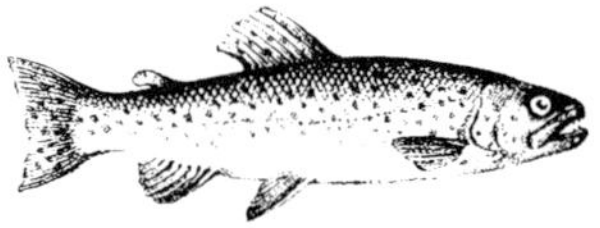

Fischschnitten überbacken

Pro Portion ca. 1590 Joule = ca. 380 Kalorien – Zubereitungszeit ca. 40 Minuten

Zutaten

(für 4 Portionen)

4 Rotbarsch- oder Kabeljaufilets à 250 g
Saft von 1 Zitrone
Salz, Pfeffer
20 g Mehl
3 Eßl. Öl
50 g geräucherter durchwachsener Speck
1 rote oder grüne Paprikaschote
100 g Goudakäse

Zubereitung

Das Fischfilet waschen, abtupfen, mit Zitronensaft beträufeln, salzen und kurz durchziehen lassen. Mit Pfeffer bestäuben, in Mehl wenden und in einer Bratpfanne in heißem Öl von jeder Seite 4–6 Minuten braten. Danach das Filet warm stellen. – Den Speck in Würfel schneiden, die Paprikaschote putzen und in feine Streifen schneiden. Den Speck ausbraten, die Paprika darin weich dünsten, alles über das Fischfilet geben, den Käse in Streifen darüberlegen und die Fischschnitten kurz unter einem heißen Grill oder bei starker Hitze im Backofen überbacken.

Fischsuppe

Pro Portion ca. 1640 Joule = ca. 390 Kalorien – Zubereitungszeit ca. 40 Minuten

Zutaten

(für 4 Portionen)

600 g Rotbarschfilet
1/2 Zitrone
4 Eßl. Weinbrand
Salz
2 geschälte Zwiebeln
30 g Butter oder Margarine
1 Glas Weißwein
1/2 Liter klare Fleischsuppe instant
Salz, Pfeffer
1/4 Liter Milch
20 g Speisestärke
3 Eßl. Sahne
50 g Krabbenfleisch
1 Bund Petersilie
1 Bund Dill

Zubereitung

Das gewaschene Fischfilet abtupfen und in große Würfel schneiden. Mit Zitronensaft und Weinbrand beträufeln, mit etwas Salz bestreuen und 15 Minuten durchziehen lassen. Die Zwiebeln hacken, in einem Kochtopf in heißem Fett goldgelb rösten, Weißwein, klare Fleischsuppe, Milch, Salz und Pfeffer hinzufügen und alles gut durchkochen. Die Fischwürfel mit der Marinade dazugeben und etwa 15–20 Minuten darin ziehen (nicht kochen!) lassen. Die Speisestärke in Sahne glattrühren, die Suppenflüssigkeit damit binden, alles vorsichtig aufkochen, das Krabbenfleisch darunterrühren und die Suppe mit gehackten Kräutern bestreut servieren. Nach Belieben in Knoblauchbutter geröstete Weißbrotwürfel dazu servieren.

Fischsuppe auf spanische Art

Pro Portion ca. 1210 Joule = ca. 290 Kalorien – Zubereitungszeit ca. 45 Minuten

Zutaten

(für 4 Portionen)

500 g Fischfilet
Zitronensaft
Salz
1 Flasche Sangrita
1/2 Liter Wasser
1 Beutel Fischgewürz
2 geschälte Zwiebeln
2 Eßl. Olivenöl
1 Packung tiefgefrorene Erbsen (300 g)
1 Dose Sellerie (Einwaage 400 g)
1/8 Liter saure Sahne
einige Spritzer Tabasco
2 Eßl. gehackter Dill

Zubereitung

Das Fischfilet waschen, abtupfen, mit Zitronensaft säuern und salzen. Sangrita, Wasser und Fischgewürz aufkochen und durchseihen. Die Zwiebeln in Würfel schneiden und in heißem Öl glasig dünsten. Mit dem Sud ablöschen, den in Würfel geschnittenen Fisch und die Erbsen hineingeben und etwa 10–15 Minuten garen. In der Zwischenzeit den Sellerie pürieren, mit Sahne verrühren und zuletzt in die Suppe geben. Die Suppe mit Salz und Tabasco abschmecken und mit Dill bestreut servieren.

Fischtopf

Pro Portion ca. 1720 Joule = ca. 410 Kalorien – Zubereitungszeit ca. 60 Minuten

Zutaten

(für 4 Portionen)

200 g geschälte Zwiebeln
200 g geputzter Porree
40 g Butter oder Margarine
250 g geputzte Möhren
200 g geschälte Kartoffeln
½ Liter klare Fleischsuppe
1 kg Dorschfilet
Saft von 1 Zitrone
Salz, Pfeffer
Knoblauchpulver
10 g Butter
2 Eßl. gehackte Petersilie

Zubereitung

Die Zwiebeln und Porree in dünne Scheiben schneiden. Das Fett in einem Kochtopf heiß werden lassen und Zwiebel und Porreeringe 10 Minuten darin dünsten. Die grobgewürfelten Möhren und Kartoffeln in den Topf geben, heiße Fleischsuppe darübergießen und alles 10 Minuten kochen. – In der Zwischenzeit das Fischfilet waschen, abtupfen, mit Zitronensaft beträufeln und salzen. Salz und Gewürze über das gekochte Gemüse streuen, das Fischfilet darauflegen, den Topf zudecken und alles etwa 15 Minuten weitergaren. Den Fischtopf in einer Schüssel anrichten, Butter dazugeben und Petersilie darüberstreuen.

Fleischbällchen in Käsesoße

Pro Portion ca. 2520 Joule = ca. 600 Kalorien – Zubereitungszeit ca. 40 Minuten

Zutaten

(für 4 Portionen)

375 g Rinderhackfleisch
50 g roher Schinken
50 g Parmesankäse
1 Brötchen
1 Ei
1 geschälte Zwiebel
Salz, Pfeffer
Paprika, Majoran
1 Eßl. gehackte Petersilie
½ Liter Wasser
2 Teel. klare Brühe instant
¼ Liter Milch
2 Ecken Schmelzkäse
à 31,25 g (30% F. i. Tr.)
1 Eßl. Mehl

Zubereitung

Aus Hackfleisch, dem gewürfelten Schinken, Parmesankäse, dem eingeweichten und ausgedrückten Brötchen, Ei, der gehackten Zwiebel, Salz und Gewürzen einen gut durchgearbeiteten Hackfleischteig zubereiten. Gleichgroße Bällchen daraus formen und diese in kochender Brühe etwa 15 Minuten gar ziehen lassen. – Für die Soße ¼ Liter Brühe und ¼ Liter Milch aufkochen, die Käseecken dazugeben und alles recht gut mit einem Schneebesen verschlagen, bis sich der Käse aufgelöst hat. Das Mehl in etwas Wasser verrühren, die Soße damit binden und die Fleischbällchen in der heißen Soße kurz durchziehen lassen.

Fleischbratlinge in Soße

Pro Portion ca. 2510 Joule = ca. 600 Kalorien – Zubereitungszeit ca. 40 Minuten

Zutaten

(für 4 Portionen)

1 geschälte Zwiebel
4–5 Sardellenfilets
1 Eßl. gehackte Petersilie
500 g Rinderhackfleisch
1 Ei
3 Eßl. Paniermehl
Salz, Hackfleischgewürz
1 Spritzer Tabasco
Cayennepfeffer
1 Teel. Senf
1 Eßl. Kapern
3 Eßl. Öl

Für die Soße
¼ Liter Wasser
1 Beutel Schmorbratensoße
1 Eßl. Sahne
1 gehackte Gewürzgurke

Zubereitung

Zwiebel und Sardellenfilets fein hacken, mit der Petersilie vermischen und zum Hackfleisch geben. Ei, Paniermehl, Salz, Gewürze, Senf und Kapern dazugeben und alles zu einem pikanten Hackfleischteig verarbeiten. Aus dem Fleischteig 8 kleine Bratlinge formen, diese in einer Bratpfanne in heißem Öl von jeder Seite etwa 3–4 Minuten braten und danach warm stellen. – Wasser in die Pfanne gießen, den Bratensatz loskochen, das Soßenpulver einrühren, Sahne und Gewürzgurke hinzufügen und die pikant abgeschmeckte Soße über die Bratlinge gießen.

Fleischkäse »California«

Pro Portion ca. 1510 Joule = ca. 360 Kalorien – Zubereitungszeit ca. 30 Minuten

Zutaten

(für 4 Portionen)

4 Scheiben Fleischkäse
à 100 g
Majoran
30 g Butter oder Margarine
¼ Liter Wasser
1 Schächtelchen Bratensaft
2 Tomaten
2 Eßl. Ananassaft
1 Eßl. Dosenmilch
2 Eßl. Ananasstücke aus der Dose

Zubereitung

Jede Scheibe Fleischkäse mit Majoran bestreuen und das Gewürz etwas andrücken. Butter oder Margarine in einer Pfanne heiß werden lassen und die Fleischscheiben nacheinander von beiden Seiten darin braten. Die Fleischscheiben auf eine vorgewärmte Platte legen und warm stellen. – Den Bratensatz mit Wasser abkochen, den Bratensaft hinzufügen und alles etwa 5 Minuten einkochen lassen. Die Tomaten mit kochendem Wasser überbrühen, abziehen und in Würfel schneiden. Ananassaft und Dosenmilch in die Pfanne gießen, Tomatenwürfel und Ananasstücke hinzufügen, alles pikant abschmekken und die Soße vor dem Servieren über die gebratenen Fleischkäsescheiben geben.

Fleischklopse in Meerrettichsoße

Pro Portion ca. 1970 Joule = ca. 470 Kalorien – Zubereitungszeit ca. 45 Minuten

Zutaten

(für 4 Portionen)

400 g Rinderhackfleisch
1 Brötchen
1 Ei
1 geschälte Zwiebel
Salz, Pfeffer
1 Glas tafelfertig zubereiteter Meerrettich (145 g)
1 Liter Salzwasser

Für die Soße
1/2 Liter Fleischbrühe
2 Beutel helle Soße
2 Eßl. Sahne
Meerrettich
Salz, Zucker

Zubereitung

Das Hackfleisch, das eingeweichte und ausgedrückte Brötchen, Ei, geriebene Zwiebel, Salz, Pfeffer und 2 Teelöffel Meerrettich zu einem glatten Hackteig verkneten und 12 Klopse daraus formen. Die Klopse in siedendes Salzwasser legen und ca. 20 Minuten gar ziehen lassen. Danach die Klopse in eine breite Schüssel legen und warm stellen. – Für die Soße Brühe und Soßenpulver verrühren, aufkochen lassen, die restlichen Zutaten hinzufügen, die Soße sehr herzhaft abschmecken und über die Klopse gießen.

Fleischpfanne pikant

Pro Portion ca. 2020 Joule = ca. 480 Kalorien – Zubereitungszeit ca. 55 Minuten

Zutaten

(für 4 Portionen)

75 g geräucherter durchwachsener Speck
1 geschälte Knoblauchzehe
1 geschälte Zwiebel
375 g Schweinenacken ohne Knochen
Salz, Pfeffer, Paprika
125 g roher geputzter Sellerie
200 g geputzte Möhren
50 g Tomatenmark
1/8 Liter klare Brühe instant
1/8 Liter Weißwein
1 Teel. Instant-Bratensoße

Zubereitung

Den Speck in Würfel schneiden, in einer Bratpfanne auslassen, die zerdrückte Knoblauchzehe und die gehackte Zwiebel darin glasig dünsten. Das Fleisch in dünne Streifen schneiden, in die Pfanne geben, salzen und würzen und etwa 10 Minuten darin anbraten. Den Sellerie in kleine Würfel, die Möhren in dünne Scheiben schneiden, zusammen mit dem Tomatenmark zum Fleisch geben, kurz mitschmoren, heiße Brühe und Wein über das Fleisch gießen und alles etwa weitere 30 Minuten schmoren lassen. Zuletzt den Fleischfond mit Bratensoße binden und alles pikant abschmecken.

Fleischsalat

Pro Portion ca. 1890 Joule = ca. 450 Kalorien – Zubereitungszeit ca. 1¼ Stunden

Zutaten

(für 4 Portionen)

500 g Schweineschnitzel im Stück
Salz, Pfeffer
3 Eßl. Öl
2 Eßl. Kräuteressig
1 Glas Silberzwiebeln (110 g Einwaage)
250 g Tomaten
150 g Gewürzgurke
1 Eßl. eingelegter grüner Pfeffer
½ rote geputzte Paprikaschote
1 Eßl. Schnittlauchröllchen

Für die Salatsoße
3–4 Eßl. Mayonnaise (50%)
1 Becher Vollmilchjoghurt (175 g)
2–3 Eßl. Tomatenketchup
Salz, Pfeffer, Zucker

Zubereitung

Das Fleisch mit Salz und Gewürz einreiben, in heißem Öl rundherum anbraten und bei milder Wärme ca. 45 Minuten gar braten. Danach das Fleisch erkalten lassen und in feine Streifen schneiden. Das Fleisch mit Essig marinieren, mit den Silberzwiebeln vermischen und etwa 1 Stunde im Kühlschrank durchziehen lassen. Die restlichen kleingeschnittenen Zutaten, den grünen Pfeffer, Salz, gemahlenen Pfeffer und Schnittlauch daruntermischen. – Für die Salatsoße alle Zutaten verrühren, herzhaft abschmecken, die Soße unter den Salat heben und alles durchziehen lassen. Vor dem Anrichten den Salat nochmals pikant abschmecken und nach Belieben in fertige Mürbeteigschiffchen füllen.

Fleischtopf mit Zucchinis

Pro Portion ca. 2180 Joule = ca. 520 Kalorien – Zubereitungszeit ca. 2 Stunden

Zutaten

(für 4 Portionen)

450 g Rindfleisch ohne Knochen
400 g Schweinefleisch ohne Knochen
3 Eßl. Öl
150 g geschälte Zwiebeln
1/8 Liter klare Fleischsuppe instant
1/8 Liter Rotwein
1/4 Liter Wasser
2 geschälte, gehackte Schalotten
je 1 Teel. gehackte Kräuter (Basilikum, Dill, Estragon, Petersilie, Rosmarin, Thymian, – falls getrocknete Kräuter verwendet werden, jeweils nur 1/2 Teelöffel verwenden.)
1 Lorbeerblatt
2 Zucchinis
1 geschälte Zwiebel
1 geputzte Stange Porree
2–3 Eßl. Sahne
Salz, Pfeffer

Zubereitung

Das Fleisch in gleichgroße Würfel schneiden. Zuerst das Rindfleisch in einem Schmortopf in heißem Öl gut anbraten, danach das Schweinefleisch und die Zwiebelwürfel hinzufügen und gut bräunen. Klare Fleischsuppe und Rotwein angießen und alles kräftig durchschmoren. Wasser, Schalotten und Kräuter aufkochen, durchseihen, mit dem Lorbeerblatt zum Fleisch geben und alles bei mäßiger Wärme ca. 60 Minuten schmoren lassen. In der Zwischenzeit die gewaschenen Zucchinis in Scheiben und die Zwiebel in Würfel schneiden, in den Fleischtopf geben und alles zusammen weitere 20 Minuten schmoren lassen. Danach die in sehr dünne Ringe geschnittene Porreestange hinzugeben und mit dem Fleisch 10 Minuten mitgaren. Das Lorbeerblatt entfernen und den Eintopf pikant mit Sahne, Salz und Gewürzen abschmecken.

Forelle blau

Pro Portion ca. 760 Joule = ca. 180 Kalorien – Zubereitungszeit ca. 40 Minuten

Zutaten

(für 4 Portionen)

4 frische oder tiefgefrorene Forellen
Salz
1 Tasse heißer Essig
1 Liter Salzwasser
1 Schuß Essig
1 Lorbeerblatt, Pfefferkörner
2 Nelken, 1–2 geschälte Schalotten
Petersilie
1 Zitrone

Zubereitung

Frische Forellen säubern und waschen (tiefgefrorene auftauen lassen). Die Forellen abtupfen, von innen leicht salzen und rund zusammenbinden. Dafür mit Hilfe einer dicken Nadel einen Baumwollfaden durch den Unterkiefer und das Schwanzende ziehen und verknoten. Dann die Fische mit heißem Essigwasser übergießen. Salzwasser, Gewürze, Schalotten und etwas Essig in einem großen Topf zum Kochen bringen, die Forellen vorsichtig hineingleiten lassen und garen (nicht kochen lassen!). Nach 15–20 Minuten mit einer Schaumkelle herausheben, abtropfen lassen und auf eine vorgewärmte Platte legen. Mit Petersiliensträußchen und Zitronenspalten garniert servieren.

Forellen mit Mandeln

(Foto Seite 94)

Pro Portion ca. 2730 Joule = ca. 650 Kalorien – Zubereitungszeit ca. 30 Minuten

Zutaten

(für 4 Portionen)

4 große küchenfertige Forellen à 300 g
Saft von 1 Zitrone
Salz
4 Eßl. Mehl
2 Eier
3 Eßl. Semmelbrösel
2 Beutel Mandelblättchen à 40 g
6 Eßl. Öl.

Zum Garnieren
1 Zitrone

Zubereitung

Die Forellen waschen, mit Zitronensaft säuern und salzen. Vor dem Braten die Forellen abtupfen, dann zuerst in Mehl, danach in verschlagenem Ei und zuletzt in Semmelbrösel und den Mandelblättchen wenden. Reichlich Öl in einer großen Pfanne heiß werden lassen, die Forellen darin von jeder Seite bei mäßiger Wärme goldbraun braten. Danach die Forellen auf einer vorgewärmten Platte anrichten und mit Zitronenscheiben garniert servieren.

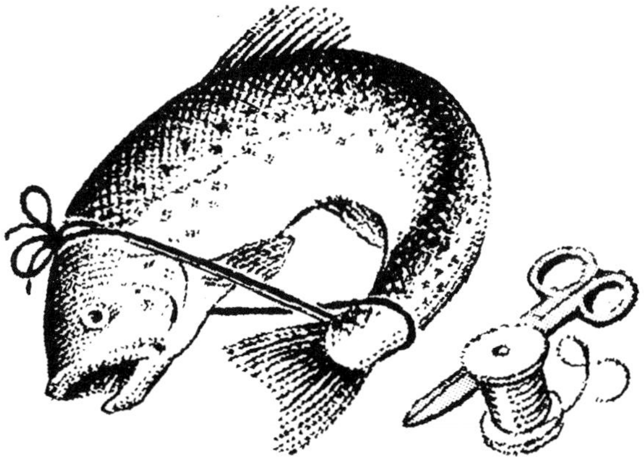

Will man die Forelle kochen,
wird sie vorher rund gebunden:
Kopf und Schwanzende
verbindet man mit einem Faden

Forellen mit Mandelsoße

Pro Portion ca. 1930 Joule = ca. 460 Kalorien – Zubereitungszeit ca. 50 Minuten

Zutaten

(für 4 Portionen)

4 frische oder tiefgefrorene Forellen
Zitronen
Salz
3 Eßl. Öl
1 Beutel (40 g) gestiftelte Mandeln
20 g Butter oder Margarine
1/8 Liter saure Sahne
1/4 Liter Wasser
2 Eßl. helle Soße instant
weißer Pfeffer
4 Eßl. Sherry
1 Bund Dill

Zubereitung

Die Forellen säubern, waschen (tiefgefrorene auftauen lassen), mit Zitronensaft säuern, mit Salz bestreuen und eine Weile durchziehen lassen. In einer Pfanne Öl sehr heiß werden lassen, die abgetupften Forellen hineinlegen und bei mäßiger Wärme von jeder Seite etwa 8 Minuten braten. In der Zwischenzeit die Mandeln in heißem Fett in einem Kochtopf hellgelb rösten, Sahne und Wasser darübergießen, alles zum Kochen bringen, die Soße mit dem eingerührten Soßenpulver binden und mit Salz, Pfeffer und Sherry herzhaft abschmecken. Die Forellen mit einer Schaumkelle aus dem Kochwasser heben, abtropfen lassen und auf eine vorgewärmte Platte legen. Mit Dillsträußchen und Zitronenscheiben garniert mit der Soße servieren.

Forellen mit Pilzpüree

Pro Portion ca. 1090 Joule = ca. 260 Kalorien – Zubereitungszeit ca. 70 Minuten

Zutaten

(für 4 Portionen)

4 küchenfertige Forellen à 300-350 g
Zitronensaft
Salz, weißer Pfeffer
4 Dillzweige
1 geschälter Apfel
2 Eßl. Zitronensaft
1 Teel. gehackter Estragon
1 Teel. geschälte, gehackte Schalotten
2 Tomaten
2 Eßl. gehackte Kräuter (Dill, Schnittlauch, Petersilie, Estragon)

Für das Pilzpüree
250 g geputzte Champignons
1 Eßl. Zitronensaft
knapp 1/8 Liter Wasser
1/8–1/4 Liter Apfelwein
Salz, Pfeffer, Muskat

Zubereitung

Die Forellen waschen, mit Zitronensaft beträufeln und salzen. – Champignons waschen, in Scheiben schneiden, mit Zitronensaft beträufeln und in kochendem Salzwasser 20 Minuten garen. – Die Forellen abtupfen, von innen mit Salz und Pfeffer einreiben, jeweils mit einem Dillzweig und kleingeschnittenen Apfelspalten füllen. Eine feuerfeste Form einfetten, den Boden mit Estragon, Schalotten und Apfelwürfeln bestreuen, vorbereitete Forellen darauflegen und mit Salz und Pfeffer bestreuen. Die gekochten Champignons abtropfen lassen und im Mixer pürieren, mit Apfelwein verschlagen, salzen und würzen und um die Forellen spritzen. Die Form mit Alufolie abdecken, in den vorgeheizten Backofen schieben und (bei 250 Grad oder Stufe 5) 30–40 Minuten dünsten. Evtl. zwischendurch mit Apfelwein beträufeln. Die Tomaten überbrühen, abziehen und in kleine Würfel schneiden. Die Forellen mit Tomatenwürfeln und Kräutern bestreut servieren.

Frikadellen mit Bacon und Chester

(Foto Seite 95 oben links)

Pro Portion ca. 2940 Joule = ca. 700 Kalorien – Zubereitungszeit ca. 35 Minuten

Zutaten

(für 4 Portionen)

500 g gehacktes Rindfleisch
1 Brötchen
1–2 Eier
1 geschälte Zwiebel
Salz, Pfeffer
3 Eßl. geriebener Parmesankäse
4 Eßl. Öl zum Braten
4 Scheiben Bacon (Frühstücksspeck)
4 Scheiben Chester
Paprika
Petersilie

Zubereitung

Das Hackfleisch, das eingeweichte, gut ausgedrückte Brötchen, Ei, die feingewürfelte Zwiebel, Salz, Pfeffer und Käse zu einem glatten Teig verarbeiten und pikant abschmecken. 4 Frikadellen aus dem Teig formen, etwas flachdrücken und in heißem Öl in einer Bratpfanne von beiden Seiten 5 Minuten braten. Auf jede gebratene Frikadelle eine Scheibe Bacon und eine Scheibe Chester legen, die Frikadellen kurz unter den heißen Grill schieben, bis der Käse zerläuft. Mit Paprika bestäubt und mit Petersiliensträußchen garniert anrichten.

Frikadellen mit Gurken und Salami

(Foto Seite 95 unten rechts)

Pro Portion ca. 2440 Joule = ca. 580 Kalorien – Zubereitungszeit ca. 35 Minuten

Zutaten

(für 4 Portionen)

500 g gehacktes Rindfleisch
1 Brötchen
1–2 Eier
1 geschälte Zwiebel
Salz, Pfeffer, Paprika
2 Eßl. Schnittlauchröllchen
4 Eßl. Öl zum Braten

Zum Garnieren
12 dünne Scheiben Salami
8 dünne Scheiben frische Gurke
100 g Frühlingsquark
4 Dillzweige

Zubereitung

Das Hackfleisch, das eingeweichte, gut ausgedrückte Brötchen, Eier, die feingewürfelte Zwiebel, Salz, Pfeffer, Paprika und Schnittlauch zu einem Teig verarbeiten und 4 Frikadellen daraus formen. Die Frikadellen leicht flachdrücken und in einer Bratpfanne in heißem Öl von beiden Seiten 5 Minuten braten. Auf jede Frikadelle Salami- und Gurkenscheiben legen, in die Mitte je einen Tupfen Quark geben, mit Paprika bestäuben und mit einem Dillzweig verzieren.

Frikadellen mit kalter Kräutersoße

Pro Portion ca. 2390 Joule = ca. 570 Kalorien – Zubereitungszeit ca. 30 Minuten

Zutaten

(für 4 Portionen)

500 g Rinderhackfleisch
1 Brötchen
1 Ei
2 Eßl. Tomatenketchup
1 geschälte Zwiebel
Salz, Pfeffer
Paprika, 1 Prise Muskat
2–3 Eßl. Öl

Für die Soße
5 Eßl. Mayonnaise (50%)
1 Becher Magermilchjoghurt
1 Teel. Senf
Zitronensaft
Salz
1 Prise Zucker
2 Bund Schnittlauch

Zubereitung

Das Hackfleisch, das eingeweichte und ausgedrückte Brötchen, Ei, Tomatenketchup, die feingehackte Zwiebel, Salz und Gewürze gut verkneten und 4–6 Frikadellen daraus formen. Die Frikadellen in einer Bratpfanne in heißem Öl von jeder Seite braun braten. – Für die Soße alle Zutaten verrühren, die Soße herzhaft abschmecken, den in kleine Röllchen geschnittenen Schnittlauch dazugeben und die Soße zu den Frikadellen servieren.

Frikadellen mit Quarkfüllung

(Foto Seite 95 unten links)

Pro Portion ca. 2140 Joule = ca. 510 Kalorien – Zubereitungszeit ca. 35 Minuten

Zutaten

(für 4 Portionen)

500 g gehacktes Rindfleisch
1 Brötchen
1–2 Eier
1 geschälte Zwiebel
Salz, Pfeffer
1 Eßl. gewürfelte Gewürzgurke
1 Eßl. gehackte Petersilie
4 Eßl. Öl zum Braten

Für die Füllung
100 g Frühlingsquark
50 g gewürfelte Gewürzgurke
1 Eßl. Tomatenmark
Salz, Pfeffer

Zum Garnieren
Tomaten, Kresse

Zubereitung

Das Hackfleisch, das eingeweichte, gut ausgedrückte Brötchen, Eier, die gewürfelte Zwiebel, Salz, Pfeffer, Gewürzgurke und Petersilie verkneten und den Teig pikant abschmecken. 4 Frikadellen formen, etwas flachdrücken und in einer Bratpfanne in heißem Öl von jeder Seite 5 Minuten braten. – Für die Füllung alle Zutaten zu einer glatten Masse verrühren und herzhaft abschmecken. Die Frikadellen vorsichtig bis zur Hälfte aufschneiden und füllen. Mit Tomatenstückchen und Kresse garniert servieren.

Frikadellen mit Sauerkraut und Ananas

(Foto Seite 95 oben rechts)

Pro Portion ca. 2100 Joule = ca. 500 Kalorien – Zubereitungszeit ca. 35 Minuten

Zutaten

(für 4 Portionen)

500 g gehacktes Rindfleisch
1 Brötchen
1–2 Eier
1 geschälte Zwiebel
1 Eßl. gehackte Petersilie
1 Eßl. gehackter Dill
1 Eßl. Schnittlauchröllchen
Salz, Pfeffer, Paprika
4 Eßl. Öl zum Braten
125 g Sauerkraut
Kümmel, Salz
2 Scheiben Ananas aus der Dose
Weißwein oder Ananassaft

Zubereitung

Das Hackfleisch, das eingeweichte, gut ausgedrückte Brötchen, die feingehackte Zwiebel, Kräuter, Salz und Gewürze vermischen und den Hackteig pikant abschmecken. 4 Frikadellen daraus formen, etwas flachdrücken und in heißem Öl von beiden Seiten etwa 5 Minuten braten. Die Frikadellen warm stellen. Das aufgelockerte Sauerkraut in das Bratfett geben, mit Kümmel und Salz bestreuen und kurz durchschmoren. Ananasscheiben und Wein hinzufügen. Auf jede Frikadelle Sauerkraut und eine halbe Ananasscheibe geben.

Gänsekeulen in Aspik

Pro Portion ca. 6970 Joule = ca. 1660 Kalorien – Zubereitungszeit ca. 3 Stunden (ohne Gelierzeit)

Zutaten

(für 4 Portionen)

4 Gänsekeulen (à ca. 375 g)
1 Liter Wasser
3/4 Liter Weißwein (Mosel-Saar-Ruwer)
1/8 Liter Kräuteressig
6 Pfefferkörner
5 Pimentkörner
2 Lorbeerblätter
ca. 3 Teel. Salz
ca. 2 Eßl. Zucker
2 geschälte Zwiebeln
1 Bund geputztes Suppengrün

Für den Aspik
1 1/2 Liter Kochbrühe
1/8 Liter Weißwein
1 1/2 Eßl. Zucker
Salz
ca. 3/4 Tasse Kräuteressig
24 Blatt weiße Gelatine

Zum Garnieren
2 gekochte Möhren
2 Gewürzgurken
Petersilie

Zubereitung

Die gewaschenen Gänsekeulen in kochendes Wasser geben, Wein, Essig, Gewürzzutaten, Salz und Zucker hinzufügen und alles aufkochen. Zwiebeln und Suppengrün hineingeben und die Gänsekeulen zugedeckt etwa 2 Stunden kochen. Danach die Keulen und das Suppengemüse herausnehmen und die Brühe durch ein Sieb gießen. Für den Aspik 1 1/2 Liter Brühe abmessen, Wein, Zucker, Salz und Essig darin verrühren, die in kaltem Wasser eingeweichte, ausgedrückte und bei milder Wärme aufgelöste Gelatine darunterrühren und die Flüssigkeit sehr kräftig abschmecken. In ein recht großes flaches Gefäß oder in 2 kleine Gefäße einen 1 cm hohen Flüssigkeitsspiegel gießen und diesen im Kühlschrank erstarren lassen. Auf den festen Spiegel ein Muster aus Möhrenscheiben, Gurkenstiften und Petersilie legen. Das Muster mit etwas Flüssigkeit angießen und wieder erstarren lassen. Danach die Keulen mit der Wölbung nach unten darauflegen, die restliche Flüssigkeit darübergießen und alles fest werden lassen. Vor dem Anrichten die Form kurz in heißes Wasser tauchen und die Keulen auf eine Platte stürzen. Die Gänsekeulen mit Bratkartoffeln servieren.

Gänsekeulen mit Tomaten geschmort

Pro Portion ca. 6640 Joule = ca. 1580 Kalorien – Zubereitungszeit ca. 2¾ Stunden

Zutaten

(für 4 Portionen)

4 kleine Gänsekeulen à 400 g
Salz, Pfeffer
Kräuter der Provence
1 Eßl. Öl
200 g geschälte Zwiebeln
1 große Dose Tomaten
3/8 Liter klare Brühe instant
2 Eßl. süße Sahne
2 Eßl. Mehl
Zucker

Zubereitung

Die Gänsekeulen waschen und trocken tupfen. Mit Salz und Gewürzen einreiben und in heißem Öl von beiden Seiten recht kräftig anbraten. Die Keulen herausnehmen, etwas Fett abgießen, die in dünne Scheiben geschnittenen Zwiebeln im Bratfett rösten, mit Saft von den Tomaten und Brühe ablöschen, alles durchkochen, die Gänsekeulen wieder hineinlegen und zugedeckt etwa 1½–2 Stunden schmoren. 30 Minuten vor Beendigung der Bratzeit die Tomaten aus der Dose hinzufügen, alles durchschmoren, die Keulen herausnehmen und warm stellen. Mehl und Sahne verrühren und die Soße damit binden. Die Soße sehr pikant abschmekken und über die Gänsekeulen gießen.

Geflügel-Obst-Salat

Pro Portion ca. 1800 Joule = ca. 430 Kalorien – Zubereitungszeit ca. 45 Minuten

Zutaten

(für 4 Portionen)

1–2 geschälte Äpfel
1–2 geschälte Apfelsinen
150 g Weintrauben
200 g gekochtes oder gebratenes Hühnerfleisch ohne Knochen
4 Eßl. gekochte feine Erbsen
100 g Mayonnaise (50%)
Salz, Zucker
Pfeffer, Curry
Zitronensaft

Zubereitung

Die geschälten Äpfel vom Kernhaus befreien und in Würfel schneiden. Die Apfelsinen filieren, kleinschneiden und darübergeben. Die gewaschenen Weintrauben halbieren, entkernen und ebenfalls dazugeben. Das Geflügelfleisch in nicht zu kleine Stücke schneiden und die Erbsen daruntermischen. Die Mayonnaise mit Salz, Zucker, Zitronensaft und Gewürzen sehr pikant abschmecken, über das Hühnerfleisch, Äpfel, Apfelsinen und Weintrauben geben, alles vermischen, den Salat eine Weile im Kühlschrank gut durchziehen lassen und vor dem Servieren nochmals abschmecken.

Geflügelpfanne auf französische Art

Pro Portion ca. 2430 Joule = ca. 580 Kalorien – Zubereitungszeit ca. 75 Minuten

Zutaten

(für 4 Portionen)

1 Poularde (ca. 1300 g) küchenfertig
Salz, Pfeffer
Kräuter der Provence
5 Eßl. Öl
2 geschälte Knoblauchzehen
2 geschälte Zwiebeln
1 grüne Paprikaschote
1/4 Liter Weißwein
1 kleine Dose Tomaten
1 Prise Zucker
1 Eßl. süße Sahne

Zubereitung

Die Poularde waschen, mit Küchenkrepp trocken tupfen und in 6–8 Teile zerlegen. Das Geflügelfleisch salzen und würzen und in einer breiten Pfanne in heißem Öl rundherum kräftig anbraten. Die gehackten Knoblauchzehen und Zwiebeln dazugeben und mitbräunen. Die Paprikaschote putzen, waschen und in dünne Streifen schneiden. Paprika und Wein in die Pfanne geben und alles zugedeckt 30 Minuten schmoren. Danach die Tomaten mit dem Saft hinzufügen und das Gericht weitere 15 Minuten schmoren lassen. Zuletzt die Sahne darunterziehen und alles mit Salz und Gewürzen pikant abschmecken.

Geflügelsalat in Orangenkörbchen

Pro Portion ca. 1260 Joule = ca. 300 Kalorien – Zubereitungszeit ca. 45 Minuten

Zutaten

(für 4 Portionen)

250 g gekochtes Hühnerfleisch ohne Knochen
2 große Orangen
150 g Ananas aus der Dose
Salz, weißer Pfeffer
1 Eßl. Zitronensaft
Zucker
2 Eßl. Weinbrand

Für die Salatsoße
100 g Mayonnaise (50%)
Salz, Pfeffer
1 Prise Curry

Zubereitung

Das Hühnerfleisch in Würfel schneiden und in eine Schüssel geben. Für die Orangenkörbchen die Orangen halbieren, das Fruchtfleisch herauslösen und die Orangenschalen von innen säubern. Das Fruchtfleisch kleinschneiden und mit dem Hühnerfleisch vermischen. Die Ananasstücke gut abtropfen lassen und gleichfalls unter das Fleisch mischen. Salz, Gewürze, Zitronensaft und Weinbrand hinzufügen. – Für die Soße alle Zutaten verrühren, über den Salat gießen und diesen eine Weile im Kühlschrank gut durchziehen lassen. Den Salat nochmals abschmecken, in die Orangenkörbchen füllen und mit Toastbrot servieren.

Gemüse mit Bratwurstklößchen

Pro Portion ca. 2520 Joule = ca. 600 Kalorien – Zubereitungszeit ca. 60 Minuten

Zutaten

(für 4 Portionen)

500 g Auberginen
4 Paprikaschoten
1 kg Tomaten
3 geschälte Zwiebeln
2 geschälte Knoblauchzehen
4 Eßl. Öl
Salz, Pfeffer
1–2 Tassen klare Brühe instant
4 grobe Bratwürste à 100 g
20 g Butter oder Margarine
2 Eßl. gehackte Petersilie

Zubereitung

Auberginen und Paprikaschoten putzen, waschen und kleinschneiden. Die Tomaten mit kochendem Wasser überbrühen, abziehen und in Achtel schneiden. Die Zwiebeln und Knoblauchzehen hacken und in einem Kochtopf in heißem Öl glasig dünsten. Danach das Gemüse kurz mitdünsten, Salz und Gewürze und Brühe dazugeben und alles ca. 30 Minuten garen. In der Zwischenzeit die aus der Bratwurst herausgedrückten Klößchen im heißem Fett braun braten. Das Gemüse in eine Schüssel füllen, die Bratwurstklößchen daraufgeben und das Gericht mit Petersilie bestreuen. Salzkartoffeln dazu servieren.

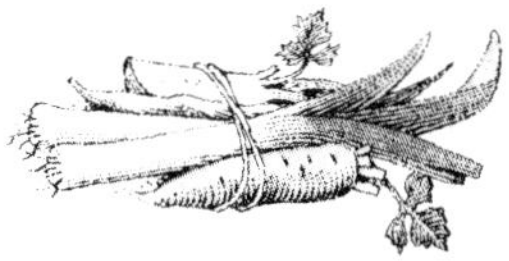

Gemüsefrikassee mit Eiern

Pro Portion ca. 1300 Joule = ca. 310 Kalorien – Zubereitungszeit ca. 40 Minuten

Zutaten

(für 4 Portionen)

250 g Zucchini
250 g Möhren
1/2 Liter Salzwasser
1 Packung tiefgefrorene Erbsen (300 g)
2 Beutel helle Soße instant
1 Prise Zucker, Salz
6 hartgekochte Eier
2 Eßl. gehackte Petersilie

Zubereitung

Die gewaschenen Zucchini in Scheiben schneiden, die Möhren schaben, würfeln und in kochendem, leicht gesalzenen Wasser 10 Minuten kochen. Danach die Erbsen hinzufügen und das Gemüse weitere 10 Minuten kochen. Das Gemüse auf einen Durchschlag schütten. Das Soßenpulver in die Gemüsebrühe einrühren und die Soße herzhaft abschmecken. Das Gemüse wieder in die Soße schütten, die gepellten, in Achtel geschnittenen Eier vorsichtig darunterheben, alles mit Petersilie bestreuen und mit gekochtem Reis servieren.

Gemüsesuppe auf italienische Art

Pro Portion ca. 1890 Joule = ca. 450 Kalorien – Zubereitungszeit ca. 30 Minuten

Zutaten

(für 4 Portionen)

1 große geschälte Zwiebel
1 geschälte Knoblauchzehe
100 g geräucherter Speck
1 Eßl. Oliven- oder Pflanzenöl
1 geputzte Stange Porree
1 Packung tiefgefrorenes Suppengemüse (450 g)
1 1/2 Liter klare Fleischsuppe
100 g Nudeln
Basilikum, Thymian
Oregano, Salz
2 Eßl. Tomatenmark
1 Eßl. gehackte Petersilie
50 g geriebener Parmesankäse

Zubereitung

Zwiebel, Knoblauch und Speck in Würfel schneiden. Das Öl in einem Kochtopf heiß werden lassen und alles darin andünsten. Den in dünne Ringe geschnittenen Porree, das Suppengemüse und die klare Fleischsuppe hinzufügen und aufkochen lassen. Danach die Nudeln einstreuen, umrühren und die Suppe bei milder Wärme ca. 20–25 Minuten kochen. Vor dem Anrichten die Suppe mit Kräutern, Tomatenmark und Salz abschmecken und mit Petersilie und Käse bestreut servieren.

Gemüsetopf mit Leber

Pro Portion ca. 2180 Joule = ca. 520 Kalorien – Zubereitungszeit ca. 55 Minuten

Zutaten

(für 4 Portionen)

3 Kohlrabiknollen
375 g Möhren
1 Stange Porree
1 kleiner Blumenkohl
1 Packung tiefgefrorene Erbsen (300 g)
50 g Butter oder Margarine
3/4 Liter klare Brühe instant
500 g Schweineleber
3 Eßl. Öl
4 geschälte Zwiebeln
Salz, Pfeffer, Paprika
je 1 Eßl. gehackte Petersilie, gehackter Dill und Schnittlauchröllchen

Zubereitung

Das Gemüse putzen, waschen und kleinschneiden. Den Blumenkohl in Röschen zerteilen. Butter oder Margarine in einem Kochtopf heiß werden lassen und Kohlrabi, Möhren und Porree darin andünsten. Die Brühe darübergießen, alles zum Kochen bringen, die Blumenkohlröschen hinzufügen und das Gemüse 20 Minuten kochen. Danach die Erbsen hineinschütten und das Gemüse weitere 10 Minuten garen. In der Zwischenzeit die Leber häuten, in Würfel schneiden, in einer Bratpfanne in heißem Öl braun braten, die in dünne Ringe geschnittenen Zwiebeln mitbräunen, salzen und würzen. Danach alles in den Gemüsetopf geben. Das Gericht mit Salz und Gewürzen abschmecken und mit Kräutern bestreut servieren.

Geschnetzeltes auf ungarische Art

Pro Portion ca. 1550 Joule = ca. 370 Kalorien – Zubereitungszeit ca. 1 Stunde

Zutaten

(für 4 Portionen)

750 g Rinderfilet
2 geschälte Zwiebeln
1 geschälte Knoblauchzehe
75 g frische geputzte Champignons
1 grüne Paprikaschote
2 Eßl. Schmalz
1–2 Teel. Edelsüßpaprika
Salz

Zubereitung

Das Fleisch abtupfen und in etwa 6 cm lange, 1 cm breite und ½ cm dicke Streifen schneiden (schnetzeln). Die Zwiebeln in feine Ringe schneiden und den Knoblauch zerdrücken. Die Pilze fein hacken, die Paprikaschoten putzen und in dünne Streifen schneiden. In einer großen Pfanne das Schmalz heiß werden lassen. In zwei Portionen das Fleisch jeweils 3–5 Minuten rundherum bräunen und auf eine Platte geben. Die Zwiebeln und Knoblauch im Bratfett etwa 10 Minuten dünsten. Die Pfanne von der Kochstelle nehmen und Edelsüßpaprika ins Fett rühren. Pilze, Paprikastreifen und Fleisch in die Pfanne geben und alles bei guter Wärme verrühren. Bei milder Wärme das Fleisch zugedeckt 25–30 Minuten schmoren lassen. Vor dem Anrichten das Fleisch mit Salz abschmecken.

Geschnetzeltes vom Rind

Pro Portion ca. 2100 Joule = ca. 500 Kalorien – Zubereitungszeit ca. 45 Minuten

Zutaten

(für 4 Portionen)

600 g schieres Rindfleisch aus der Kluft
3 Eßl. Öl
250 g geschälte Zwiebeln
2 grüne geputzte Paprikaschoten
Salz, Pfeffer
Edelsüßpaprika
⅜ Liter Brühe
1 Dose Champignons (230 g Einwaage)
1 Prise Zucker
3 Eßl. Mehl
1 Becher saure Sahne (150 g)
1 Eßl. gehackte Petersilie

Zubereitung

Das Fleisch waschen, mit Küchenkrepp abtupfen und kurz im Gefrierfach anfrieren. Danach in dünne Streifen schneiden und in einer Pfanne in heißem Öl kräftig anbraten. Die in dünne Ringe geschnittenen Zwiebeln und die Paprika hinzufügen, mitbräunen, salzen und würzen; die kochende Brühe darübergießen und die kleingeschnittenen Champignons dazugeben. Alles nochmals ca. 10 Minuten schmoren, das in saurer Sahne verrührte Mehl darunterrühren, durchkochen lassen und das Geschnetzelte würzig abschmecken, mit Petersilie bestreut servieren.

Geschnetzeltes Schweinefleisch mit Orangen

Pro Portion ca. 2510 Joule = ca. 600 Kalorien – Zubereitungszeit ca. 60 Minuten

Zutaten

(für 4 Portionen)

750 g mageres Schweinefleisch ohne Knochen (Schweineschnitzel)
150 g geschälte Zwiebeln
2 geschälte Orangen
2 Eßl. Öl
¼ Liter frischer Orangensaft
Salz, Pfeffer, Currypulver
Paprika
Zitronensaft
5–6 Eßl. halbtrockener Sherry

Zubereitung

Das Fleisch waschen und gut abtupfen. Im Gefrierfach kurz anfrieren lassen und danach in fingerdicke Streifen schneiden. Die Zwiebeln würfeln und die Orangen filieren. Das Öl in einem Kochtopf heiß werden lassen, das Fleisch darin kräftig anbraten, die Zwiebelwürfel hinzufügen und mitbräunen. Alles mit Orangensaft ablöschen, Salz, Pfeffer und etwas Zitronensaft dazugeben und das Fleisch 10 Minuten schmoren. Den Topfdeckel öffnen und die Flüssigkeit etwas einkochen lassen. Die Orangenstücke unter das Fleisch heben, alles mit Salz, Gewürzen und Sherry abschmecken und gekochten Reis dazu servieren.

Geschnetzeltes Schweinefleisch mit Senfgurken

Pro Portion ca. 2480 Joule = ca. 590 Kalorien – Zubereitungszeit ca. 30 Minuten

Zutaten

(für 4 Portionen)

600 g Schweineschnitzel
2 Eßl. Öl
Salz, Pfeffer, Edelsüßpaprika
1 Prise Curry, 1 Prise Ingwer
1 Prise Zimt, 1 Prise Zucker
1 Glas Senfgurken (220 g Einwaage)
2 Teel. Speisestärke
2 Eßl. Sahne

Zubereitung

Das Fleisch waschen, mit Küchenkrepp abtupfen und kurz im Gefrierfach anfrieren. Danach das Fleisch in dünne Streifen schneiden, in einer Pfanne in heißem Öl unter Wenden kräftig anbraten, Salz und Gewürze darüberstreuen, 1 Tasse mit Wasser gemischte Gurkenflüssigkeit aus dem Glas angießen und alles gut durchschmoren. Die kleingeschnittenen Senfgurken daruntermischen, die Flüssigkeit mit in Sahne verrührter Speisestärke binden und das Gericht sehr pikant abschmecken. Mit Butternudeln oder gekochtem Reis servieren.

Gewürztopf auf chinesische Art

Pro Portion ca. 2520 Joule = ca. 600 Kalorien – Zubereitungszeit ca. 45 Minuten

Zutaten

(für 4 Portionen)

500 g Schweinenacken ohne Knochen
4 geschälte Zwiebeln
1 Eßl. Öl
125 g Sojabohnensprossen
Salz, Pfeffer, Streuwürze
Cayennepfeffer
2 Teel. Currypulver, Majoran
2/3 Liter klare Brühe instant
200 g Reis
1/8 Liter Weißwein
Sojasoße

Zubereitung

Das Fleisch waschen, trocken tupfen und in dünne Streifen schneiden. Die Zwiebeln in Würfel schneiden. Öl in einem Schmortopf heiß werden lassen, das Fleisch darin kräftig anbraten, die Zwiebeln hinzufügen und mitbräunen. Sojabohnensprossen, Salz und Gewürze dazugeben. Die Brühe darübergießen, den Reis einstreuen, Weißwein hinzugeben und alles bei milder Wärme ca. 30 Minuten garen. Danach das Gericht mit Sojasoße, Salz und Gewürzen recht kräftig würzen.

Goldbarsch mit Sojasprossen

Pro Portion ca. 1420 Joule = ca. 340 Kalorien – Zubereitungszeit ca. 45 Minuten

Zutaten

(für 4 Portionen)

1 geschälte Zwiebel
1 geputzte Paprikaschote
2 Eßl. Öl
125 g Sojasprossen
2 Tomaten
Salz, grober Pfeffer
1/4 Liter klare Brühe instant
800 g Goldbarschfilet
Zitronensaft oder Essig
40 g Butter oder Margarine
1 Teel. Speisestärke
2 Eßl. Sojasoße
2 Eßl. Sherry

Zubereitung

Die Zwiebel in Scheiben, die Paprikaschote in Streifen schneiden und beides in heißem Öl andünsten. Die überbrühten Sojasprossen und Tomaten dazugeben, alles salzen und würzen, die Brühe darübergießen und das Gemüse 10 Minuten garen. – Den Fisch waschen, abtupfen, säuern und salzen, in 4–6 Stücke zerschneiden und in heißem Fett ca. 5–8 Minuten braten. – Danach das Gemüse mit angerührter Speisestärke binden, herzhaft mit Salz, Gewürzen, Sojasoße und Sherry abschmecken, in eine Schüssel füllen und den gebratenen Fisch rundherum legen.

Goldbarschschaschlik

Pro Portion ca. 1840 Joule = ca. 440 Kalorien – Zubereitungszeit ca. 40 Minuten

Zutaten

(für 4 Portionen)

500 g Goldbarschfilet
Saft von 1 Zitrone
125 g Bacon (Frühstücksspeck)
4 kleine Tomaten
4 kleine geschälte Zwiebeln
125 g frische, gleichgroße Champignons
Salzwasser
8 Cornichons
4 Schaschlikspieße

Für die Marinade
2 Eßl. Öl
2 Eßl. Sojasoße
1 Prise Knoblauchpulver
1/4 Teel. Basilikum

Zubereitung

Das Fischfilet waschen, mit Küchenkrepp gut abtupfen, mit Zitronensaft beträufeln und salzen. Danach das Fischfilet in Gabelstücke schneiden und jedes Stück mit einer dünnen Scheibe Bacon umwickeln. Die gewaschenen Tomaten halbieren. Die Zwiebeln und Champignons in kochendem Salzwasser blanchieren und gut abtrocknen lassen. Die Cornichons mit Küchenkrepp abtupfen. Alle vorbereiteten Zutaten abwechselnd auf die Spieße stecken. Für die Marinade alles verrühren und die Schaschlikspieße mit der würzigen Marinade gut bestreichen. Die Spieße unter einen heißen Grill schieben und von jeder Seite ca. 8 Minuten grillen. Nach Bedarf die Spieße während der Grillzeit mit der Marinade bestreichen.

Grüne Nudeln

Pro Portion ca. 2100 Joule = ca. 500 Kalorien – Zubereitungszeit ca. 30 Minuten

Zutaten

(für 4 Portionen)

250 g grüne Bandnudeln
Salzwasser
1 geschälte Zwiebel
1 geschälte Knoblauchzehe
2 Eßl. Öl
1 Dose Champignons (115 g Einwaage)
1 Dose Rindfleisch (300 g Einwaage)
1 Dose Gemüsemais (272 g Einwaage)
Salz, Pfeffer, Paprika
2 Eßl. gehackte Petersilie

Zubereitung

Die Nudeln in kochendes Salzwasser geben und ca. 15 Minuten darin garen. In der Zwischenzeit Zwiebeln und Knoblauch hacken und in heißem Öl andünsten. Die gut abgetropften Pilze, Fleisch und Mais dazugeben, alles zusammen durchbraten, salzen und würzen und zuletzt die abgetropften Nudeln mitbraten. Die Nudeln mit Petersilie bestreut servieren.

Hasenrücken nach Jägerart

Rezept siehe Seite 150

Als Getränk empfehlen wir: Rotwein (z. B. Spätburgunder)

Sehr appetitanregend: Hasenrücken mit Pfifferlingen angerichtet. Gut passen dazu Spätzle und pro Person eine halbe, mit Preiselbeeren gefüllte Birne.

Heringsröllchen in Tomatensoße

Rezept siehe Seite 152

Als Getränk empfehlen wir: helles Bier

Das ist was Feines für Fischfans: Heringsröllchen, die mit einer pikanten Tomatensoße in einer Auflaufform überbacken werden. Als Beilage reichen Sie Salzkartoffeln.

Irish Stew

Rezept siehe Seite 161

Als Getränk empfehlen wir: Bier oder Weißherbst

Das berühmte irische Nationalgericht — zubereitet nach dem Originalrezept mit Zwiebeln, Möhren, Kartoffeln und Lammfleisch. Also ohne Weißkohl!

Kabeljau mit gebräunten Mandeln

Rezept siehe Seite 166

Als Getränk empfehlen wir: mittelschweren Weißwein (z. B. Rheinpfalz, Rheinhessen, Nahe)

Auf spanische Art zubereitet: Kabeljau mit Oliven, Mandeln, Knoblauch und Zitronenscheiben. Als Beilage empfehlen wir Ihnen Safranreis.

Kalbshaxe mit Gemüse geschmort

Rezept siehe Seite 178

Als Getränk empfehlen wir: italienischen Rotwein oder Roséwein

Sehr würzig: Kalbshaxe mit Kräutern, Möhren und Sellerie. Dazu reichen Sie die Schmorsoße, Salzkartoffeln oder Nudeln.

Kasseler im Brotteig

Rezept siehe Seite 186

Als Getränk empfehlen wir: herben Roséwein

Effektvoll und lecker für große und kleine Partys! Dazu schmeckt Cumberland- oder Mangosoße. Auch Senf sollte nicht fehlen!

Linseneintopf

Rezept siehe Seite 196

Als Getränk empfehlen wir: ein helles Bier

Für alle Liebhaber der herzhaften Küche: ein deftiger Linseneintopf mit Schweinefleisch, Speck und Kochwürsten.

Makrelen mit Gemüse und Senfbutter

Rezept siehe Seite 198

Als Getränk empfehlen wir: Weißwein oder Bier

Dünsten Sie die Makrelen mit Tomaten, Lauch und Wein in einer Form im Backofen. Dazu servieren Sie Senfbutter (oben rechts) und Petersilienkartoffeln.

Grüner Salat mit Radieschen

Pro Portion ca. 460 Joule = ca. 110 Kalorien – Zubereitungszeit ca. 10 Minuten

Zutaten

(für 4 Portionen)

1 geputzter Kopf Salat
4 Eßl. Öl
4 Eßl. Kräuteressig
Salz, Pfeffer
Zucker, Rosmarinpulver,
1 Prise Muskat
1 kleine geschälte Zwiebel
Petersilie, Schnittlauch
Dill
1 Bund Radieschen

Zubereitung

Die Salatblätter sorgfältig waschen, in einem Sieb gut abtropfen lassen und die großen Blätter kleinzupfen. Öl, Essig, Salz und Gewürze verrühren. Die geriebene Zwiebel und die gehackten Kräuter daruntermischen. Die Salatmarinade mit etwas Zucker abschmecken und die geputzten, in dünne Scheiben geschnittenen Radieschen hineingeben. Erst kurz vor dem Servieren die Salatblätter darunterheben.

Grüner Salat mit Radieschen ist eine Beigabe zu Fleisch-, Fisch- und Geflügelgerichten sowie zu Kartoffeln und Teigwarenspeisen.

Grünkohl auf norddeutsche Art

(Foto Seite 96)

Pro Portion ca. 4326 Joule = ca. 1030 Kalorien – Zubereitungszeit ca. 2 Stunden

Zutaten

(für 4 Portionen)

1,5 kg frischer Grünkohl
2 geschälte Zwiebeln
2 Eßl. Schmalz
Salz, Pfeffer
1 Teel. Zucker
½ Liter Wasser
2 Kochwürste
500 g Kasseler
250 g Schweinebacke
2 Eßl. Hafergrütze
oder Haferflocken

Zubereitung

Den Grünkohl von den Rippen streifen und sehr gründlich waschen. Danach den Kohl kurz in kochendem Salzwasser blanchieren und auf einem Sieb abtropfen lassen. Die Zwiebel in Würfel schneiden und in einem großen Kochtopf in heißem Schmalz glasig werden lassen. Den Grünkohl, Salz, Gewürze und Zucker dazugeben, das Wasser darübergießen und alles zugedeckt ca. 45 Minuten kochen. Die Würste, Kasseler und Schweinebacke in den Kohl geben und alles zusammen weitere 30 Minuten kochen. Danach das Fleisch herausnehmen und warm stellen. Die Kohlflüssigkeit mit Hafergrütze oder -flokken binden, durchkochen lassen und alles abschmecken. Nach Belieben den Grünkohl hacken. Fleisch und Wurst zusammen mit dem Grünkohl anrichten und gebratene, karamelisierte Kartoffeln dazu servieren.

Gulasch süß-sauer

Pro Portion ca. 2310 Joule = ca. 550 Kalorien – Zubereitungszeit ca. 2 Stunden

Zutaten

(für 4 Portionen)

6 Eßl. Öl
500 g Rindergulasch
500 g geschälte Zwiebeln
2 rote Paprikaschoten
ca. 3/8 Liter Wasser
4 Eßl. Sahne
250 g Gewürzgurken
1 Teel. Salz
1/4 Teel. schwarzer Pfeffer
Edelsüßpaprika
1 Prise Zucker
evtl. etwas Gewürzessig

Zubereitung

Das Öl in einem Schmortopf heiß werden lassen und die Fleischwürfel bei guter Hitze ca. 15 Minuten darin braun braten. Die Zwiebeln in Scheiben schneiden und mit dem Fleisch bräunen. Die Paprikaschoten putzen, waschen, in Streifen schneiden und zum Gulasch geben. Kochendes Wasser darübergießen, die Sahne hinzufügen und das Gulasch 1 Stunde schmoren lassen. Die Gewürzgurken in kleine Würfel schneiden, nach der Schmorzeit zum Gulasch geben, alles weitere 15 Minuten schmoren und das Gulasch mit Salz, Gewürzen, 1 Prise Zucker und evtl. Gewürzessig süß-sauer abschmecken.

Gulasch auf ungarische Art

Pro Portion ca. 1220 Joule = ca. 284 Kalorien – Zubereitungszeit ca. 70 Minuten

Zutaten

(für 4 Portionen)

6 Eßl. Öl
500 g Rindergulasch
2 geschälte Zwiebeln
3 grüne Paprikaschoten (ca. 375 g)
5 Tomaten
3/8 Liter Wasser
4 Eßl. Instant-Bratensoße
Salz
Edelsüßpaprika
frisch gemahlener schwarzer Pfeffer
Basilikum

Zubereitung

Das Öl in einem Topf heiß werden lassen, das Fleisch hineingeben und von allen Seiten braun anbraten und kräftig würzen. Danach die in Ringe geschnittenen Zwiebeln, die geputzten, gewaschenen und kleingeschnittenen Paprikaschoten und die überbrühten, abgezogenen und entkernten Tomaten hinzufügen. Alles gut durchschmoren, das kochende Wasser darübergießen, den Topf zudecken und das Gulasch 45 Minuten schmoren. Zuletzt die Bratensoße einrühren, das Gulasch mit Salz, Gewürzen und etwas Basilikum sehr scharf abschmecken und mit gekochten Nudeln servieren.

Gulasch mit Auberginen

Pro Portion ca. 1590 Joule = ca. 380 Kalorien – Zubereitungszeit ca. 2 Stunden

Zutaten

(für 4 Portionen)

750 g Gulasch (Rind- und Schweinefleisch)
4 Eßl. Öl
125 g geschälte Zwiebeln
2 geschälte Knoblauchzehen
125 g Tomaten
½ Dose Tomatenmark
Salz, Pfeffer, Paprika
4 Pfefferkörner
¼ Liter Wasser
500 g Auberginen
⅛ Liter Rotwein
2 Eßl. gehackte Petersilie

Zubereitung

Das Fleisch in gleichgroße Würfel schneiden. Öl in einem Schmortopf heiß werden lassen und die Fleischwürfel kräftig darin anbraten. Die in dünne Ringe geschnittenen Zwiebeln und die zerdrückten Knoblauchzehen dazugeben und alles weitere 10 Minuten braten. Die mit kochendem Wasser überbrühten, abgezogenen Tomaten, Tomatenmark, Salz und Gewürze zum Fleisch geben, kochendes Wasser darübergießen und das Gulasch zugedeckt bei mäßiger Wärme 60–90 Minuten schmoren. In der Zwischenzeit die gewaschenen Auberginen in fingerdicke Scheiben schneiden und 20 Minuten vor Beendigung der Garzeit zum Gulasch geben, den Rotwein darübergießen, alles weiterschmoren, bis das Gulasch gar ist. Das Gulasch mit gehackter Petersilie bestreut anrichten.

Gulasch mit Pflaumen und Äpfeln

Pro Portion ca. 3440 Joule = ca. 820 Kalorien – Zubereitungszeit ca. 2 Stunden

Zutaten

(für 4 Portionen)

250 g Backpflaumen (ohne Steine)
250 g Rindergulasch
250 g Schweinegulasch
6 Eßl. Öl
250 g geschälte Zwiebeln
Salz, Pfeffer, Majoran
¼ Liter klare Fleischsuppe instant
¼ Liter Cidre (Apfelwein)
250 g geschälte Äpfel
4 Eßl. Apfelmus
⅛ Liter saure Sahne
etwas Speisestärke

Zubereitung

Die Pflaumen einige Stunden oder über Nacht einweichen. Die Fleischwürfel in heißem Öl kräftig anbraten. Die Zwiebeln kleinschneiden, zum Fleisch geben und mitbräunen. Salz und Gewürze über das Fleisch streuen, die kochende Brühe und den Apfelwein hinzufügen und das Gulasch ca. 90 Minuten bei milder Wärme schmoren lassen. Aus den Äpfeln das Kerngehäuse herausschneiden und das Obst in Spalten teilen. 30 Minuten vor Beendigung der Schmorzeit die Backpflaumen mit dem Einweichwasser und die Apfelspalten zum Fleisch geben. Apfelmus, saure Sahne und Speisestärke verrühren, das Gulasch damit binden und recht pikant abschmecken.

Gulasch mit Pilzen

Pro Portion ca. 1930 Joule = ca. 460 Kalorien – Zubereitungszeit ca. 1¾ Stunden

Zutaten

(für 4 Portionen)

500 g Rindergulasch
4 Eßl. Öl
250 g geschälte Zwiebeln
Salz, Pfeffer
Majoran, Thymian
½ Liter Wasser
250 g frische geputzte Champignons
1 Eßl. Mehl
2–3 Eßl. Sahne
2 Eßl. Bratensaft instant

Zubereitung

Das Fleisch in einem Schmortopf in heißem Öl kräftig braun anbraten. Die Zwiebeln in dünne Ringe schneiden, dazugeben und mitbräunen. Salz und Gewürze darüberstreuen. Nach und nach das kochende Wasser angießen und das Fleisch zugedeckt etwa 75 Minuten schmoren. 20 Minuten vor Beendigung der Garzeit die in dünne Scheiben geschnittenen Pilze hinzufügen und mitgaren. Die Fleischsoße mit in Sahne verrührtem Mehl binden, Bratensaft dazugeben, das Gulasch sehr pikant abschmecken und in einem Reisrand anrichten.

Gulasch »Singapur«

Pro Portion ca. 2130 Joule = ca. 510 Kalorien – Zubereitungszeit ca. 80 Minuten

Zutaten

(für 4 Portionen)

500 g Gulaschfleisch (halb Rind, halb Schwein)
2 Eßl. Öl
1/4 Teel. Currypulver
1/2 Liter Wasser
2 geputzte Paprikaschoten
400 g geschälte Zwiebeln
2 Eßl. grüner Pfeffer (35 g)
2 Eßl. Instant-Bratensoße
1/2 Teel. Salz
schwarzer Pfeffer
1/2 Teel. Streuwürze

Zubereitung

Das gewürfelte Fleisch in einem Schmortopf in heißem Öl scharf anbraten, Curry und kochendes Wasser dazugeben und das Fleisch zugedeckt etwa 60 Minuten schmoren. Die Paprikaschoten in Streifen, die Zwiebeln in dünne Ringe schneiden und 20 Minuten vor Beendigung der Schmorzeit zusammen mit dem grünen Pfeffer zum Gulasch geben und mitschmoren. Zuletzt die Flüssigkeit mit Bratensoße binden und das Gericht recht pikant abschmecken.

Gulaschsuppe

Pro Portion ca. 2520 Joule = ca. 600 Kalorien – Zubereitungszeit ca. 1 1/2 Stunden

Zutaten

(für 4 Portionen)

50 g geräucherter durchwachsener Speck
1 Eßl. Öl
500 g schieres Rindfleisch
250 g geschälte Zwiebeln
Salz, Pfeffer
2 Eßl. Tomatenmark
1 Lorbeerblatt
3/4 Liter klare Brühe instant
1/4 Liter kräftiger Rotwein
1 rote und 1 grüne Paprikaschote
375 g geschälte Kartoffeln
250 g Tomaten
200 g Gewürzgurken
Streuwürze
Zucker

Zubereitung

Den Speck in Würfel schneiden und in heißem Öl ausbraten. Das in kleine Würfel geschnittene Fleisch dazugeben und kräftig bräunen. Die in dünne Scheiben geschnittenen Zwiebeln dazugeben und mitbräunen. Alles salzen und würzen, die kochende Brühe und den Wein angießen und das Fleisch etwa 45 Minuten schmoren lassen. In der Zwischenzeit die Paprikaschoten putzen, waschen und in Würfel schneiden. Die Kartoffeln gleichfalls würfeln, die Tomaten überbrühen, abziehen und kleinschneiden. Alles in das Gulasch geben und das Fleisch weitere 20 Minuten schmoren. Zuletzt die gehackten Gewürzgurken darunterrühren und die Suppe pikant abschmecken.

Gurke gefüllt

Pro Portion ca. 630 Joule = ca. 150 Kalorien – Zubereitungszeit ca. 45 Minuten

Zutaten

(für 4 Portionen)

1 Salatgurke (ca. 500 g)

Für die Füllung
100 g Doppelrahmfrischkäse
2 eingelegte Tomatenpaprikastreifen
75 g gekochter Schinken
Salz, frisch gemahlener Pfeffer
Edelsüßpaprika
1–2 Spritzer Tabasco

Zubereitung

Die Gurke unter fließendem Wasser waschen und mit Küchenkrepp abtrocknen. Danach in der Mitte einmal durchschneiden und jede Hälfte aushöhlen. – Für die Füllung den Frischkäse, kleingeschnittene Tomatenpaprika, den gewürfelten Schinken, Salz und Gewürze verrühren, pikant abschmecken und in die Gurkenhälften füllen. – Die Gurke etwa 10 Minuten kalt stellen und danach in 1 cm dicke Scheiben schneiden. Die gefüllten Gurkenscheiben auf Salat mit Dillzweigen garniert servieren.

Gurken geschmort

Pro Portion ca. 1840 Joule = ca. 440 Kalorien – Zubereitungszeit ca. 80 Minuten

Zutaten

(für 4 Portionen)

4 Schmorgurken (Salat- oder Schälgurken)
Saft von 1/2 Zitrone
Salz, schwarzer Pfeffer
250 g frische geputzte Champignons
2 geschälte Zwiebeln
1 geschälte Knoblauchzehe
400 g gemischtes Hackfleisch
1 Eßl. gehackte Petersilie
Paprika
1 Glas Weißwein
10 g Butter
125 g Emmentaler

Zubereitung

Die gewaschenen Gurken schälen, das Stielende abschneiden und die Gurken der Länge nach halbieren. Die Kerne mit einem Löffel ausschaben. Die Gurkenhälften in der Mitte durchschneiden, mit Zitronensaft beträufeln, salzen und würzen. Die vorbereiteten Champignons, Zwiebeln und Knoblauchzehen fein hacken, mit dem Hackfleisch, Salz und Gewürzen vermischen und pikant abschmecken. Die Hackfleischmasse in die Gurken füllen, die Gurkenhälften in eine gut ausgefettete Auflaufform setzen, das restliche Hackfleisch um die Gurken legen, Weißwein darübergießen und die Form mit Alufolie abdecken. Die Auflaufform in den vorgeheizten Backofen schieben und bei 200 Grad oder Stufe 3 ca. 30 Minuten dünsten. Danach die Folie entfernen, die Butter in Flöckchen daraufgeben, den Käse darüberstreuen und die Gurken weitere 10–15 Minuten überbacken, bis der Käse zerlaufen ist. Das Gericht mit Gurkenscheiben garniert servieren.

Gurken-Joghurt-Soße

Pro Portion ca. 920 Joule = ca. 220 Kalorien – Zubereitungszeit ca. 15 Minuten

Zutaten

(für 4 Portionen)

1 Salatgurke
1 geschälte Knoblauchzehe
1 Bund Schnittlauch
1 Bund Dill
2 Becher Sahnejoghurt
Salz, 1 Prise Zucker
frisch gemahlener Pfeffer

Zubereitung

Die Gurke waschen, schälen und in kleine Würfel schneiden. Den Knoblauch zerdrücken, Schnittlauch in feine Röllchen schneiden und den Dill hacken. Joghurt, Salz, 1 Prise Zucker und Pfeffer verrühren und die restlichen Zutaten daruntermischen. Die Gurken-Joghurt-Soße zu Fleischwurst oder Corned beef servieren.

Gurkengemüse mit Hackfleisch

Pro Portion ca. 1680 Joule = ca. 400 Kalorien – Zubereitungszeit ca. 50 Minuten

Zutaten

(für 4 Portionen)

1 Salatgurke (500 g)
500 g grüne Paprikaschoten
2 Eßl. Öl
500 g Rinderhackfleisch
2 geschälte Zwiebeln
1/8 Liter Brühe
250 g Tomaten
Streuwürze
Salz, Pfeffer, Paprika
1 Bund Schnittlauch

Zubereitung

Die Gurke waschen, schälen, der Länge nach halbieren, die Kerne ausschaben und die Gurke in Würfel schneiden. Die Paprikaschoten putzen, waschen und gleichfalls in Würfel schneiden. In einem Kochtopf das Öl heiß werden lassen, das Hackfleisch hineingeben, mit zwei Gabeln auseinanderzupfen und scharf anbraten. Die gewürfelten Zwiebeln darübergeben und mitbräunen. Die Gurken und Paprika hinzufügen und kochende Brühe darübergießen. Alles etwa 20 Minuten schmoren, danach die abgezogenen, geviertelten Tomaten hineingeben und die Gurken 10 Minuten weiterschmoren lassen. Das Gemüse pikant abschmecken, mit Schnittlauchröllchen bestreuen und mit Salzkartoffeln servieren.

Gurkengemüse mit Schinken

Pro Portion ca. 1680 Joule = ca. 400 Kalorien – Zubereitungszeit ca. 40 Minuten

Zutaten

(für 4 Portionen)

2 mittelgroße Salatgurken
1 große geschälte Zwiebel
40 g Butter oder Margarine
Salz, Pfeffer
1 Prise Zucker
2 Eßl. Essig oder Zitronensaft
1 Eßl. Mehl
1/8 Liter Brühe
375 g magerer gekochter Schinken
1/8 Liter süße Sahne
2 Eßl. gehackter Dill

Zubereitung

Die gewaschenen Gurken schälen, der Länge nach halbieren, die Kerne herausschaben und die Gurken in fingerdicke Streifen schneiden. Die Zwiebel fein hacken und in heißem Fett andünsten. Die Gurken hinzufügen, mitschmoren, bis die Flüssigkeit eingekocht ist. Danach Salz, Gewürze und Mehl darüberstreuen, so lange rösten, bis das Mehl hellgelb ist, danach die Brühe dazugießen und alles weitere 5–10 Minuten schmoren. Zuletzt den in Streifen geschnittenen Schinken und die Sahne darunterheben und das Gericht mit Dill bestreut servieren.

Gurkensuppe mit Rindfleisch

Pro Portion ca. 2350 Joule = ca. 560 Kalorien – Zubereitungszeit ca. 1 3/4 Stunden

Zutaten

(für 4 Portionen)

750 g Rinderbrust
1 1/2 Liter Wasser
2 Teel. Salz
1 geschälte Zwiebel
1 Kohlrabiknolle
200 g Porree
250 g Möhren
250 g Bohnen
200 g frische oder tiefgefrorene Erbsen
2 Teel. klare Fleischsuppe
2 Eßl. gehackte Petersilie

Zubereitung

Das Fleisch waschen, in kochendes Salzwasser geben, die Zwiebel hinzufügen und das Fleisch zugedeckt ca. 1 1/2 Stunden kochen. In der Zwischenzeit das Gemüse putzen und kleinschneiden. Nach Ablauf der Kochzeit das Gemüse und die klare Fleischsuppe zum Fleisch geben und alles weitere 30 Minuten garen. Danach das Fleisch herausnehmen, vom Knochen lösen und in Würfel schneiden. Die Suppe in eine Suppenschüssel füllen, das Fleisch hineingeben und die Suppe mit Petersilie bestreut servieren.

Hackbraten mit pikanter Soße

Pro Portion ca. 2310 Joule = ca. 550 Kalorien – Zubereitungszeit ca. 1¼ Stunden

Zutaten

(für 4 Portionen)

500 g Rinderhackfleisch
1 eingeweichtes, ausgedrücktes Brötchen
1 Ei, Salz
3 Teel. Würzmischung
1 kleines Glas Mixed Pickles
1 Teel. Butter oder Margarine
3 hartgekochte Eier
75 g dünne Scheiben geräucherter durchwachsener Speck
1 Beutel Bratensoße instant
¼ Liter Wasser

Zubereitung

Aus Hackfleisch, Brötchen, Ei, Salz, Würzmischung und 3 Eßlöffeln gehackten Mixed Pickles einen glatten Hackteig zubereiten und pikant abschmecken. Den Teig in eine gefettete Kastenform füllen, die hartgekochten Eier schälen und in das Fleisch hineindrücken. Den Hackbraten mit Speckscheiben belegen, die Form in den vorgeheizten Backofen schieben und (bei 200 Grad oder Stufe 3) ca. 1 Stunde backen. In der Zwischenzeit die Bratensoße nach Anweisung auf dem Beutel zubereiten, die restlichen Mixed Pickles darunterrühren und die Soße mit etwas Brühe von den Mixed Pickles pikant abschmecken.

Hackfleischpastete

Pro Portion ca. 2065 Joule = ca. 490 Kalorien – Zubereitungszeit ca. 1 Stunde

Zutaten

(für 4 Portionen)

⅜ Liter Tomatenketchup
⅛ Liter Wasser
200 g Reis
30 g Corn-flakes
⅛ Liter Milch
Salz, Pfeffer
1 geschälte Zwiebel
450 g Beefsteakhack
1 kleine grüne, geputzte Paprikaschote
Chilipulver
50 g geriebener Emmentaler

Zubereitung

Ketchup und Wasser zum Kochen bringen, den Reis einrühren und ca. 15 Minuten bei milder Wärme garen. Die Cornflakes mit Milch übergießen, Salz, Pfeffer, die fein gewürfelte Zwiebel und Beefsteakhack dazugeben und alles gut vermischen. Eine gefettete Auflaufform mit der Fleischmasse auskleiden, den gegarten Reis mit der kleingeschnittenen Paprikaschote und etwas Chilipulver vermischen und in die Auflaufform füllen; die Oberfläche glattstreichen. Den Auflauf im vorgeheizten Backofen bei Mittelhitze (175 Grad oder Stufe 2) ca. 30 Minuten backen. Danach den Käse darüberstreuen und im ausgeschalteten Backofen goldgelb werden lassen.

Hackfleisch-Tomatentopf

Pro Portion ca. 1930 Joule = ca. 460 Kalorien – Zubereitungszeit ca. 40 Minuten

Zutaten

(für 4 Portionen)

250 g gemischtes Hackfleisch
2 Eßl. Öl
2 geschälte Zwiebeln
1 Packung tiefgefrorenes Sommergemüse
1 Tube Tomatenmark (95 g)
1 kleine Dose geschälte Tomaten (250 g Einwaage)
1 Liter klare Fleischsuppe
Salz, weißer Pfeffer
Zucker, Paprika
Oregano
200 g Langkornreis
2 Eßl. gehackte Petersilie

Zubereitung

Das Hackfleisch in heißem Öl scharf anbraten, die Zwiebeln in Würfel schneiden, hinzufügen und mitbräunen. Das Gemüse, Tomatenmark, die Tomaten aus der Dose, Salz und Gewürze hinzugeben, die heiße Fleischsuppe darübergießen, den Reis einstreuen und alles etwa 20 Minuten bei milder Wärme garen. Danach das Gericht herzhaft abschmecken und mit Petersilie bestreut servieren.

Hacksteak mit Backpflaumen

Pro Portion ca. 2520 Joule = ca. 600 Kalorien – Zubereitungszeit ca. 30 Minuten

Zutaten

(für 4 Portionen)

1 Beutel Hackfleisch-Fix
500 g Rinderhackfleisch
50 g Goudakäse
8 eingeweichte Backpflaumen ohne Kern
2 Eßl. Öl
1/4 Liter Wasser
1 Beutel Bratensoße instant
2 Eßl. Apfelsaft
3 Eßl. Sahne, Salz, Pfeffer
1 Teel. Meerrettich

Zubereitung

Hackfleisch-Fix zum Fleisch geben und alles nach Anweisung zubereiten. Den Käse in 8 gleichgroße Würfel schneiden und in jede Backpflaume einen Käsewürfel drücken. Aus der Hackfleischmasse 8 Steaks formen und jeweils mit einer Backpflaume füllen. Das Öl in einer Bratpfanne heiß werden lassen, die Steaks von jeder Seite etwa 8 Minuten darin braten und warm stellen. In den Bratensatz Wasser gießen, alles loskochen und den Fond mit Soßenpulver binden. Die Soße mit Apfelsaft, Sahne, Salz, Pfeffer und Meerrettich pikant abschmecken und zu den Steaks servieren.

Hähnchen mit Äpfeln

Pro Portion ca. 2260 Joule = ca. 540 Kalorien – Zubereitungszeit ca. 50 Minuten

Zutaten

(für 4 Portionen)

1 frisches Hähnchen, ca. 1000 g, küchenfertig
2–3 Eßl. Öl
5 Stückchen Würfelzucker
3 säuerliche geschälte Äpfel
1/2 Tasse Brühe
1 Gläschen Weinbrand
3/4 Tasse Sahne
Salz, Pfeffer, Majoran
1 Prise gemahlener Ingwer
Saft von 1/2 Zitrone

Zubereitung

Das Hähnchen waschen, in 1/2 Liter kochendes Salzwasser geben und etwa 30 Minuten garen. Danach das Hähnchen herausheben, häuten, entbeinen und in mundgerechte Stücke schneiden. Das Hähnchenfleisch in einer Pfanne in heißem Öl braun braten und warm stellen. Den Zucker im Bratfett schmelzen, die entkernten, kleingeschnittenen Äpfel in die Zuckermasse geben, mit Brühe und Weinbrand ablöschen, die Sahne darunterziehen, die Soße mit Salz, Gewürzen und Zitronensaft abschmecken und zuletzt das gebratene Hähnchenfleisch daruntermischen.

Hähnchen in Sherrysoße

Pro Portion ca. 1890 Joule = ca. 450 Kalorien – Zubereitungszeit ca. 60 Minuten

Zutaten

(für 4 Portionen)

1 großes tiefgefrorenes Hähnchen, küchenfertig (ca. 1100 g)
Salz, Streuwürze
2 Eßl. Mehl
40 g Butter oder Margarine
2 geschälte Zwiebeln
1 Dose Champignons (Einwaage 115 g)
125 g gekochter Schinken
1/8 Liter trockener Sherry
2 Teel. Bratensoße instant

Zubereitung

Das Hähnchen auftauen lassen, waschen, trocken tupfen und vierteln. Die Geflügelteile mit Salz und Streuwürze einreiben, in Mehl wenden und in einem Schmortopf in heißem Fett rundherum anbraten. Die Zwiebeln in Würfel, die Champignons in Scheiben und den Schinken in Streifen schneiden. Alle Zutaten zum Hähnchenfleisch geben, mitbräunen, das Pilzwasser und Sherry angießen, den Topf zudecken und alles etwa 30 Minuten schmoren. Die Hähnchenteile herausnehmen, in eine Schüssel geben und warm stellen. Den Bratenfond mit Bratensoße binden, abschmecken und über die Hähnchenteile gießen.

Hähnchenbrust überbacken

Pro Portion ca. 2140 Joule = ca. 510 Kalorien – Zubereitungszeit ca. 55 Minuten

Zutaten

(für 4 Portionen)

4 Hähnchenbrüste à 180 g
Salz, Pfeffer
50 g Butter oder Margarine
1 Dose Brechspargel (Einwaage 265 g)
100 g Ananas aus der Dose
100 g roher Schinken
100 g Edamer Käse
Currypulver, Paprika

Zubereitung

Die Hähnchenbrüste leicht klopfen und mit Salz und Pfeffer einreiben. In einer Bratpfanne das Fett heiß werden lassen und das Hühnerfleisch darin von jeder Seite ca. 8–10 Minuten braten. Spargelstücke und Ananas in ein Sieb schütten und abtropfen lassen. Den Schinken in Würfel und den Käse in Streifen schneiden. Die gebratenen Hähnchenbrüste in eine flache Auflaufform legen, Spargelstücke und Schinkenwürfel im Bratfett kurz dünsten, mit Curry und Paprika würzen und über die Hähnchenbrüste geben. Zuletzt alles mit Käsestreifen belegen, in den vorgeheizten Backofen schieben und bei starker Hitze (250 Grad oder Stufe 5) ca. 10 Minuten überbacken. Mit gekochtem Reis oder Salzkartoffeln servieren.

Hähnchenpfanne

Pro Portion ca. 2390 Joule = ca. 570 Kalorien – Zubereitungszeit ca. 75 Minuten

Zutaten

(für 4 Portionen)

1 bratfertiges Hähnchen (ca. 1100 g)
Salz, weißer Pfeffer
3 Eßl. Öl
1/8 Liter heißes Wasser
1/8 Liter Rotwein
Paprika
1 Dose Champignons (225 g Einwaage)
1 geputzte Stange Porree
4 geputzte Möhren
250 g geschälte Kartoffeln
40 g Butter oder Margarine
2 Eßl. gehackte Petersilie

Zubereitung

Das Hähnchen waschen und trocken tupfen. Danach in 4–6 Teile zerlegen und mit Salz und Gewürzen einreiben. Das Öl heiß werden lassen, die Geflügelteile darin rundherum anbraten, heißes Wasser und Rotwein angießen und das Geflügel gut durchdünsten. Das kleingeschnittene Gemüse und die gewürfelten Kartoffeln hinzufügen, Fettflöckchen darauf verteilen und das Gericht im vorgeheizten Backofen bei Mittelhitze (225 Grad oder Stufe 4) 50 Minuten garen. Die Hähnchenpfanne mit Petersilie bestreut servieren.

Hammelkoteletts mit Mais und Tomaten

Pro Portion ca. 2510 Joule = ca. 600 Kalorien – Zubereitungszeit ca. 30 Minuten

Zutaten

(für 4 Portionen)

4 Hammelkoteletts à 125–150 g
Salz, frisch gemahlener Pfeffer
2 Eßl. Öl
10 g Butter oder Margarine
1 kleine Dose Maiskörner (285 g Einwaage)
1 große Dose geschälte Tomaten
2 Eßl. Sahne
2 Eßl. Schnittlauchröllchen

Zubereitung

Die Koteletts waschen, mit Küchenkrepp abtupfen, salzen, würzen und in heißem Öl von jeder Seite ca. 8 Minuten braten. In der Zwischenzeit den gut abgetropften Mais in heißer Butter erwärmen und etwa 5 Minuten dünsten. Den Mais auf eine Platte füllen und warm stellen. Die abgetropften Tomaten in das heiße Fett geben und gleichfalls erwärmen. Die Koteletts auf die Platte legen, die Sahne in die Pfanne gießen, mit dem Soßenfond verrühren und alles über die Koteletts füllen. Tomaten um das Fleisch legen, Schnittlauchröllchen über den Mais streuen und alles recht heiß servieren.

Hasenkeulen mit Pfifferlingen

Pro Portion ca. 2520 Joule = ca. 600 Kalorien – Zubereitungszeit ca. 75 Minuten

Zutaten

(für 4 Portionen)

2 tiefgefrorene Hasenkeulen à 450 g (gespickt)
Salz, Pfeffer
Oregano
1/4 Liter klare Brühe instant
4 geschälte Zwiebeln
1 Dose Pfifferlinge (250 g Einwaage)
5 Eßl. Sahne
1 1/2 Eßl. Mehl
2–3 Eßl. Rotwein

Zubereitung

Die Hasenkeulen auftauen lassen und mit Küchenkrepp abtupfen. Salz und Gewürze vermischen und die Keulen damit bestreuen. Die Keulen in eine Fettfangschale oder in eine große Auflaufform legen, 1 Tasse heiße Brühe darübergießen, die gehackten Zwiebeln dazugeben, alles in den vorgeheizten Backofen schieben und bei guter Mittelhitze (225 Grad oder Stufe 4) ca. 50 Minuten braten. Ab und zu mit dem Bratenfond beschöpfen. 15 Minuten vor Beendigung der Bratzeit die gut abgetropften Pilze dazugeben und mitschmoren. Zuletzt den Soßenfond in einen Topf gießen, Mehl und Sahne verrühren, die Soße damit binden und mit Rotwein, Salz und Gewürzen abschmecken.

Hasenrücken nach Jäger-Art

(Foto Seite 129)

Pro Portion ca. 3650 Joule = ca. 870 Kalorien – Zubereitungszeit ca. 75 Minuten

Zutaten

(für 4 Portionen)

80 g geräucherter durchwachsener Speck
1 Eßl. Butter oder Margarine
2 kleine gespickte Hasenrücken à ca. 500 g
2 geschälte Zwiebeln
$^3/_8$–$^1/_2$ Liter Rotwein
1 Dose Pfifferlinge (240 g Einwaage)
1 Becher süße Sahne (125 g)
1–2 Eßl. Mehl
2 Eßl. Johannisbeergelee
Salz, Pfeffer, 1 Prise gemahlene Wacholderbeeren

Zum Garnieren
4 Birnenhälften aus der Dose
3–4 Eßl. Preiselbeeren

Zubereitung

Den Speck in Würfel schneiden, Fett in einem Bratentopf heiß werden lassen, den Speck darin ausbraten, die Hasenrücken hineinlegen, von allen Seiten gut bräunen, die in Scheiben geschnittenen Zwiebeln hinzufügen und mitbräunen. Den Rotwein angießen und die Hasenrücken zugedeckt 40–50 Minuten schmoren. Nach etwa 30 Minuten die gut abgetropften Pfifferlinge dazugeben und mitschmoren. Die gegarten Hasenrücken herausnehmen und zugedeckt warm stellen. Den Bratenfond mit dem Pilzwasser lösen, die Soße mit in Sahne verrührtem Mehl binden und mit Gelee, Salz und Gewürzen abschmecken. Die Hasenrücken auf einer vorgewärmten Platte anrichten, mit Pilzen umlegen und mit Birnenhälften, die mit Preiselbeeren gefüllt sind, garnieren.

Hawaii-Schnitzel

Pro Portion ca. 1720 Joule = ca. 410 Kalorien – Zubereitungszeit ca. 45 Minuten

Zutaten

(für 4 Portionen)

4 Schweineschnitzel à 150 g
4 Eßl. Öl
Salz, Currypulver
Basilikum, Oregano
1 Teel. Butter
4 Scheiben Ananas aus der Dose

Zubereitung

Die Schnitzel kurz unter fließendem Wasser waschen und mit Küchenkrepp trocknen. Das Öl, Salz und Gewürze verrühren und die Schnitzel damit bestreichen. Die marinierten Schnitzel etwa 30 Minuten durchziehen lassen. Danach die Schnitzel mit der Marinade in eine aufgeheizte Bratpfanne legen und bei starker Hitze von jeder Seite ca. 5 Minuten braten. Die Schnitzel auf eine vorgewärmte Platte legen und warm stellen. Die Butter in die Pfanne geben und die Ananasscheiben im heißen Bratfett bräunen. Vor dem Servieren die Ananasscheiben auf die Schnitzel legen und gekochten Reis dazu reichen.

Hefepfannkuchen

Pro Portion ca. 2270 Joule = ca. 540 Kalorien – Zubereitungszeit ca. 60 Minuten

Zutaten

(für 4 Portionen)

1/2 Würfel Hefe (15 g)
etwa 3/8 Liter lauwarme Milch
1 Eßl. Zucker
250 g Mehl
1 Prise Salz
3 Eier
5–6 Eßl. Öl

Für die Füllung
4 reife geschälte Bananen
Saft von 1/2 Zitrone
1 Eßl. Zucker

Zum Bestäuben
1–2 Eßl. Puderzucker

Zubereitung

Die Hefe, etwas Milch und Zukker verrühren und alles etwa 10 Minuten aufgehen lassen. Danach das Mehl, Salz, die ganzen Eier und Milch dazugeben und alles zu einem glatten Teig verarbeiten. Den Teig etwa 30 Minuten gehen lassen. In der Zwischenzeit die Bananen mit einer Gabel zerdrücken, Zitronensaft und Zucker darunterrühren. Aus dem Hefeteig nacheinander in einer Pfanne in heißem Öl 6–8 Pfannkuchen bakken. Die Pfannkuchen sofort nach dem Backen mit Bananenmus bestreichen, aufrollen und warm stellen. Vor dem Servieren die Hefepfannkuchen mit Puderzucker bestäuben.

Hering eingelegt

Pro Portion ca. 1890 Joule = ca. 450 Kalorien – Zubereitungszeit ca. 40 Minuten

Zutaten

(für 4 Portionen)

8 Matjesfilets (küchenfertig)
200 g geputzte Möhren
200 g Gewürzgurken
100 g Tomatenpaprikastreifen

Für die Marinade
3/8 Liter Weißwein
5 Eßl. Essig
4 Eßl. Wasser
8 Pfefferkörner
1 Lorbeerblatt
1 Teel. Senfkörner
3 Teel. Zucker
1 Prise Salz
100 g geschälte Zwiebeln

Zubereitung

Die Matjesfilets je nach Bedarf etwa 30 Minuten wässern. In der Zwischenzeit die Möhren in Würfel schneiden und in wenig kochendem Wasser 20 Minuten dünsten. Die Gewürzgurken in Scheiben schneiden, die Tomatenpaprika kleinschneiden. – Für die Marinade alle Zutaten in einen Topf geben, aufkochen und erkalten lassen. Die Matjesfilets in mundgerechte Stücke schneiden und mit den erkalteten Möhren, Gurken und Paprika in ein hohes Gefäß einschichten, die Marinade darübergießen und die Heringe 1–2 Tage zugedeckt durchziehen lassen.

Heringe in Alufolie gebacken

Pro Portion ca. 2520 Joule = ca. 600 Kalorien – Zubereitungszeit ca. 45 Minuten

Zutaten

(für 4 Portionen)

8 grüne Heringe, küchenfertig
Essig oder Zitronensaft
Salz
250 g frische geputzte Champignons
1 geschälte Zwiebel
1 geschälter Apfel
½ Päckchen Kräuterbutter
1 Eßl. gehackte Petersilie
1 Eßl. Schnittlauchröllchen
Pfeffer, Paprika
1 Glas Rote Bete (Einwaage 430 g)

Zubereitung

Die Heringe gut waschen und mit Küchenkrepp trocken tupfen. Danach die Heringe von innen und außen mit Essig oder Zitronensaft beträufeln, salzen und durchziehen lassen. In der Zwischenzeit die Champignons, die Zwiebel und den vom Kernhaus befreiten Apfel sehr fein hacken, mit Kräuterbutter, Petersilie, Schnittlauch, Salz und Gewürzen verkneten und die Masse in die Heringe füllen. Die Heringe mit Holzstäbchen zustecken und getrennt in gefettete Alufolie einwickeln. Die Päckchen auf den Rost legen, in den vorgeheizten Backofen schieben und bei starker Hitze (250 Grad oder Stufe 5) etwa 20 Minuten backen. Eingemachte Rote Bete dazu servieren.

Heringsröllchen in Tomatensoße

(Foto Seite 130)

Pro Portion ca. 2646 Joule = ca. 630 Kalorien – Zubereitungszeit ca. 1 Stunde

Zutaten

(für 4 Portionen)

1 kg grüne Heringe (küchenfertig, ohne Kopf und Schwanz)
Essig, Salz

Für die Soße
4 Eßl. Tomatenmark
4 Eßl. Brühe
2 Eßl. Weinessig
6 Eßl. Öl
2 Eßl. Zucker
1–2 Teel. Salz
Pfeffer

Zum Bestreuen
1 geschälte, gewürfelte Zwiebel
2 Eßl. gehackter Dill

Zubereitung

Die Heringe waschen, die Mittelgräte entfernen und die beiden Filets trennen. Die Heringsfilets mit Essig säuern, salzen, aufrollen und in eine ausgebutterte Auflaufform stellen. Für die Soße alle Zutaten gut verrühren, pikant abschmecken und über die Heringsröllchen gießen. Die Heringe mit Zwiebelwürfeln und Dill bestreuen, danach in den vorgeheizten Backofen schieben und bei guter Mittelhitze (225 Grad oder Stufe 4) etwa 30 Minuten garen.

Herrentorte

Pro Portion ca. 3860 Joule = ca. 920 Kalorien – Zubereitungszeit ca. 2 Stunden

Zutaten

(für 6 Portionen)

1 Packung Fertigbackmischung »Bauernbrot«

Für die Füllung
500 g Teewurst
1 geschälte, gehackte Zwiebel
2–3 Eßl. feingehackte Gewürzgurke
2 Eßl. gehackte Silberzwiebeln
1 Eßl. Schnittlauchröllchen
1 Eßl. gehackter Dill
2–3 Eßl. Kapern
1 Eigelb

Zum Bestreichen
5–6 würzige Frischkäse
gehackte Kräuter

Zum Verzieren
300 g Lachsschinken ohne Fettrand
Gewürzgurken
mit Paprika gefüllte Oliven

Zubereitung

Den Brotteig nach Anweisung auf der Packung zubereiten. Eine Springform (Ø 22 cm) gut ausfetten, den Teig hineingeben und gleichmäßig verstreichen. Nach Anweisung gehen lassen, mit etwas Wasser bepinseln und mit wenig Mehl bestäuben. Den gut aufgegangenen Brotteig in den vorgeheizten Backofen schieben und bei guter Mittelhitze (200–225 Grad oder Stufe 3–4) ca. 40–50 Minuten backen. Die Brottorte nach dem Backen erkalten lassen, danach zweimal waagerecht durchschneiden und mit der Füllung bestreichen. Hierfür alle Zutaten verrühren und auf die 2 Brotplatten verteilen, gehackte Kräuter darüberstreuen und die Platten so zusammensetzen, daß der Brotdeckel obenauf liegt. Zuletzt den Käse glattrühren und die Torte rundherum damit bestreichen. 8–10 Scheiben Schinken aufrollen, den restlichen Schinken in feine Würfel schneiden und an den Rand der Brottorte andrücken. Die Tortenoberfläche mit Schinkenröllchen, Olivenscheiben und fächerartig geschnittenen Gurken verzieren. Die Herrentorte eine Weile im Kühlschrank gut durchziehen lassen.

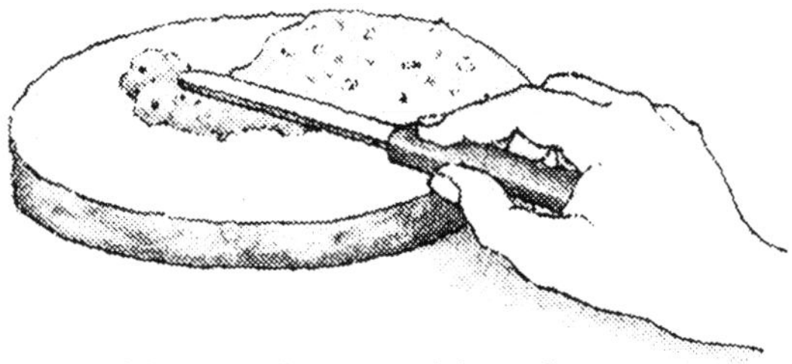

Auf den Brotplatten wird die Füllung sorgfältig glattgestrichen

Herz-Möhren-Gulasch

Pro Portion ca. 1510 Joule = ca. 360 Kalorien – Zubereitungszeit ca. 80 Minuten

Zutaten

(für 4 Portionen)

500 g Kalbsherz
2–3 Eßl. Öl
Salz, Pfeffer, Paprika
2 Pimentkörner
1 Lorbeerblatt
1 Päckchen tiefgefrorenes Suppengrün
400 g geputzte Möhren
1/2 Liter klare Fleischsuppe
1–2 Eßl. Mehl
1/8 Liter Sahne
1 Eßl. gehackte Petersilie

Zubereitung

Das Kalbsherz gut waschen, von Adern und Sehnen befreien und in Würfel schneiden. Das Öl in einem Topf heiß werden lassen und das gewürfelte Fleisch recht kräftig darin anbraten. Danach salzen und würzen, Pimentkörner, Lorbeerblatt, Suppengrün und die in Scheiben geschnittenen Möhren dazugeben, alles mitbräunen, kochende Fleischsuppe darübergießen und das Gulasch ca. 60 Minuten schmoren lassen. Das Lorbeerblatt herausnehmen, Sahne und Mehl verrühren und das Gulasch damit binden. Mit Petersilie bestreut anrichten.

Herzragout

Pro Portion ca. 2180 Joule = ca. 520 Kalorien – Zubereitungszeit ca. 60 Minuten

Zutaten

(für 4 Portionen)

1 Schweineherz, ca. 750 g
50 g geräucherter fetter Speck
20 g Margarine
3 geschälte Zwiebeln
3/8 Liter Brühe oder Wasser
50 g gehackte Cashewnußkerne
2 Eßl. Rosinen
1 Eßl. Bratensoße instant
ca. 3 Eßl. Portwein

Zubereitung

Das Schweineherz von Fett und Sehnen befreien, gründlich waschen und in Würfel schneiden. Den in kleine Würfel geschnittenen Speck in einem Kochtopf in heißer Margarine auslassen, die gehackten Zwiebeln hinzufügen und goldgelb rösten. Die Fleischwürfel mitbräunen, bis sie sehr braun sind, danach heiße Brühe darübergießen und die Nüsse und Rosinen daruntermischen. Das Fleischgericht etwa 30 Minuten schmoren lassen. Zuletzt das Bratensoßenpulver einrühren und das Ragout mit Portwein abschmecken.

Hirschfleisch mit Orangen

Pro Portion ca. 1890 Joule = ca. 450 Kalorien – Zubereitungszeit ca. 1½ Stunden

Zutaten

(für 4 Portionen)

500 g schieres Hirschfleisch
2–3 Eßl. Öl
1–2 geschälte Zwiebeln
Salz, Pfeffer
Kräuter der Provence
¼ Liter klare Brühe instant
1 Orange
200 g Doppelrahmfrischkäse
3 Eßl. saure Sahne
3–4 Eßl. Orangensaft
1 Teel. abgeriebene Orangenschale
Zucker

Zubereitung

Das Hirschfleisch kurz unter fließendem Wasser waschen, gut trocken tupfen und in Würfel schneiden. Das Öl in einer Pfanne heiß werden lassen, das Fleisch darin kräftig anbraten, die in Würfel geschnittenen Zwiebeln hinzufügen, mitbräunen, Salz, Gewürze, Kräuter und kochende Brühe darübergeben und alles etwa 60 Minuten bei milder Wärme schmoren. Die Orange schälen, filieren und in Stücke schneiden. Den Frischkäse zerteilen und beides unter das Hirschfleisch rühren. Das Gericht mit saurer Sahne, Orangensaft und -schale und Zucker herzhaft abschmecken.

Hirschgulasch

Pro Portion ca. 3650 Joule = ca. 870 Kalorien – Zubereitungszeit ca. 2 Stunden

Zutaten

(für 4 Portionen)

750 g gewürfeltes Hirschgulasch
1 Tasse Weinbrand
125 g geräucherter durchwachsener Speck
4–5 Eßl. Öl
Salz, Pfeffer, gemahlene Wacholderbeeren
Kräuter der Provence
¾ Liter Rotwein
500 g kleine geschälte Zwiebeln
1 kleines Glas Preiselbeeren
⅛ Liter Wasser
1 Dose Pfifferlinge (250 g Einwaage)
⅛ Liter saure Sahne
1 Eßl. Mehl

Zubereitung

Das Hirschfleisch mit einem in Essigwasser getauchten Tuch abtupfen, in ein Glas-, Steingut- oder Porzellangefäß geben, mit Weinbrand übergießen, zudekken und über Nacht gut durchziehen lassen. Den Speck in Würfel schneiden, in einem Schmortopf in heißem Öl ausbraten, das Gulasch hineingeben und bei starker Hitze kräftig anbraten. Salz und die Gewürze darüberstreuen, nach und nach einen ½ Liter Rotwein hinzufügen und bei offenem Topf einschmoren lassen. Die ganzen Zwiebeln dazugeben, mitschmoren, Preiselbeeren, den restlichen Rotwein und Wasser darunterrühren und alles im geschlossenen Topf etwa 45 Minuten schmoren lassen. Zuletzt die abgetropften Pilze, evtl. etwas Pilzwasser zum Gulasch geben, Sahne und Mehl verquirlen und die Soße damit binden. Das Gulasch pikant abschmecken.

Hirschsteaks mit Pilzen

Pro Portion ca. 1430 Joule = ca. 340 Kalorien – Zubereitungszeit ca. 30 Minuten

Zutaten

(für 4 Portionen)

4 Hirschsteaks à 150 g
schwarzer Pfeffer
2 Eßl. Öl
20 g Butter
Salz
40 g geräucherter durchwachsener Speck
1 geschälte Zwiebel
200 g frische geputzte Pfifferlinge oder 1 kleine Dose Pfifferlinge
4 Eßl. heißes Wasser
2 Eßl. gehackte Petersilie

Zubereitung

Die Hirschsteaks kurz unter fließendem Wasser waschen und trocken tupfen. Mit Pfeffer einreiben und in einer Pfanne in heißem Öl von jeder Seite etwa 4 Minuten braten. Butter in die Pfanne geben und die Steaks nochmals kurz braten, danach salzen und warm stellen. Den Speck und die Zwiebel in Würfel schneiden, in das Bratfett geben, bräunen, die abgetropften Pilze hinzufügen, 5 Minuten darin dünsten, Wasser zugeben und weitere 5–10 Minuten garen. Die Petersilie daruntermischen und die Pfifferlinge auf den Hirschsteaks anrichten.

Hirtentopf

Pro Portion ca. 2510 Joule = ca. 600 Kalorien – Zubereitungszeit ca. 70 Minuten

Zutaten

(für 4 Portionen)

4 Beefsteaks à 120–150 g
5 Eßl. Öl
Salz, Pfeffer
5 geschälte Zwiebeln
375 g geschälte Kartoffeln
¼ Liter Wasser
1 Lorbeerblatt
250 g Tomaten
1 Teel. Butter
Thymian
3 Eßl. saure Sahne
1 Eßl. Mehl

Zubereitung

Die Beefsteaks mit Küchenkrepp abtupfen. 2 Eßl. Öl in einem Schmortopf recht heiß werden lassen, die Beefsteaks kurz darin scharf anbraten, herausnehmen, salzen und würzen. Die in dünne Scheiben geschnittenen Zwiebeln in dem heißen Bratfett bräunen und gleichfalls herausnehmen. Das restliche Öl hinzufügen und die in Scheiben geschnittenen rohen Kartoffeln darin anbraten. Wenn die Kartoffelscheiben gut gebräunt sind, das Fleisch und die Zwiebeln daraufgeben, heißes Wasser und das Lorbeerblatt hinzufügen und alles zugedeckt ca. 15 Minuten schmoren. In der Zwischenzeit die Tomaten überbrühen, abziehen, in heißer Butter kurz dünsten und Thymian darüberstreuen. Sahne und Mehl verrühren und den Soßenfond von den Steaks damit binden. Zuletzt die Tomaten darunterheben, alles pikant abschmecken, in eine Terrine füllen und servieren.

Holländischer Fischtopf

Pro Portion ca. 2180 Joule = ca. 530 Kalorien – Zubereitungszeit ca. 35 Minuten

Zutaten

(für 4 Portionen)

3/4 Liter Salzwasser
1 Packung Kartoffelsuppe (220 g)
20 g Butter oder Margarine
1 Brötchen
500 g Seelachsfilet
Saft von 1/2 Zitrone
Streuwürze, Salz
Muskat, Majoran
40 g geriebener Emmentaler Käse
1/2 Becher Vollmilchjoghurt
2 Eßl. gehackte Petersilie

Zubereitung

Salzwasser zum Kochen bringen, die Packung Kartoffelsuppe einrühren und bei milder Wärme ca. 20 Minuten kochen lassen. Butter oder Margarine heiß werden lassen und das in Würfel geschnittene Brötchen darin rösten. In der Zwischenzeit das Fischfilet waschen, säuern, salzen und durchziehen lassen. Den Käse und Joghurt in die Suppe rühren, das Fischfilet in Würfel schneiden, würzen und 10 Minuten in der Suppe ziehen lassen. Danach die Suppe herzhaft abschmecken, mit gerösteten Brötchen und Petersilie bestreut servieren.

Huhn auf indische Art

Pro Portion ca. 2590 Joule = ca. 620 Kalorien – Zubereitungszeit ca. 80 Minuten

Zutaten

(für 4 Portionen)

1 küchenfertige Poularde, ca. 1300 g
Salz, Pfeffer
4 Eßl. Öl
4 geschälte Zwiebeln
1 Eßl. Mandelstifte
3/8 Liter Weißwein
1–2 Eßl. Currypulver
1 Eßl. gehacktes Mango-Chutney
5–6 Eßl. Apfelmus
1 Becher Vollmilchjoghurt
1 Teel. Mehl
1 Messerspitze Ingwerpulver
1 Teel. Sojasoße

Zubereitung

Die Poularde waschen und mit Küchenkrepp trocken tupfen. Danach die Poularde in 4–6 Stücke zerteilen, salzen, würzen und in heißem Öl von allen Seiten kräftig bräunen. Die Geflügelteile herausnehmen, die in Würfel geschnittenen Zwiebeln und Mandelstifte im Bratfett bräunen, Wein dazugießen, die Geflügelteile wieder in den Topf legen und zugedeckt ca. 40 Minuten schmoren. Zuletzt das gegarte Geflügel in eine Schüssel legen und warm stellen. Curry, Mango-Chutney und Apfelmus in den Bratenfond einrühren, alles 5 Minuten durchschmoren, Joghurt und Mehl verrühren, die Soße damit binden und mit Salz und Gewürzen recht pikant abschmecken. Die Soße über die Geflügelteile gießen und das Gericht mit gekochtem Reis servieren.

Huhn auf spanische Art

Pro Portion ca. 2220 Joule = ca. 530 Kalorien – Zubereitungszeit ca. 1½ Stunden

Zutaten

(für 4 Portionen)

1 küchenfertige Poularde, ca. 1300 g
Salz, schwarzer Pfeffer
Cayennepfeffer
4 Eßl. Oliven- oder Pflanzenöl
2 geschälte Zwiebeln
je 1 grüne und rote Pfefferschote aus dem Glas
1 geputzte Möhre
100 g geputzter Sellerie
1 geschälte Knoblauchzehe
¼ Liter Tomatensaft
6 mit Paprika gefüllte Oliven
2–3 Eßl. Sahne
etwas Zucker

Zubereitung

Die Poularde waschen, mit Küchenkrepp trocken tupfen und in 4–6 Teile zerlegen. Das Geflügelfleisch salzen und würzen, in einem Schmortopf in heißem Öl rundherum braun braten und auf eine Platte legen. Die in Würfel geschnittenen Zwiebeln, kleingeschnittene Pfefferschoten, das geraspelte Gemüse und die zerdrückte Knoblauchzehe in das Bratfett geben und anbraten. Den Tomatensaft dazugießen, alles kurz durchkochen, die Poulardenteile wieder hineinlegen und alles zugedeckt 30–40 Minuten schmoren. Zuletzt die in Scheiben geschnittenen Oliven und die Sahne daruntermischen und alles herzhaft abschmecken. Das Gericht mit gekochtem Reis servieren.

Hühnerherzen mit Rührei

Pro Portion ca. 2350 Joule = ca. 560 Kalorien – Zubereitungszeit ca. 30 Minuten

Zutaten

(für 4 Portionen)

500 g Hühnerherzen
100 g geräucherter durchwachsener Speck
2 Eßl. Öl
2 geschälte Zwiebeln
8 Eier
2 Eßl. süße Sahne
Salz, Pfeffer
Paprika
2 Bund Schnittlauch

Zubereitung

Die Hühnerherzen putzen, von Fett und Adern befreien, kurz waschen und gut abtropfen lassen. Den in Würfel geschnittenen Speck in einer Pfanne in heißem Öl ausbraten, die Hühnerherzen und die gewürfelten Zwiebeln hinzufügen, alles kräftig anbraten und 15 Minuten schmoren lassen. In der Zwischenzeit die Eier, Sahne, Salz, Gewürze und den in Röllchen geschnittenen Schnittlauch verschlagen, über die geschmorten Herzen gießen und alles stocken lassen. Das Gericht mit Toastbrot oder Kartoffelpüree servieren.

Hühnerleber pikant

Pro Portion ca. 1180 Joule = ca. 280 Kalorien – Zubereitungszeit ca. 40 Minuten

Zutaten

(für 4 Portionen)

500 g Hühnerleber
2 Eßl. Mehl
2 Eßl. Öl
Pfeffer, Salz
4 Eßl. Sojasoße
5–6 Eßl. Sherry
1 Eßl. Zucker
2 Eßl. Wasser
2 geputzte Porreestangen (250 g)
½ eingelegte Ingwerfrucht
1 Teel. grüner Pfeffer
1 Eßl. Weinbrand

Zubereitung

Die Hühnerleber waschen, gut abtropfen lassen, von Fett und Sehnen befreien und in gleichgroße Stücke schneiden. Mit Mehl bestäuben und in heißem Öl kurz anbraten. Danach mit Pfeffer und Salz bestreuen und warm stellen. In den Bratenfond Sojasoße, Sherry, Zucker und Wasser geben. Den in sehr dünne Ringe geschnittenen Porree, den gehackten Ingwer, Pfeffer und Weinbrand hinzufügen und alles etwa 10 Minuten mit der Leber köcheln lassen. Die pikant abgeschmeckte Hühnerleber mit Kartoffelpüree servieren.

Hühnersuppe im Schnellkochtopf

Pro Portion ca. 2310 Joule = ca. 550 Kalorien – Zubereitungszeit ca. 40 Minuten

Zutaten

(für 4 Portionen)

1 junges Suppenhuhn (ca. 1200 g, küchenfertig)
1½ Liter Wasser
2 Eßl. Hühnerbrühe instant
Salz, Muskat
1 geschälte Zwiebel
1 geputzte Stange Porree
1 geputzte Petersilienwurzel
125 g Reis
1 Packung tiefgefrorene Erbsen (300 g)
2–3 Teel. Currypulver
2 Eßl. süße Sahne
2 Eßl. gehackte Petersilie

Zubereitung

Das vorbereitete Huhn waschen, in einen Schnellkochtopf legen, Wasser, Hühnerbrühe, Salz und das Suppengemüse hinzufügen, den Kochtopf verschließen, zum Kochen bringen und das Huhn ca. 25 Minuten kochen. Danach das Huhn und das Suppengrün herausnehmen, den Reis und die Erbsen in die Brühe geben, den Topf wieder verschließen und alles weitere 7 Minuten kochen. In der Zwischenzeit die Haut und die Knochen vom Huhn entfernen und das Hühnerfleisch in mundgerechte Stücke schneiden. Das Hühnerfleisch wieder in die Brühe geben, Sahne und Curry verrühren, unter die Hühnersuppe ziehen, die Suppe mit Salz und 1 Prise Muskat abschmekken und mit Petersilie bestreut servieren.

Hummer-Cocktail

Pro Portion ca. 920 Joule = ca. 220 Kalorien – Zubereitungszeit ca. 25 Minuten

Zutaten

(für 4 Portionen)

1 Dose Hummer
1 kleine Dose Champignons (Einwaage 220 g)
8 Stangen gedünsteter Spargel
50 g blaue Weintrauben
2 Scheiben Ananas aus der Dose
4–6 Oliven

Für die Soße
80 g Mayonnaise (50%)
Salz, Zucker
1–2 Eßl. Tomatenketchup
Zitronensaft

Zum Garnieren
Zitronenscheiben

Zubereitung

Das Hummerfleisch in gleichgroße Stücke zerlegen (einige zum Garnieren zurückstellen) und in 4 flache Gläser geben. Die Champignons gut abtropfen lassen und halbieren. Den Spargel in 3 cm lange Stücke schneiden. Die Weintrauben durchschneiden und entkernen, die Ananasscheiben in feine Streifen schneiden. Alle Zutaten vermischen und gleichmäßig auf das Hummerfleisch verteilen. Je 1 Olive auf die Gläser geben. – Für die Soße Mayonnaise, Salz, Zucker, Tomatenketchup und etwas Zitronensaft glattrühren und die Soße über die Salatzutaten gießen. Die Cocktails mit Hummerfleisch und Zitronenscheiben garnieren.

Indischer Gemüsesalat

Pro Portion ca. 2060 Joule = ca. 490 Kalorien – Zubereitungszeit ca. 30 Minuten

Zutaten

(für 4 Portionen)

200 g Möhren
1 kleine Dose feine Erbsen (280 g Gemüseeinwaage)
125 g Krabbenfleisch
1 Banane
1 Teel. Salz
1 Teel. Zucker
2–3 Eßl. Zitronensaft

Für die Salatsoße
200 g Mayonnaise (50%)
1 Teel. Zucker
1 Teel. Currypulver
1 Prise gemahlener Ingwer
1 Eßl. Gemüsesaft

Zubereitung

Die Möhren waschen, putzen, in Stifte schneiden und in wenig Salzwasser etwa 15 Minuten dünsten. In der Zwischenzeit die abgetropften Erbsen, Krabbenfleisch, die geschälte, in Scheiben geschnittene Banane, Salz, Zucker und Zitronensaft vermischen. Die Möhren abtropfen und erkalten lassen und danach unter die Salatzutaten geben. – Für die Soße alle Zutaten gut verrühren, herzhaft abschmecken, vorsichtig unter die Salatzutaten heben und den Salat eine Weile im Kühlschrank gut durchziehen lassen. Vor dem Anrichten den Salat nochmals abschmecken.

Ingwer-Hähnchen

Pro Portion ca. 2730 Joule = ca. 650 Kalorien – Zubereitungszeit ca. 55 Minuten

Zutaten

(für 4 Portionen)

1 frisches Hähnchen, ca. 900 g
Salz, Pfeffer, Ingwerpulver

Für die Füllung
1 Brötchen
1/8 Liter Wasser
Hähncheninnereien
75 g geräucherter durchwachsener Speck
1 geschälte Zwiebel
2 Stück eingelegter Ingwer
2 Eßl. gehackte Petersilie
40 g Mandelblättchen (1 Beutel)
1 Ei

Zum Braten
3 Eßl. Öl
3/8 Liter Hühnerbrühe (Würfel)
1 Eßl. Speisestärke
1/8 Liter Weißwein
2 Eßl. Dosenmilch oder Sahne

Zubereitung

Das Hähnchen waschen und trocken tupfen. Für die Füllung das Brötchen in Würfel schneiden und das Wasser darübergießen. Die Innereien waschen, gut abtrocknen und zusammen mit Speck, Zwiebel und Ingwer fein hacken. Die Brötchenmasse, Petersilie, die gehackten Zutaten, Mandelblättchen und Ei vermischen und alles mit Salz und Gewürzen sehr pikant abschmecken. Die Masse in das Hähnchen füllen, die Öffnung mit einem Holzstäbchen zustecken, rundherum mit Salz, Pfeffer und Ingwerpulver einreiben und in einem Topf in heißem Öl recht braun anbraten. Heiße Brühe dazugießen und das Hähnchen ca. 1/2 Stunde zugedeckt schmoren, danach herausnehmen und warm stellen. – Für die Soße Speisestärke und Weißwein verrühren, den Bratenfond damit binden und die Soße mit Dosenmilch oder Sahne abschmecken.

Irish Stew

(Foto Seite 131)

Pro Portion ca. 3610 Joule = ca. 860 Kalorien – Zubereitungszeit ca. 2 Stunden

Zutaten

(für 4 Portionen)

750 g mittelgroße Kartoffeln
375 g Möhren
500 g große geschälte Zwiebeln
1 kg magerer Lammnacken oder Lammschulter ohne Knochen
ca. 3/4 Teel. Salz
frisch gemahlener schwarzer Pfeffer
1/4 Teel. Thymian
Wasser

Zubereitung

Die Kartoffeln waschen, schälen und in dicke Scheiben schneiden. Die Möhren schaben, waschen und in Würfel schneiden. Die Zwiebeln in dicke Ringe und das Fleisch in Würfel schneiden. Den Boden eines großen Kochtopfes mit der Hälfte der Kartoffelscheiben belegen, darüber die Hälfte der Zwiebelringe und das Fleisch geben. Mit 1/2 Teelöffel Salz, etwas Pfeffer und Thymian bestreuen, die restlichen Zwiebelringe und die Möhren auf das Fleisch schichten und mit den restlichen Kartoffelscheiben abdecken. Salz und Pfeffer darüberstreuen und so viel Wasser zugießen, daß die Kartoffeln bedeckt sind. Den Eintopf zum Kochen bringen und bei geringer Wärme etwa 1 1/2 Stunden garen. Falls die Flüssigkeit verkocht ist, etwas Wasser hinzufügen. Das Gericht herzhaft abschmecken und nach Belieben im Topf servieren.

Irish Stew mit Weißkohl auf deutsche Art

Pro Portion ca. 4560 Joule = ca. 1090 Kalorien – Zubereitungszeit ca. 2 Stunden

Zutaten

(für 4 Portionen)

100 g fetter Speck
800 g Lamm- oder Hammelfleisch
500 g Kartoffeln
5 geschälte Zwiebeln
500 g Karotten
1 kg Weißkohl
1 Petersilienwurzel
Salz, Pfeffer, Kümmel
¼ Liter klare Brühe instant

Zubereitung

Das Gemüse putzen und kleinschneiden. Das Fleisch in Würfel und die Kartoffeln in Scheiben schneiden. Den Boden eines Kochtopfes mit Speckscheiben auslegen, abwechselnd Fleischwürfel, Kartoffelscheiben und Gemüse einschichten. Dabei jede Schicht mit Salz und Gewürzen bestreuen. Die Brühe daraufgießen und den Eintopf zugedeckt ca. 60–75 Minuten bei milder Wärme garen.

Italienischer Gemüsetopf

Pro Portion ca. 2390 Joule = ca. 570 Kalorien – Zubereitungszeit ca. 60 Minuten

Zutaten

(für 4 Portionen)

60 g geräucherter durchwachsener Speck
375 g grobe Bratwurst
2 geschälte Zwiebeln
375 g geschälte Kartoffeln
¼ Liter klare Brühe instant
Salbei
1 rote geputzte Paprikaschote
1 grüne geputzte Paprikaschote
500 g geputzte Schmorgurken
300 g geputzte Zucchini
300 g ungeschälte Auberginen
500 g überbrühte abgezogene Tomaten
Salz, Pfeffer

Zubereitung

Den Speck in kleine Würfel schneiden, in einem Topf ausbraten, aus der Bratwurst kleine Klößchen drücken und im Speck braun braten. Die in Scheiben geschnittenen Zwiebeln, die gewürfelten Kartoffeln, Brühe und Salbei hinzufügen und alles etwa 10 Minuten kochen. In der Zwischenzeit das vorbereitete Gemüse kleinschneiden, zum Eintopf geben und alles garen. Vor dem Anrichten den Eintopf mit Salz und Gewürzen abschmecken.

Jägerkohl

Pro Portion ca. 1720 Joule = ca. 410 Kalorien – Zubereitungszeit ca. 70 Minuten

Zutaten

(für 4 Portionen)

150 g geräucherter durchwachsener Speck
1 geschälte Zwiebel
2 geputzte Möhren
250 g geschälte Kartoffeln
2 geschälte Äpfel
1 Teel. Kümmel
1 kg geputzter Weißkohl
½ Liter klare Brühe instant
4 Eßl. Kräuteressig
Salz, Pfeffer, Zucker

Zubereitung

Den Speck in Würfel schneiden und ausbraten. Die in Scheiben geschnittene Zwiebel, die gewürfelten Möhren, Kartoffeln und die entkernten, gestiftelten Äpfel darin dünsten, Kümmel darüberstreuen, den kleingeschnittenen Kohl und die Brühe hinzufügen und alles 1 Stunde kochen lassen. Zuletzt den Kohl mit Essig, Salz, Pfeffer und Zukker pikant abschmecken.

Jägertopf

Pro Portion ca. 1550 Joule = ca. 370 Kalorien – Zubereitungszeit ca. 70 Minuten

Zutaten

(für 4 Portionen)

50 g Butter oder Margarine
2 geschälte Zwiebeln
1 Dose Mischpilze (500 g Pilzeinwaage)
300 g geschälte Kartoffeln
250 g geputzte Paprikaschoten
1 Packung tiefgefrorene Bohnen (300 g)
250 g Tomaten
Salz, Pfeffer, Paprika
⅛ Liter Weißwein
4 Scheiben Goudakäse (100 g)
1 Eßl. gehackte Petersilie

Zubereitung

Das Fett in einem Topf heiß werden lassen, die Zwiebeln in dünne Scheiben schneiden und darin bräunen. Die gut abgetropften Pilze hinzufügen und mitdünsten. Die Kartoffeln in Scheiben, die Paprikaschoten in Streifen schneiden und zu den Pilzen geben. Nochmals alles schmoren, die Bohnen und die abgezogenen, kleingeschnittenen Tomaten daruntermischen, alles salzen und würzen, in eine gut ausgefettete Auflaufform füllen, den Wein darübergießen, die Form mit einer Alufolie abdecken und im vorgeheizten Backofen bei guter Hitze (225 Grad oder Stufe 4) ca. 45 Minuten backen. Danach die Folie abnehmen, die Käsescheiben darauflegen und den Auflauf wieder so lange in den Backofen schieben, bis der Käse zerlaufen ist. Mit Petersilie bestreut servieren.

Jakobsmuscheln

Pro Portion ca. 920 Joule = ca. 220 Kalorien – Zubereitungszeit ca. 50 Minuten

Zutaten

(für 4 Portionen)

1/4 Liter Weißwein
1 geschälte Schalotte oder Zwiebel
1 Teel. gehackte Petersilie
1 Teel. gehackter Dill
Salz, weißer Pfeffer
125 g frische geputzte Champignons
1 Teel. Zitronensaft
1 Eßl. Butter oder Margarine
1 Packung tiefgefrorene Jakobsmuscheln (200 g)
25 g Butter oder Margarine
15 g Mehl
1/8 Liter Milch
25 g geriebener Käse
2 Eigelb
1 Eßl. Sahne

Zubereitung

Weißwein, die gehackte Zwiebel, Petersilie, Dill, Salz und Pfeffer etwa 5 Minuten bei milder Wärme kochen lassen. In der Zwischenzeit die Pilze kleinschneiden, mit Zitronensaft begießen, mit Salz bestreuen und in heißem Fett gar dünsten. Die tiefgefrorenen Jakobsmuscheln in den Weinsud geben und 10 Minuten darin dünsten. Aus Fett und Mehl eine Mehlschwitze bereiten, mit Milch auffüllen, durchkochen lassen und den durch ein Sieb gegossenen Muschelsud darunterrühren. Käse, Salz und Pfeffer hinzufügen, die Soße mit in Sahne verrührtem Eigelb legieren, Pilze und Muscheln daruntermischen, alles in Muschelschalen füllen und im vorgeheizten Backofen (225 Grad oder Stufe 4) ca. 10 Minuten überbacken.

Japanischer Reissalat

Pro Portion ca. 1550 Joule = ca. 370 Kalorien – Zubereitungszeit ca. 1 Stunde

Zutaten

(für 4 Portionen)

20 g getrocknete chinesische Pilze
100 g Langkornreis
Salzwasser
125 g gekochter Schinken ohne Fettrand
125 g grüne Gurke
1 kleine Dose Bambussprossen (170 g Einwaage)
1 kleine Dose Sojabohnenkeimlinge (170 g Einwaage)

Für die Marinade
6 Eßl. Öl
6 Eßl. Zitronensaft
2–3 Eßl. Sojasoße
Salz, Pfeffer
2–3 Eßl. Reiswein oder Sherry (Fino)

Zubereitung

Die Pilze mit kochendem Wasser übergießen und nach Anweisung 30–60 Minuten ziehen lassen. Den Reis in 3/4 Tasse Salzwasser ca. 20 Minuten garen und erkalten lassen. In der Zwischenzeit den Schinken und die gewaschene Gurke in feine Streifen schneiden. Das Gemüse aus der Dose auf einem Sieb abtropfen lassen und evtl. zerkleinern. Alle zerkleinerten Zutaten und die abgetropften Pilze in einer Schüssel vermischen, den Reis vorsichtig darunterheben, die Marinade – für die alle Zutaten gut vermischt wurden – darübergießen, den Salat eine Weile im Kühlschrank durchziehen lassen und vor dem Anrichten nochmals abschmecken. Mit Gurke und Pilzen garnieren.

Joghurtcreme mit Obst

Pro Portion ca. 1390 Joule = ca. 330 Kalorien – Zubereitungszeit ca. 30 Minuten

Zutaten

(für 4 Portionen)

1½ Becher Vollmilch-Joghurt
160 g Zucker
Saft von 1 Orange
3–4 Blatt weiße Gelatine
2 geschälte Orangen
1 großer geschälter Apfel
1 kleine geschälte Banane
evtl. Schlagsahne zum Verzieren

Zubereitung

Joghurt, Zucker und Orangensaft verrühren, die in kaltem Wasser eingeweichte, ausgedrückte und bei milder Wärme aufgelöste Gelatine darunterschlagen. Die Joghurtmasse im Kühlschrank gelieren lassen. In der Zwischenzeit das Obst kleinschneiden, in 4 flache Gläser füllen, die halbfeste Creme darübergeben, alles wieder in den Kühlschrank stellen, bis die Creme fest geworden ist. Nach Belieben die Joghurtcreme mit Schlagsahne und Früchten verzieren.

Jugoslawisches Reisgericht

Pro Portion ca. 2520 Joule = ca. 600 Kalorien – Zubereitungszeit ca. 60 Minuten

Zutaten

(für 4 Portionen)

125 g Schweinefleisch aus der Keule
250 g Rindfleisch aus der Keule
5 Eßl. Öl
250 g geschälte Zwiebeln
500 g Tomaten
1 Paprikaschote (200 g)
1 Liter Wasser
2 Würfel fette Brühe
200 g Langkornreis
2 Eßl. gehackte Petersilie

Zubereitung

Das Fleisch waschen, trocken tupfen, in Würfel schneiden und in einer Pfanne oder im Schmortopf mit Öl scharf anbraten. Die kleingeschnittenen Zwiebeln, die mit kochendem Wasser überbrühten, geviertelten Tomaten und die geputzte, in Streifen geschnittene Paprikaschote dazugeben und alles 20 Minuten schmoren. Danach kochendes Wasser und den Brühwürfel zufügen, den Reis einrühren und das Gericht 20 Minuten bei milder Wärme garen lassen. Das Reisgericht herzhaft abschmekken und mit Petersilie bestreut servieren.

Kabeljau mit gebräunten Mandeln

(Foto Seite 132)

Pro Portion ca. 1590 Joule = ca. 380 Kalorien – Zubereitungszeit ca. 40 Minuten

Zutaten

(für 4 Portionen)

750 g Kabeljaufilet
Saft von 1 Zitrone
Salz, Cayennepfeffer
Oregano, Salbei
2 Eßl. Mehl
50 g Butter oder Margarine
1 Beutel gehackte Mandeln (40 g)
2 geschälte Zwiebeln
1 geschälte Knoblauchzehe
1 Glas Weißwein
Zitronensaft
Paprika

Zum Garnieren
1 Zitrone
8 gefüllte Oliven

Zubereitung

Das Fischfilet säubern, säuern, salzen, durchziehen lassen und mit Küchenkrepp trocken tupfen. Salz und Gewürze vermischen, den Fisch damit einreiben und in Portionsstücke teilen. Die Fischstücke in Mehl wenden und in einer Pfanne in heißem Fett von jeder Seite ca. 4–5 Minuten goldbraun braten und warm stellen. Die Mandeln in das Bratfett geben und kurz rösten. Die geriebene Zwiebel und die zerdrückte Knoblauchzehe, Wein, Zitronensaft, Salz und Paprika hinzufügen, alles aufkochen lassen und pikant abschmecken. Die Mandel-Zwiebel-Masse zum Fisch servieren und den Fisch mit Zitronenscheiben und Olivenscheiben garnieren.

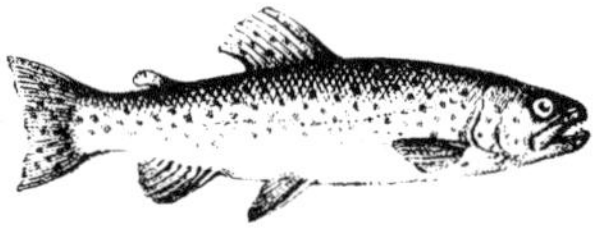

Kabeljau mit Senfsoße

Pro Portion ca. 1300 Joule = ca. 310 Kalorien – Zubereitungszeit ca. 30 Minuten

Zutaten

(für 4 Portionen)

1 kg Kabeljaufilet
Zitronensaft oder Essig
Salz, Pfeffer
$^1/_2$ Tasse Weißwein
$^1/_4$ Liter Milch
1 Beutel helle Soße instant
4 Teel. Senf
1 Messerspitze Estragon
1 Eigelb

Zubereitung

Das Fischfilet säubern, säuern, salzen und würzen. Das Filet in 4 Portionen teilen, Weißwein in einen Kochtopf geben und den Fisch darin 10–15 Minuten dünsten. In der Zwischenzeit aus Milch, Soßenpulver, Senf und Estragon eine helle Soße bereiten, den Fisch-Wein-Sud dazugeben und die Soße mit Eigelb legieren. Den Fisch in eine flache Schüssel legen und die Soße darübergießen.

Kaiserschmarren

Pro Portion ca. 2510 Joule = ca. 600 Kalorien – Zubereitungszeit ca. 45 Minuten

Zutaten

(für 4 Portionen)

250 g Mehl
1 Teel. Zucker
1 Prise Salz
3/8 Liter Milch
6 Eier
50 g Butter oder Margarine
50 g Mandelblättchen
1 Glas Pflaumen (460 g Einwaage)

Zubereitung

Mehl, Zucker, Salz und Milch verrühren. Die Eier trennen, die Eigelb unter den Teig rühren, das Eiweiß zu steifem Schnee schlagen und vorsichtig unter den Teig ziehen. In einer Pfanne Butter oder Margarine heiß werden lassen, 1/4 von der Teigmasse hineingeben, etwas ausstreichen, von beiden Seiten goldgelb backen. Danach den Pfannkuchen mit 2 Gabeln zerreißen, mit Mandelblättchen und etwas Zucker bestreuen und warm stellen. Aus der restlichen Teigmenge 3 weitere Pfannkuchen backen, zerreißen und mit Mandeln bestreuen. Zu den Kaiserschmarren Pflaumenkompott servieren.

Kalbfleisch auf badische Art

Pro Portion ca. 1390 Joule = ca. 330 Kalorien – Zubereitungszeit ca. 20 Minuten

Zutaten

(für 4 Portionen)

600 g Kalbsschnitzel
3 Eßl. Öl
1 geschälte Zwiebel
Salz
frisch gemahlener weißer Pfeffer
Edelsüßpaprika
1/4 Liter Wasser
1 Schächtelchen Rahmsoße zum Braten
4 Eßl. Weißwein
4 Eßl. saure Sahne

Zubereitung

Das Kalbfleisch mit Küchenkrepp abtupfen und in dünne Streifen schneiden. Das Öl in einer Pfanne heiß werden lassen und das Fleisch darin anbraten. Das gebratene Fleisch herausnehmen, die in Würfel geschnittene Zwiebel im Bratfett bräunen, das Fleisch wieder in die Pfanne geben, salzen und würzen, kochendes Wasser darübergießen, das Soßenpulver nach Anweisung einrühren und alles mit Wein und Sahne abschmecken.

Kalbsbraten mit glasierten Zwiebeln

Pro Portion ca. 1840 Joule = ca. 400 Kalorien – Zubereitungszeit ca. 1½ Stunden

Zutaten

(für 4 Portionen)

750–1000 g Kalbsbraten
1 Eßl. Öl
1 Teel. Salz
1 Prise Pfeffer
1 Prise Muskatblüte
gemahlene Nelken
Thymian
2–3 Eßl. Mehl
4 Eßl. Öl
1 geschälte Zwiebel
2 geputzte Möhren
¼ Liter Wasser
1 Lorbeerblatt
8 kleine geschälte Zwiebeln
30 g Butter oder Margarine
50 g brauner Zucker
2 Eßl. Wasser
½ Teel. Salz
1 Päckchen Rahmbratensoße instant
3 Eßl. saure Sahne

Zubereitung

Das Fleisch waschen, trocknen, mit Öl einreiben und in einem Gemisch aus Gewürzen und Mehl wenden. Danach das Fleisch in einem Bräter in heißem Öl braun anbraten, die kleingeschnittene Zwiebel und Möhren, Wasser und Lorbeerblatt hinzufügen und den Braten ca. 1 Stunde schmoren. – Die 8 kleinen Zwiebeln halb gar kochen und abtropfen lassen. In einer Pfanne das Fett zerlassen, Zucker darin karamelisieren, die Zwiebeln 5 Minuten darin schmoren, Salz und Wasser dazugeben und die Zwiebeln zugedeckt 10 Minuten weiterschmoren. – Für die Kalbsbratensoße den Bratenfond mit Rahmbratensoße instant binden und mit saurer Sahne abschmekken. Das Fleisch aufschneiden, auf eine vorgewärmte Platte legen, die glasierten Zwiebeln herumlegen und die Soße dazu servieren.

Kalbsbratwurst gefüllt

Pro Portion ca. 2520 Joule = ca. 600 Kalorien – Zubereitungszeit ca. 25 Minuten

Zutaten

(für 4 Portionen)

4 gebrühte Kalbsbratwürste à 120 g
4 Teel. Senf
1 Eßl. gehackte Petersilie
1 Eßl. gehackter Dill
2 kleine Scheiben Käse (60 g)
4 dünne Scheiben geräucherter durchwachsener Speck (60 g)
3 Eßl. Öl

Zubereitung

Die Bratwürste der Länge nach aufschneiden, aber nicht durchtrennen. Die Schnittflächen der Würste mit Senf bestreichen und mit Kräutern bestreuen. Den Käse in Streifen schneiden und je 1 Streifen zwischen die Wursthälften legen. Die Speckscheiben um die Würste wickeln und evtl. feststecken. Das Öl in einer großen Pfanne heiß werden lassen und die Würste darin rundherum kräftig braun braten. Die gefüllten Kalbsbratwürste mit Blumenkohlgemüse oder Brokkoli servieren.

Nudelsalat

Rezept siehe Seite 201

Als Getränk empfehlen wir: Bier oder schwarzen Tee

So richtig zum Sattessen: Pikanter Salat mit Nudeln, Kasseler, Edamer, Tomatenpaprika, gekochten Eiern und Joghurtsoße.

Ochsenschwanz-Ragout

Rezept siehe Seite 202

Als Getränk empfehlen wir: Bier oder Spätburgunder

Bei Feinschmeckern sehr beliebt: Ochsenschwanzragout mit Tomaten, Lauch, Möhren und Sellerie! Als Beilage gibt's Kartoffeln oder Reis.

Omelett »chinesisch«

Rezept siehe Seite 203

Als Getränk empfehlen wir: Bier

Für Liebhaber der chinesischen Küche: Omelett mit Schweinefleisch, zubereitet mit Bambus- und Sojasprossen sowie chinesischen Gewürzen.

Putenkeulen mit geschmorten Zwiebeln

Rezept siehe Seite 206

Als Getränk empfehlen wir: einen trockenen Weißwein

Eine köstliche Delikatesse: In Rotwein geschmorte Putenkeulen, mit vielen kleinen Zwiebeln! Dazu gibt's einen frischen Salat und Salzkartoffeln.

Quarkauflauf mit Aprikosen und Mandeln

Rezept siehe Seite 207

Vorweg können Sie eine Tasse Gemüsesuppe reichen

Von diesem leckeren Quarkauflauf werden alle „Süßschnäbel" schwärmen. Wir empfehlen ihn als Abendimbiß, aber auch als kleine Mittagsmahlzeit.

Rehkeule

Rezept siehe Seite 217

Als Getränk empfehlen wir: einen fülligen Burgunder

Ein festliches Essen: Gespickte Rehkeule, zubereitet mit Maronen, Äpfeln und Zwiebeln. Abgeschmeckt wird mit Preiselbeeren und saurer Sahne. Kartoffelkroketten passen am besten dazu.

Rinderbrust gekocht

Rezept siehe Seite 219

Als Getränk empfehlen wir: Bier und einen eisgekühlten Klaren

Schön saftig: Gekochte Rinderbrust. Dazu servieren Sie eine Zwiebelsoße (links oben) oder eine Eier-Kräutersoße (rechts oben) und Petersilienkartoffeln.

Schinken in Burgunder

Rezept siehe Seite 225

Als Getränk empfehlen wir: Spätburgunder (z. B. Kaiserstuhl)

Aus Omas Küche: Schinken in Burgunder, garniert mit gekochten Zwiebeln und Selleriegrün. Prima für ein rustikales Partybüfett.

Kalbsbrust gefüllt

Pro Portion ca. 1930 Joule = ca. 460 Kalorien – Zubereitungszeit ca. 2½ Stunden

Zutaten

(für 6 Portionen)

1,5 kg Kalbsbrust mit Knochen
Salz, Pfeffer
2 Eßl. Öl
½ Liter Wasser

Für die Füllung
250 g Rinderhackfleisch
100 g Schweineleber
1 kleines Ei
½ Brötchen
Salz, Knoblauchpulver
Oregano, Thymian
Liebstöckel
Chilipulver
1 Eßl. gehackte Paprikaschote
1 Eßl. gehackte Petersilie

Zubereitung

Vom Fleischer eine Tasche in die Kalbsbrust einschneiden lassen. Für die Füllung das Hackfleisch, die geschabte Leber, Ei, das ausgedrückte Brötchen, Salz und Gewürze zu einer glatten Masse verarbeiten. Die Paprikaschote und Petersilie daruntermischen und alles recht pikant abschmecken. Die Hackfleischmasse in die Fleischtasche füllen und die Öffnung mit Holzstäbchen zustecken. Die Kalbsbrust mit Salz und Gewürzen einreiben und mit Öl bestreichen. Danach in die eingefettete Fettfangschale legen, in den vorgeheizten Backofen schieben und (bei 200 Grad oder Stufe 3) etwa 2 Stunden braten. Zwischendurch heißes Wasser angießen und das Fleisch mit Bratenfond beschöpfen. Das gegarte Fleisch erkalten lassen und danach in Scheiben schneiden.

Kalbsfrikassee

Pro Portion ca. 2020 Joule = ca. 480 Kalorien – Zubereitungszeit ca. 80 Minuten

Zutaten

(für 4 Portionen)

750 g Kalbfleisch aus der Keule
1 Packung tiefgefrorenes Suppengrün
Salz
¾ Liter Wasser
1 kleine Dose Erbsen (280 g Einwaage)
1 kleine Dose Spargel (265 g Einwaage)
60 g Butter oder Margarine
60 g Mehl
1 Eigelb
2 Eßl. Sahne
Zitronensaft
1 Prise Zucker
weißer Pfeffer
2 Eßl. gehackte Petersilie

Zubereitung

Das gewaschene Fleisch und das Suppengrün in kochendes Salzwasser geben und zugedeckt ca. 50 Minuten kochen lassen. Das Gemüse im Gemüsewasser erwärmen. Nach der Garzeit das Fleisch aus der Brühe nehmen und in mundgerechte Stücke schneiden. Die Brühe durch ein Sieb geben. Aus Fett und Mehl eine helle Einbrenne rühren, mit Kalbsbrühe auffüllen und gut durchkochen lassen. Eigelb und Sahne verrühren, die Soße damit legieren, das abgetropfte Gemüse und das kleingeschnittene Fleisch hineingeben, alles mit Zitronensaft, Salz, Zucker und Pfeffer abschmecken, Fleisch und Gemüse kurz in der Soße erwärmen (nicht mehr kochen lassen!) und das Gericht mit Petersilie bestreut servieren.

Kalbshaxe mit Gemüse geschmort

(Foto Seite 133)

Pro Portion ca. 2260 Joule = ca. 540 Kalorien – Zubereitungszeit ca. 2¾ Stunden

Zutaten

(für 4 Portionen)

1 Kalbshaxe, ca. 1500 g
1 geputzte Möhre
200 g Staudensellerie
5 geschälte Zwiebeln
1 geschälte Knoblauchzehe
2 Eßl. Butter oder Margarine
Salz, frisch gemahlener Pfeffer
ca. 2 Eßl. Mehl
6 Eßl. Öl
1 Tasse Weißwein
¼ Liter klare Brühe instant
Basilikum, Thymian
1 Lorbeerblatt
3 Eßl. gehackte Kräuter (Petersilie, Dill, Kerbel, Salbei)
1–2 Eßl. Speisestärke

Zubereitung

Die Kalbshaxe vom Fleischer in 4 Scheiben teilen lassen. Die Möhre und den gewaschenen Staudensellerie, Zwiebeln und Knoblauchzehe fein würfeln und in einer Pfanne in heißem Fett ca. 10 Minuten dünsten. In der Zwischenzeit das Fleisch unter fließendem Wasser waschen und mit Küchenkrepp trocken tupfen. Danach salzen, pfeffern und in Mehl wälzen. In heißem Öl in einem Bräter rundherum kräftig bräunen. Das Fleisch herausnehmen, Bratfett abschöpfen, den Bratensatz mit Wein und Brühe kurz aufkochen, die Gewürzzutaten, Kräuter und das Gemüse hineingeben, das Fleisch darauflegen, den Bräter zudecken, auf die unterste Schiebeleiste einschieben und (bei 200 Grad oder Stufe 3) etwa 2 Stunden schmoren. Zuletzt das Fleisch und Gemüse zusammen auf einer Platte anrichten und warm stellen. Den Bratenfond mit angerührter Speisestärke binden und nochmals abschmecken. Die Soße über das Fleisch und Gemüse geben.

Kalbsherz in Sahnesoße

Pro Portion ca. 1760 Joule = ca. 420 Kalorien – Zubereitungszeit ca. 1½ Stunden

Zutaten

(für 4 Portionen)

750 g Kalbsherz
50 g geräucherter fetter Speck
125 g geschälte Zwiebeln
½ Liter Wasser
Salz
½ Lorbeerblatt
1 Würfel Bratensaft
1 Teel. Speisestärke
⅛ Liter saure Sahne
Pfeffer
Streuwürze
1–2 Eßl. Sherry

Zubereitung

Das gut gewaschene Kalbsherz von Adern und Sehnen befreien und in große Würfel schneiden. Den kleingeschnittenen Speck in einem Kochtopf auslassen, die Fleischwürfel darin kräftig anbraten, die in Würfel geschnittenen Zwiebeln hinzufügen und mitbräunen. Kochendes Wasser angießen, Salz und Lorbeerblatt hineingeben und das Herzfleisch ca. 70 Minuten garen. Danach den Bratensaft in die Flüssigkeit geben, die Soße mit in Sahne verrührter Speisestärke binden und mit Pfeffer, Streuwürze und Sherry abschmecken.

Kalbsnierenbraten mit Apfelsoße

Pro Portion ca. 1850 Joule = ca. 440 Kalorien – Zubereitungszeit ca. 90 Minuten

Zutaten

(für 4 Portionen)

1 kg Kalbsnierenbraten
frisch gemahlener Pfeffer
2–3 Eßl. Öl
Salz, Edelsüßpaprika
⅛ Liter klare Brühe instant
⅛ Liter Weißwein
1 Lorbeerblatt

Für die Apfelsoße
500 g Äpfel (4 Stück)
4 Eßl. Zitronensaft
1 Messerspitze Zucker
1 Prise Zimt
Salz

Zubereitung

Das Fleisch unter fließendem Wasser waschen, mit Küchenkrepp abtupfen und mit Pfeffer einreiben. Das Öl in einem Schmortopf heiß werden lassen, das Fleisch darin von allen Seiten kräftig anbraten, danach salzen und würzen, kochende Brühe und Weißwein angießen, das Lorbeerblatt hinzugeben und das Fleisch ca. 60 Minuten schmoren lassen. – In der Zwischenzeit für die Apfelsoße 3 Äpfel schälen, entkernen, vierteln und mit Zitronensaft ca. 8 Minuten dünsten. Danach die Äpfel auf ein Sieb geben und abtropfen lassen. Den gegarten Braten herausnehmen und warm stellen. Den Apfelsaft in den Bratenfond gießen und alles einkochen lassen. Unter den Soßenrest die gekochten Äpfel mischen, den letzten Apfel roh hineinreiben, alles nochmals erwärmen und mit Zucker, Zimt und Salz abschmecken. Die Apfelsoße zum Braten servieren.

Kalbsragout auf französische Art

Pro Portion ca. 1340 Joule = ca. 320 Kalorien – Zubereitungszeit ca. 75 Minuten

Zutaten

(für 4 Portionen)

600 g Kalbsbrust ohne Knochen
1 geschälte Zwiebel
1 Nelkenkopf
1 geputzte Möhre
½ Lorbeerblatt
½ Teel. Salz
¾ Liter Wasser
2 Beutel helle Soße
1 Eigelb
3 Eßl. Sahne
Zitronensaft, 1 Prise Zucker
1 Dose Champignons (230 g Einwaage)
gehackte Petersilie zum Bestreuen

Zubereitung

Das Fleisch waschen. Die Zwiebel mit dem Nelkenkopf spikken, die Möhre in 4 Teile schneiden, alles zusammen mit dem Fleisch und dem Lorbeerblatt in kochendes Salzwasser geben und ca. 1 Stunde kochen. Danach das Fleisch herausnehmen und in Würfel schneiden. Die Fleischbrühe durch ein Sieb gießen, ½ Liter abmessen, aufkochen und mit dem Soßenpulver binden. Eigelb und Sahne verrühren, die Soße damit legieren und mit Salz, Zitronensaft und Zucker abschmecken. Zuletzt die Fleischwürfel und Champignons in die Soße geben, kurz erwärmen (nicht kochen lassen!) und das Kalbsragout mit Petersilie bestreut servieren.

Kalbsrouladen

Pro Portion ca. 1760 Joule = ca. 420 Kalorien – Zubereitungszeit ca. 75 Minuten

Zutaten

(für 4 Portionen)

4 dünne Scheiben Kalbsschnitzel à 150 g
Salz, Pfeffer
2 Teel. Senf
50 g geräucherter durchwachsener Speck
1 geschälte Zwiebel
1 Gewürzgurke
4 Eßl. Öl
⅜ Liter Brühe
⅛ Liter saure Sahne
1 Eßl. Mehl

Zubereitung

Die Fleischscheiben salzen, pfeffern und dünn mit Senf bestreichen. Den Speck in Scheiben, die Zwiebel in Ringe und die Gewürzgurke in Streifen schneiden. Alles auf die Fleischscheiben legen, die Scheiben aufrollen und feststecken. Das Öl in einer Pfanne heiß werden lassen und die Rouladen von allen Seiten darin anbraten. Die Brühe angießen und die Rouladen ca. 45 Minuten zugedeckt schmoren lassen. Danach die Rouladen in eine Schüssel legen, warm stellen, den Bratenfond mit in saurer Sahne verrührtem Mehl binden und die Soße über die Rouladen gießen.

Kalbszunge in Rosinen-Mandel-Soße

Pro Portion ca. 2230 Joule = ca. 530 Kalorien – Zubereitungszeit ca. 2 Stunden

Zutaten

(für 4 Portionen)

1 Kalbszunge
(ca. 750–1000 g)
2 Liter Salzwasser
1 geschälte Zwiebel
1 Lorbeerblatt
4 Pfefferkörner
1–2 Tassen Apfelwein
2 Eßl. Zucker
1 Prise Zimt
1 Prise Muskat
Salz
2–3 Teel. Speisestärke
50 g Rosinen
1 Beutel gehackte Mandeln
(40 g)

Zubereitung

Die Kalbszunge waschen und in kochendem Salzwasser mit Zwiebel, Lorbeerblatt und Pfefferkörnern 1½–2 Stunden kochen. – Danach für die Soße Apfelwein, Zucker, Gewürzzutaten, Salz und etwas Zungenbrühe aufkochen und mit angerührter Speisestärke binden. Die Rosinen und Mandeln in die Soße geben und alles etwas durchziehen lassen. Die gegarte Zunge abschrecken, die Haut abziehen, die Zunge in Scheiben schneiden, auf einer Platte anrichten und mit Soße übergossen servieren.

Karpfen blau

Pro Portion ca. 1800 Joule = ca. 420 Kalorien – Zubereitungszeit ca. 45 Minuten

Zutaten

(für 4 Portionen)

1 Karpfen von ca. 2 kg (vom Fischhändler ausnehmen lassen)
Essig
1½–2 Liter Salzwasser
je 3 Gewürz- und Pfefferkörner
1 kleine geschälte Zwiebel
1 Zitrone
1 Bund Petersilie

Zubereitung

Den Karpfen von innen und außen vorsichtig waschen, so daß die Schleimhaut nicht beschädigt wird. Den Karpfen auf eine Platte legen und mit heißem Essig übergießen. Salzwasser mit etwas Essig, Gewürz- und Pfefferkörnern und der Zwiebel in einem Fischkocher oder in einem großen Kochtopf zum Kochen bringen. Alles 10 Minuten kochen lassen, die Zwiebel und die Gewürzkörner herausnehmen, den Karpfen hineingleiten und im Sud etwa 30 Minuten gar ziehen lassen. Danach den Fisch auf eine vorgewärmte Platte legen, mit Petersiliensträußchen und Zitronenspalten garnieren und mit Meerrettichsahne und Salzkartoffeln servieren.

Kartoffel-Apfel-Auflauf

Pro Portion ca. 1760 Joule = ca. 420 Kalorien – Zubereitungszeit ca. 75 Minuten

Zutaten

(für 4 Portionen)

600 g geschälte Äpfel
20 g Butter oder Margarine
abgeriebene Schale von
½ Zitrone
2 Eßl. Zucker
Zimt
100 g Butter oder Margarine
4 Eier
Salz
1 Eßl. Mehl
Milch
3 gekochte, geriebene
Kartoffeln
4 Eiweiß
100 g Schwarzbrot, gerieben
1 Eßl. Butter oder Margarine
2 Eßl. Zucker
Zimt

Zubereitung

Die Äpfel vom Kerngehäuse befreien und in dünne Scheiben schneiden. Butter bräunen und heiß über die Äpfel gießen. Zitronenschale, Zucker und Zimt daruntermischen. Butter, Eigelb und Salz schaumig rühren, das Mehl und nach und nach etwas Milch und die Kartoffeln darunterrühren und zuletzt den steifen Eischnee unter die Masse ziehen. Das Schwarzbrot in heißem Fett rösten, eine gebutterte Auflaufform damit ausstreuen, den Kartoffelteig hineingeben, den Auflauf in den vorgeheizten Backofen schieben und (bei 200 Grad oder Stufe 3) ca. 45 Minuten backen. Vor dem Servieren den Auflauf mit Zucker und Zimt bestreuen.

Kartoffelklöße gefüllt

Pro Portion ca. 2510 Joule = ca. 600 Kalorien – Zubereitungszeit ca. 45 Minuten

Zutaten

(für 4 Portionen)

1 Packung »gekochte Klöße«
(230 g)
½ Liter Wasser
375 g Rinderhackfleisch
1 kleines Brötchen
2 Eßl. gehackte Petersilie
Salz, Pfeffer, Paprika
Salzwasser zum Garen der
Klöße
2 Eßl. Jägersoße aus der Tube
¼ Liter Wasser
1–2 Eßl. Sahne

Zubereitung

Die Klöße nach Anweisung auf der Packung zubereiten und quellen lassen. Das Hackfleisch, das eingeweichte, gut ausgedrückte Brötchen, Petersilie, Salz und Gewürze zu einem glatten Teig verarbeiten, herzhaft abschmecken und 8 Bällchen daraus formen. Den Kartoffelteig zu einer Rolle formen, in 8 gleiche Teile schneiden und die Fleischbällchen damit umhüllen. Die Kartoffelklöße in kochendes Salzwasser einlegen und ca. 20 Minuten darin gar ziehen lassen. – In der Zwischenzeit die Jägersoße nach Anweisung zubereiten und die Sahne darunterziehen. Die Kartoffelklöße mit einer Schaumkelle herausheben, in eine breite Schüssel legen und mit Jägersoße servieren.

Kartoffeln gefüllt und überbacken

Pro Portion ca. 2350 Joule = ca. 560 Kalorien – Zubereitungszeit ca. 1 Stunde

Zutaten

(für 4 Portionen)

4–6 große feste Kartoffeln
60 g Butter oder Margarine
1 Ei
Salz
1 Eßl. Schnittlauchröllchen
200 g roher Schinken
6 Eßl. Sahne

Zubereitung

Die gewaschenen Kartoffeln ungeschält etwa 30 Minuten kochen. Danach die Kartoffeln pellen und aushöhlen. Die ausgehöhlte Kartoffelmasse, Butter, Ei und Salz gut verrühren, die Schnittlauchröllchen, den gewürfelten Schinken und die Sahne daruntergeben, die Masse in die Kartoffeln füllen, diese in eine ausgebutterte Auflaufform stellen, in den vorgeheizten Backofen schieben und bei starker Hitze (225–250 Grad oder Stufe 4–5) etwa 15 Minuten überbacken.

Auch Pellkartoffeln,
in Alufolie gebacken, schmecken lecker

Kartoffelpfanne mit Käse serviert

Pro Portion ca. 2350 Joule = ca. 560 Kalorien – Zubereitungszeit ca. 40 Minuten

Zutaten

(für 4 Portionen)

600 g geschälte Kartoffeln
40 g Schmalz
250 g geschälte Zwiebeln
1 geschälte Knoblauchzehe
Salz, Majoran
Pfeffer
250 g Schweinemett
50 g geraspelter Schweizer Emmentaler

Zubereitung

Die Kartoffeln in Scheiben schneiden. Das Schmalz in einer Pfanne heiß werden lassen, die in dünne Ringe geschnittenen Zwiebeln und die zerdrückte Knoblauchzehe darin glasig dünsten, die Kartoffelscheiben hinzufügen und etwa 15 Minuten in der Pfanne braun braten. Danach salzen und würzen und die Kartoffeln warm stellen. Das Schweinemett in die Pfanne geben und etwa 5 Minuten scharf anbraten, die Kartoffeln darunterheben, den geraspelten Käse darüberstreuen und die Kartoffelpfanne sofort servieren.

Kartoffelpuffer mit Fleischwurst

Pro Portion ca. 2510 Joule = ca. 600 Kalorien – Zubereitungszeit ca. 1 Stunde

Zutaten

(für 4 Portionen)

1 1/2 kg Kartoffeln
2 Eier
Salz, Pfeffer
20 g Semmelbrösel
150 g Goudakäse
6 Eßl. Öl
1 Dose Tomatenmark
1/8 Liter Wasser
Thymian, Pfeffer
Salz, Zucker
1 Teel. Speisestärke
200 g Fleischwurst

Zubereitung

Die gewaschenen Kartoffeln schälen, reiben oder im Mixer pürieren. Die Kartoffelmasse mit Eiern, Salz und Gewürzen, Semmelbrösel und Käsewürfeln vermischen. In einer Bratpfanne in heißem Öl nacheinander dünne Puffer daraus backen und warm stellen. Tomatenmark, Wasser, Gewürze, Salz und Zucker aufkochen, mit angerührter Speisestärke binden und die in Streifen geschnittene Fleischwurst darunterheben. Die Tomaten-Fleischmasse auf die eine Hälfte der Kartoffelpuffer geben und jeweils einen Puffer darüberdecken.

Kartoffel-Wurst-Pfanne

Pro Portion ca. 2100 Joule = ca. 500 Kalorien – Zubereitungszeit ca. 35 Minuten

Zutaten

(für 4 Portionen)

500 g Kartoffeln
50 g Salami
50 g Mortadella
2 geschälte Zwiebeln
50 g geräucherter durchwachsener Speck
20 g Margarine
Salz
8 Eier
Streuwürze
2 Eßl. Schnittlauchröllchen
1 Tomate

Zubereitung

Die gewaschenen Kartoffeln ca. 25 Minuten kochen, abschrekken und pellen. Die Wurst, Zwiebeln und Speck in Würfel schneiden und in einer Bratpfanne in heißem Fett anbraten. Die in Scheiben geschnittenen Kartoffeln hinzufügen, salzen und alles gut durchbraten. Die Eier verschlagen, würzen, über die Kartoffeln gießen und stokken lassen. Danach das Gericht auf eine Platte gleiten lassen, mit Schnittlauch bestreuen und mit Tomatenscheiben garnieren.

Käsebrot mit Hackfleisch

Pro Portion ca. 3990 Joule = ca. 950 Kalorien – Zubereitungszeit ca. 45 Minuten

Zutaten

(für 4 Portionen)

1 kleines Meterbrot, ca. 400 g
1 Eßl. Butter oder Margarine
350 g Rinderhackfleisch
1 Ei
1 Eßl. Semmelbrösel
1 geschälte Zwiebel
1 Eßl. Tomatenmark
Salz, Pfeffer, Muskat
150 g Goudakäse
1 grüne Paprikaschote
3 Tomaten
4 Scheiben Goudakäse

Zubereitung

Das Brot der Länge nach durchschneiden und die Schnittflächen mit Butter bestreichen. Aus Hackfleisch, Ei, Semmelbrösel, gehackter Zwiebel und Tomatenmark einen glatten Hackteig zubereiten und diesen mit Salz und Gewürzen pikant abschmecken; den Käse würfeln und unter den Fleischteig mischen. Den Teig auf die Brothälften streichen, die Paprikaschote waschen, entkernen, in Ringe schneiden und auf die Brote verteilen. Die Brothälften auf den Rost legen, in den vorgeheizten Backofen schieben und bei Mittelhitze (200 Grad oder Stufe 3) ca. 30 Minuten backen. Danach die in Scheiben geschnittenen Tomaten in die Paprikaringe legen, die Käsescheiben in Dreiecke schneiden, die Brote damit belegen und nochmals kurz in den Backofen schieben, bis der Käse zerlaufen ist. Das Brot heiß servieren.

Käsesuppe

Pro Portion ca. 1510 Joule = ca. 360 Kalorien – Zubereitungszeit ca. 30 Minuten

Zutaten

(für 4 Portionen)

1 Eßl. Butter oder Margarine
4 Eßl. Mehl
¾ Liter Wasser
2 Teel. Hühnerbrühe instant
Salz, Pfeffer, Muskat
½ Teel. Kümmel
1 geschälte, zerdrückte Knoblauchzehe
150 g geriebener Appenzeller Käse
⅛ Liter Sahne
2–3 Eßl. herber Weißwein
1 Prise Zucker

Zubereitung

Das Fett in einem Kochtopf schmelzen, das Mehl dazugeben und rösten. Mit Brühe ablöschen, alles glattrühren und durchkochen lassen. Salz, Gewürze und Knoblauch hinzufügen, den Käse darunterrühren und die Suppe etwa 10 Minuten bei geringer Wärme ziehen lassen. Zuletzt Sahne, Weißwein und Zucker unter die Suppe rühren und pikant abschmecken.

Kasseler im Brotteig

(Foto Seite 134)

Pro Portion ca. 5650 Joule = ca. 1350 Kalorien – Zubereitungszeit ca. 2¼ Stunden

Zutaten

(für 4–6 Portionen)

1,5 kg Kasseler
1 Packung Bauernbrot (fertige Brotbackmischung)
1 Bund Petersilie
1 Bund Dill
ca. 1 Eßl. Senf

Zubereitung

Vom Fleischer das Kasseler vom Knochen lösen lassen. Das Kasseler in eine Alufolie einschlagen, auf den Rost legen und in den vorgeheizten Backofen einschieben. Bei guter Mittelhitze (225 Grad oder Stufe 4) ca. 30 Minuten braten. In der Zwischenzeit den Brotteig nach Anweisung auf der Packung zubereiten und aufgehen lassen. Die gewaschenen Kräuter fein hakken. Das Fleisch aus der Folie nehmen und erkalten lassen. Den aufgegangenen Brotteig etwa ½ cm dick ausrollen, auf die Mitte des Teiges in der Größe des Fleischstückes Senf streichen und Kräuter darüberstreuen. Das Fleisch darauflegen, die Oberfläche und die Seiten mit Senf bestreichen, mit Kräutern bestreuen und das Fleisch im Brotteig einschlagen. Aus den Teigresten Streifen schneiden oder Formen ausstechen. Die Formen mit etwas Wasser befeuchten und auf den Teig legen. Evtl. etwas andrükken. Danach den Teig mit lauwarmem Salzwasser gleichmäßig bepinseln, das Kasseler auf ein Backblech legen, in den vorgeheizten Backofen schieben und (bei 225 Grad oder Stufe 4) etwa 50 Minuten backen und warm servieren.

Kasseler Koteletts auf Sauerkraut

Pro Portion ca. 2510 Joule = ca. 600 Kalorien – Zubereitungszeit ca. 40 Minuten

Zutaten

(für 4 Portionen)

20 g Schmalz
1 Dose Sauerkraut (810 g Einwaage)
4 Wacholderbeeren
2 geschälte Äpfel
¼ Liter klare Brühe instant
4 Kasseler Koteletts à 150 g
1 Prise Zucker
Zwiebelpulver

Zubereitung

Das Schmalz heiß werden lassen, das aufgelockerte Sauerkraut hinzufügen und darin andünsten. Wacholderbeeren, die vom Kernhaus befreiten kleingeschnittenen Äpfel und die Brühe zum Sauerkraut geben. Die Koteletts waschen, trocken tupfen und auf das Sauerkraut legen. Alles zugedeckt bei schwacher Hitze ca. 20–30 Minuten dünsten. Nach der Hälfte der Zeit die Koteletts umdrehen. Das gegarte Sauerkraut mit Zucker und Zwiebelpulver abschmecken und die Koteletts darauf anrichten und servieren.

Kirschquark überbacken

Pro Portion ca. 2350 Joule = ca. 560 Kalorien – Zubereitungszeit ca. 50 Minuten

Zutaten

(für 4 Portionen)

4 Eigelb
110 g Zucker
500 g Quark, Magerstufe
abgeriebene Schale von 1 Zitrone
70 g Grieß
1 Teel. Vanillezucker
½ Päckchen Backpulver
1 Glas Schattenmorellen (460 g Einwaage)
4 Eiweiß
1 Teel. Zucker
Zimt
1 Eßl. Semmelbrösel
25 g Butter

Zubereitung

Eigelb und Zucker schaumig rühren, den Quark, Zitronenschale, Grieß, Vanillezucker und Backpulver darunterrühren, die gut abgetropften Kirschen daruntermischen und zuletzt den steifen Eischnee darunterziehen. Die Quarkmasse in eine ausgebutterte Auflaufform füllen, die Oberfläche glattstreichen, mit Zucker, Zimt und Semmelbrösel bestreuen, mit Butterflöckchen belegen und den Auflauf in den vorgeheizten Backofen schieben. Bei Mittelhitze (200 Grad oder Stufe 3) ca. 35 Minuten backen.

Kohlrabi mit Bratwurstklößchen

Pro Portion ca. 1970 Joule = ca. 470 Kalorien – Zubereitungszeit ca. 20 Minuten

Zutaten

(für 4 Portionen)

2 Packungen tiefgefrorener Kohlrabi (à 300 g)
¼ Liter Salzwasser
450 g ungebrühte Bratwurst
2 Eßl. helle Soße instant
2 Eßl. Sahne
Salz, geriebene Muskatnuß
1 Eßl. gehackte Petersilie

Zubereitung

Die Kohlrabi unaufgetaut in kochendes Salzwasser geben. Aus der Bratwurst kleine Klößchen drücken und diese auf die Kohlrabi legen. Alles zusammen etwa 12 Minuten garen. Das Soßenpulver nach Anweisung in die Flüssigkeit rühren, die Sahne darunterziehen, das Gericht mit Salz und Muskat abschmecken und mit Petersilie bestreut servieren.

Kohlrouladen mit Schinkenmettwurst

Pro Portion ca. 2220 Joule = ca. 530 Kalorien – Zubereitungszeit ca. 90 Minuten

Zutaten

(für 4 Portionen)

1 Kopf Weißkohl, ca. 1 kg
Salzwasser
8 Scheiben Schinkenmettwurst, ca. 250 g
3 Eßl. Öl
1 kleine Dose Tomatenmark
¼ Liter Kohlwasser
1 Eßl. Speisestärke
2–3 Eßl. Essig
1 Prise Zucker
Salz, Pfeffer

Zubereitung

Den Weißkohl von den äußeren welken Blättern befreien und den Strunk herausschneiden. Mit der Unterseite den Kohl in kochendes Salzwasser einlegen und etwa 10 Minuten kochen. Danach den Kohl herausheben, abtropfen lassen und 8 große Blätter ablösen. Von den Blättern die dicke Rippe flachschneiden, den restlichen Kohl hacken. Jeweils 2 Kohlblätter zusammenlegen, würzen und je 2 Scheiben Mettwurst daraufgeben. Die Blätter aufrollen, die Rouladen mit einem Holzstäbchen feststecken oder mit einem gebrühten Faden umwickeln. In heißem Öl die Kohlrouladen anbraten, die Kohlreste und Tomatenmark hinzufügen, alles zusammen durchbraten, Kohlwasser dazugießen und die Kohlrouladen zugedeckt etwa 50 Minuten schmoren. Danach die Kohlrouladen in eine flache Schüssel legen und warm stellen. Die Flüssigkeit mit angerührter Speisestärke binden, mit Essig, Zucker, Salz und Pfeffer abschmecken und über die Kohlrouladen füllen.

Königsberger Klopse

Pro Portion ca. 2510 Joule = ca. 600 Kalorien – Zubereitungszeit ca. 35 Minuten

Zutaten

(für 4 Portionen)

500 g gemischtes Hackfleisch
1 Brötchen
1 geschälte Zwiebel
Salz, Pfeffer, Paprika
1 Ei
Salzwasser
40 g Butter oder Margarine
40 g Mehl
1/2 Liter Brühe (von den Klopsen)
1 Glas Weißwein
Saft von 1/2 Zitrone
2 Eßl. Kapern
1/8 Liter saure Sahne
1 Eigelb
1 Prise Zucker

Zubereitung

Aus dem Hackfleisch, dem eingeweichten, gut ausgedrückten Brötchen, der geriebenen Zwiebel, Salz und Gewürzen und dem ganzen Ei einen pikanten Fleischteig bereiten und 8 gleichgroße Klopse daraus formen. Die Klopse in kochendes Salzwasser legen und ca. 20 Minuten darin ziehen lassen. Danach die Klopse mit einer Schaumkelle herausheben, in eine Schüssel legen und warm stellen. – Aus Fett und Mehl eine helle Einbrenne rühren, mit Brühe ablöschen, gut durchkochen lassen, Wein, Zitronensaft und Kapern hinzufügen, die Soße mit in Sahne verrührtem Eigelb legieren, mit Salz, Gewürzen und Zucker pikant abschmecken und über die Klopse gießen.

Koteletts in Burgundersoße

Pro Portion ca. 2310 Joule = ca. 550 Kalorien – Zubereitungszeit ca. 50 Minuten

Zutaten

(für 4 Portionen)

3 Eßl. Öl
Salz
Rosmarin, schwarzer Pfeffer
4 Schweinekoteletts à 120–150 g
250 g kleine geschälte Zwiebeln
1/2 Liter Rotwein (Burgunder)

Zubereitung

2 Eßlöffel Öl, Salz, Gewürze vermischen, die gewaschenen, abgetupften Koteletts damit einreiben und zugedeckt 30 Minuten gut durchziehen lassen. Danach das restliche Öl in einer Pfanne heiß werden lassen, die Koteletts hineingeben und von jeder Seite ca. 6 Minuten braun braten. Das Fleisch auf eine vorgewärmte Platte legen und warm stellen. Die geschälten ganzen Zwiebeln im Bratfett bräunen, den Rotwein dazugießen und ca. 20 Minuten ohne Deckel schmoren lassen. Zuletzt die Koteletts kurz in der Soße durchziehen lassen und darin servieren.

Kotelett mit Möhren

Pro Portion ca. 2510 Joule = ca. 600 Kalorien – Zubereitungszeit ca. 45 Minuten

Zutaten

(für 4 Portionen)

1/4 Liter Salzwasser
1 Prise Zucker
750 g geputzte Möhren
3 Eßl. Öl
4 Schweinekoteletts à ca. 150 g
Salz, Majoran, Pfeffer
1 Eßl. Mehl
1 Becher Magermilchjoghurt
2 Eßl. gehackte Petersilie

Zubereitung

Salzwasser und Zucker zum Kochen bringen, die in Scheiben geschnittenen Möhren hineingeben und in etwa 20 Minuten gar kochen. – Das Öl in einer Pfanne heiß werden lassen, die gewaschenen, abgetupften, mit Salz und Gewürzen eingeriebenen Koteletts etwa 5 Minuten von jeder Seite darin braten. Die Koteletts auf einer Platte warm stellen. Das Mehl im Bratensatz rösten, alles mit Gemüsewasser ablöschen, Joghurt in die Soße einrühren, die gekochten Möhren hineingeben, mit Salz und Gewürzen abschmecken, um die Koteletts füllen und mit Petersilie bestreuen.

Kotelett in Zigeunersoße

Pro Portion ca. 2510 Joule = ca. 600 Kalorien – Zubereitungszeit ca. 45 Minuten

Zutaten

(für 4 Portionen)

4 magere Schweinekoteletts à 150 g
frisch gemahlener schwarzer Pfeffer
etwas Basilikum
3 Eßl. Öl
Salz
200 g geschälte Zwiebeln
1 Flasche Zigeunersoße (240 ml)
1–2 Eßl. Sahne
1 Prise Zucker

Zubereitung

Das Fleisch waschen und mit Küchenkrepp trocken tupfen. Mit Pfeffer und Basilikum einreiben und etwas durchziehen lassen. Danach die Koteletts in heißem Öl in einer Pfanne von jeder Seite ca. 6 Minuten braun braten. Das Fleisch herausnehmen, salzen und warm stellen. – Die in Scheiben geschnittenen Zwiebeln in das Bratfett geben und bräunen, die Zigeunersoße darübergießen, kurz schmoren lassen und die Soße mit Sahne, Zucker und Salz pikant abschmecken. Die Koteletts in der Soße anrichten.

Krabben-Cocktail

Pro Portion ca. 460 Joule = ca. 110 Kalorien – Zubereitungszeit ca. 15 Minuten

Zutaten

(für 4 Portionen)

1 Kopfsalat
200 g Krabbenfleisch
4 Eßl. Mangosoße
4 Eßl. Dickmilch
1 Eßl. Weinbrand
Saft von 1 Zitrone
Salz, weißer Pfeffer
1 Zitrone

Zubereitung

Den Kopfsalat putzen, waschen und in feine Streifen schneiden. Vier flache Gläser oder Schälchen damit auslegen. Das Krabbenfleisch darauf verteilen. Mangosoße, Dickmilch, Weinbrand, Zitronensaft, Salz und Pfeffer verrühren, die Soße sehr herzhaft abschmecken und über die Krabben geben. Mit Zitronenfilets garniert servieren.

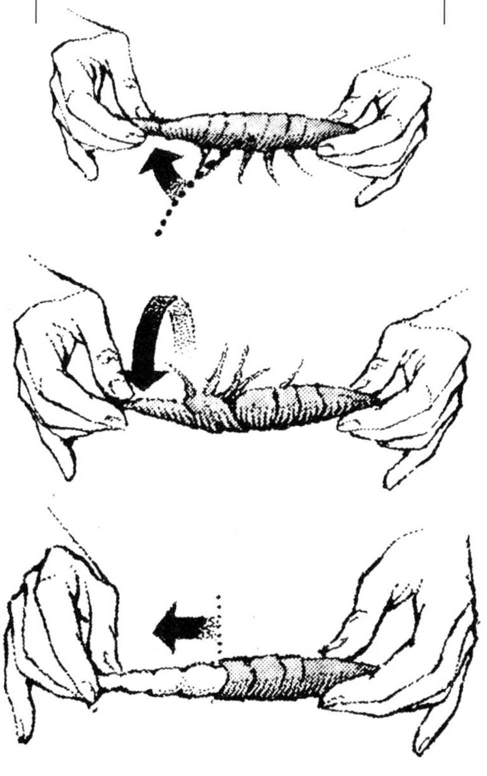

Die Krabbe an Kopf und Schwanz festhalten, leicht drehen, Schale vom Schwanzteil fallen lassen und das Muskelfleisch aus dem Kopfstück ziehen

Labskaus mit Spiegeleiern

Pro Portion ca. 2510 Joule = ca. 600 Kalorien – Zubereitungszeit ca. 40 Minuten

Zutaten

(für 4 Portionen)

2 geschälte Zwiebeln
20 g Butter oder Margarine
1 Dose Corned beef (400 g)
2 große Gewürzgurken
1 Glas Rote Bete (220 g Einwaage)
1/2 Liter Wasser
1/4 Liter Milch
1 Packung Kartoffelpüree (110 g)
Salz, Pfeffer, Muskat
40 g Butter oder Margarine
8 Eier

Zubereitung

Die Zwiebeln in Würfel schneiden und in heißem Fett glasig werden lassen. Das Corned beef grob zerkleinern und kurz mitbraten. Gurken und die gut abgetropften Rote Bete in Würfel schneiden und untermischen. Das Wasser zum Kochen bringen, kalte Milch hinzufügen und das Püreepulver nach Anweisung einrühren. Die geschmorte Fleischmasse unter das Püree ziehen und alles mit Salz und Gewürzen herzhaft abschmekken. Spiegeleier in heißer Butter oder Margarine braten, salzen und zum Labskaus servieren.

Lammfleisch im Tontopf

Pro Portion ca. 2510 Joule = ca. 600 Kalorien – Zubereitungszeit ca. 2 1/4 Stunden

Zutaten

(für 4 Portionen)

400 g geschälte Kartoffeln
250 g geschälte Zwiebeln
3 grüne Paprikaschoten
2 Auberginen (500 g)
750 g Lammfleisch
10 mit Paprika gefüllte spanische Oliven
Salz
Kümmel, Oregano
Rosmarin
Zitronensaft
1 geschälte Knoblauchzehe
1/8 Liter Weißwein
1/8 Liter Brühe
1 Eßl. gehackte Petersilie

Zubereitung

Die rohen Kartoffeln würfeln, die Zwiebeln halbieren und in Scheiben schneiden. Die geputzten Paprikaschoten in Streifen und die Auberginen vierteln und in Scheiben schneiden. Alles in den gewässerten Tontopf füllen, das ganze Stück Fleisch hineinlegen, halbierte Oliven, Salz, Gewürze, Zitronensaft, zerdrückte Knoblauchzehe, Wein und Brühe dazugeben, den Tontopf zudecken, in den kalten Backofen schieben und bei starker Hitze (225–250 Grad oder Stufe 4–5) ca. 1 1/2–1 3/4 Stunden garen. Mit Petersilie bestreut anrichten.

Lammkotelett mit Mais und Tomaten

Pro Portion ca. 2520 Joule = ca. 600 Kalorien – Zubereitungszeit ca. 40 Minuten

Zutaten

(für 4 Portionen)

4 Lammkoteletts à 125 g
frisch gemahlener schwarzer Pfeffer
2 Eßl. Öl
Salz
10 g Butter oder Margarine
1 kleine Dose Maiskörner (285 g Einwaage)
1 große Dose geschälte Tomaten
2 Eßl. Sahne
1 Bund Schnittlauch

Zubereitung

Die Koteletts waschen und trocken tupfen. Danach mit Pfeffer bestreuen und in einer Bratpfanne in heißem Öl von jeder Seite etwa 8 Minuten braten und mit Salz bestreuen. – Butter in einem Kochtopf heiß werden lassen, den gut abgetropften Mais 5 Minuten darin dünsten, die abgetropften Tomaten hinzufügen und heiß werden lassen. Das Gemüse auf eine vorgewärmte Platte füllen, mit Sahne begießen, mit Schnittlauchröllchen bestreuen und die gebratenen Koteletts darauf anrichten.

Lauch mit Bratwurstfarce

Pro Portion ca. 1970 Joule = ca. 470 Kalorien – Zubereitungszeit ca. 40 Minuten

Zutaten

(für 4 Portionen)

4 dicke Stangen Lauch (Porree)
Salzwasser

Für die Füllung
2 feine Bratwürste à 100 g
2 Eßl. Semmelbrösel
3 Eßl. gekochter Reis
1 Eßl. gehackte Petersilie
1 Ei
Salz
Muskat, Cayennepfeffer
Öl zum Bepinseln

Zubereitung

Die Lauchstangen putzen, gleich lang schneiden und gründlich waschen. Die Stangen der Länge nach halbieren und in wenig Salzwasser etwa 10 Minuten dünsten. In der Zwischenzeit für die Füllung die Bratwurstmasse aus der Haut drükken, mit den restlichen Zutaten vermischen und herzhaft abschmecken. Die Lauchstangen mit einer Schaumkelle herausheben, gut abtropfen lassen und auf eine Platte legen. Die Bratwurstfarce daraufstreichen, mit Öl bepinseln und unter einen heißen Grill oder in einen vorgeheizten Backofen schieben, bis die Bratwurstfarce leicht gebräunt ist.

Leber in würziger Tomatensoße

Pro Portion ca. 1800 Joule = ca. 430 Kalorien – Zubereitungszeit ca. 35 Minuten

Zutaten

(für 4 Portionen)

4 geschälte Zwiebeln
4 Scheiben Kalbs- oder Schweineleber à 150 g
5 Eßl. Öl
1 Eßl. Tomatenmark
1/2 Teel. Edelsüßpaprika
1/4 Liter Brühe
Salz
1 Teel. Speisestärke
4 Eßl. saure Sahne
4 Eßl. Rotwein
2 Eßl. geriebener Käse

Zubereitung

Die Zwiebeln in dünne Ringe schneiden. Die Leber häuten, mit Küchenkrepp abtupfen und in einem Schmortopf in heißem Öl von jeder Seite braun braten. Die Zwiebelringe zufügen und mitbräunen. Danach Tomatenmark, Paprika und heiße Brühe dazugeben und alles bei milder Wärme ca. 10 Minuten schmoren lassen. Die Leber in eine flache Schüssel legen, salzen und warm stellen. Die Speisestärke, saure Sahne und Rotwein verrühren, die Soße damit binden, alles durchkochen lassen, mit Salz und Gewürzen abschmekken, die Soße über die Leber gießen und mit Käse bestreut servieren.

Leberknödel in Kräutersoße

Pro Portion ca. 2260 Joule = ca. 540 Kalorien – Zubereitungszeit ca. 40 Minuten

Zutaten

(für 4 Portionen)

2 Pakete tiefgefrorene Leberknödel nach Münchener Art à 300 g
1 Liter klare Brühe instant
1–2 Eßl. Speisestärke
1/8 Liter Milch
2 Eßl. Sahne
Salz
Pfeffer, Majoran
1 Eßl. Butter oder Margarine
1 Eßl. gehackte Petersilie
1 Eßl. gehackter Dill
1 Eßl. Schnittlauchröllchen

Zubereitung

Die Leberknödel in die kochende Brühe geben und etwa 15–20 Minuten darin gar ziehen lassen. Danach die Knödel mit einer Schaumkelle herausheben und warm stellen. 1/2 Liter Brühe zum Kochen bringen, Speisestärke, Milch und Sahne verrühren und die Brühe damit binden. Die Soße durchkochen lassen, mit Salz und Gewürzen herzhaft abschmecken, Fett und Kräuter hineingeben und die Soße über die Leberknödel füllen.

Leberragout

Pro Portion ca. 1550 Joule = ca. 370 Kalorien – Zubereitungszeit ca. 35 Minuten

Zutaten

(für 4 Portionen)

1 geschälte Zwiebel
1 kleine Dose Champignons (230 g Einwaage)
400 g Schweineleber
100 g Salami
2 Eßl. Öl
Streuwürze
Majoran
2 Eßl. Tomatenketchup
1/8 Liter Wasser
1 Eßl. Feinkost Bratensoße instant
Salz
2 Eßl. saure Sahne

Zubereitung

Die Zwiebel hacken, die abgetropften Champignons in Scheiben schneiden. Die Leber häuten, abtupfen und in Streifen schneiden. Die Salami kleinschneiden. Das Öl in einem Schmortopf heiß werden lassen, alle kleingeschnittenen Zutaten hineingeben, anbraten und würzen, Tomatenketchup und heißes Wasser hinzufügen und alles zugedeckt 10–15 Minuten schmoren lassen. Die Flüssigkeit mit Feinkost Bratensoße binden und mit Salz und Sahne abschmecken.

Linseneintopf

(Foto Seite 135)

Pro Portion ca. 4750 Joule = ca. 1130 Kalorien – Zubereitungszeit ca. 60 Minuten

Zutaten

(für 4 Portionen)

375 g Linsen
3/4 Liter Wasser
80 g geräucherter durchwachsener Speck
125 g frischer Schweinebauch
2 Stangen Porree (160 g)
2 Möhren (160 g)
1/4 Sellerieknolle (100 g)
1 geschälte Zwiebel
1 Lorbeerblatt
Salz, weißer Pfeffer
500 g geschälte Kartoffeln
4 Kochwürste à 120 g
1 Eßl. Zucker
5 Eßl. Essig

Zubereitung

Die Linsen am Abend vorher einweichen. Den Speck in kleine Würfel schneiden und in einem Kochtopf ausbraten. Den Schweinebauch waschen, abtupfen und kleinschneiden. Das Fleisch im ausgelassenen Speck anbraten, das geputzte kleingeschnittene Gemüse mitdünsten, Salz, Gewürze und die Linsen mit dem Einweichwasser hinzufügen und alles zugedeckt bei milder Wärme ca. 45 Minuten garen. Nach 20 Minuten die in Würfel geschnittenen Kartoffeln in den Eintopf geben und alles zusammen garen. In der Zwischenzeit die Wurst in Scheiben schneiden und im Gemüse erwärmen. Den Eintopf mit Essig, Salz und Zucker abschmecken.

Maisauflauf mit Käse überbacken

Pro Portion ca. 1800 Joule = ca. 430 Kalorien – Zubereitungszeit ca. 60 Minuten

Zutaten

(für 4 Portionen)

2 geschälte Zwiebeln
je 1 rote und grüne Paprikaschote
6 Tomaten
4 Eßl. Olivenöl
2 kleine Dosen Maiskörner (285 g Einwaage)
Salz
Cayennepfeffer
Butter oder Margarine
6 Eier
2 Eßl. Chilisoße
75 g Emmentaler Käse
1 Eßl. gehackte Petersilie

Zubereitung

Die Zwiebeln in dünne Ringe schneiden. Die Paprikaschoten putzen, waschen und in Streifen schneiden. Die Tomaten mit kochendem Wasser überbrühen, die Haut abziehen und die Tomaten vierteln. Das Öl in einem Topf heiß werden lassen, Zwiebeln und Paprika darin andünsten und 10 Minuten kochen lassen. Den Mais auf ein Sieb schütten und abtropfen lassen. Zusammen mit den Tomaten zum Gemüse geben, salzen und würzen. Alles in eine ausgebutterte Auflaufform füllen, die mit Chilisoße gewürzten Eier verschlagen und darübergießen. Den Auflauf mit Käse bestreuen, in den vorgeheizten Backofen schieben und bei guter Mittelhitze (225 Grad oder Stufe 4) ca. 15 Minuten überbacken. Den Auflauf mit Petersilie bestreut servieren.

Maispuffer mit Zucker und Zimt

Pro Portion ca. 2310 Joule = ca. 550 Kalorien – Zubereitungszeit ca. 45 Minuten

Zutaten

(für 4 Portionen)

4 Eier
etwa 1/8 Liter Milch
150 g Mehl
Salz
2 Eßl. Zucker
Saft und Schale einer Zitrone
1 Dose Maiskörner (285 g Einwaage)
6 Eßl. Öl zum Backen

Zum Bestreuen
4 Eßl. Zucker
1/2 Teel. gemahlener Zimt

Zubereitung

Die Eier, Milch, Mehl und Salz zu einem glatten Eierkuchenteig verrühren. Zucker, Zitronensaft und -schale und den gut abgetropften Mais unter den Teig rühren. In einer Bratpfanne das Öl heiß werden lassen. Nacheinander 12–16 kleine Puffer in heißem Öl ausbacken und warm stellen. Zucker und Zimt vermischen und die Puffer damit bestreuen.

Makrelen mit Gemüse und Senfbutter

(Foto Seite 136)

Pro Portion ca. 3020 Joule = ca. 720 Kalorien – Zubereitungszeit ca. 75 Minuten

Zutaten

(für 4 Portionen)

4 kleine oder 2 große küchenfertige Makrelen
Saft von 1 Zitrone oder Essig
Salz
1 geputzte Stange Porree (ca. 200 g)
4 Tomaten
4 Eßl. Öl
Salz
schwarzer Pfeffer
1 Eßl. gehackte Petersilie
¼ Liter Weißwein
100 g Butter
3 Teel. mittelscharfer Senf
Salz, Pfeffer
etwas getrockneter Estragon

Zum Garnieren
geschroteter Pfeffer
gehackte Petersilie

Zubereitung

Die Makrelen säubern, säuern und salzen. Den Fisch gut durchziehen lassen. In der Zwischenzeit den in Ringe geschnittenen Porree, die überbrühten und abgezogenen Tomaten in heißem Öl dünsten, salzen und würzen, Petersilie und Wein hinzufügen und alles kurz aufkochen. Die vorbereiteten Makrelen in eine feuerfeste Form legen, das Gemüse darüberfüllen, die Form mit einer Alufolie abdecken, in den vorgeheizten Backofen schieben und (bei 200–225 Grad oder Stufe 3–4) ca. 30–40 Minuten garen. Nach der Hälfte der Garzeit die Alufolie entfernen. In der Zwischenzeit Butter, Senf, Salz und Gewürze verrühren, pikant abschmecken und über die Makrelen geben. Die Fische mit grobem Pfeffer und Petersilie bestreut servieren.

Matjes in Sahne

Pro Portion ca. 2430 Joule = ca. 580 Kalorien – Zubereitungszeit ca. 45 Minuten

Zutaten

(für 4 Portionen)

6–8 Matjesfilets
1 Salatgurke
1 geschälte Zwiebel
¼ Liter Sahne
¼ Liter Buttermilch
Salz
Zucker
Pfeffer
3 Eßl. Kräuteressig
2 Bund Dill

Zubereitung

Die Matjesfilets nach Bedarf wässern. In der Zwischenzeit die gewaschene Gurke und die Zwiebel würfeln. Die Matjesfilets gut abtropfen lassen und in mundgerechte Stücke schneiden. Gurken- und Zwiebelwürfel sowie Matjes in eine Schüssel geben. Die Sahne steif schlagen, die Buttermilch darunterschlagen, mit Salz, Zucker, Pfeffer, Essig und gehacktem Dill abschmecken, über die gewürfelten Zutaten geben, alles vermischen und zugedeckt etwa 1 Stunde im Kühlschrank durchziehen lassen.

Melone mit Obstsalat gefüllt

Pro Portion ca. 760 Joule = ca. 180 Kalorien – Zubereitungszeit ca. 35 Minuten

Zutaten

(für 4 Portionen)

1 Honigmelone, ca. 900 g
(oder 4 kleine Ogenmelonen)

Für den Obstsalat
Fruchtfleisch aus der Melone
125 g Erdbeeren
1 Banane, ca. 100 g
1 Pfirsich, ca. 100 g
(oder 1 Nektarine)
½ Grapefruit, ca. 350 g
etwa 3 Eßl. Zucker
2–3 Eßl. Zitronensaft
3 Eßl. Orangenlikör

Zubereitung

Die gewaschene Melone trocknen, das Stielende und einen Deckel abschneiden. Die Kerne entfernen und die Melone aushöhlen. Evtl. mit einem Kartoffelausstecher kleine Kugeln aus dem Fruchtfleisch ausstechen oder das Fruchtfleisch kleinschneiden. Die gewaschenen Erdbeeren halbieren, die geschälte Banane in Scheiben schneiden, den Pfirsich abziehen und kleinschneiden, die Grapefruit filieren und alles Obst mit dem Fruchtfleisch vermischen. Den Salat mit Zucker, Zitronensaft und Orangenlikör abschmecken, in die Melone füllen und diese im Kühlschrank gut durchziehen lassen.

Minestrone

Pro Portion ca. 2360 Joule = ca. 560 Kalorien – Zubereitungszeit ca. 90 Minuten

Zutaten

(für 4 Portionen)

1 Stange Porree
1 kleine Sellerieknolle
250 g Möhren
500 g Wirsingkohl
250 g Tomaten
3 Zwiebeln
20 g Butter oder Margarine
Salz, Pfeffer, Oregano
2 Liter klare Fleischsuppe instant
500 g Hühnerfleisch
(Schenkel oder Hühnerbrust)
150 g Makkaroni
50 g geräucherter durchwachsener Speck
1 Knoblauchzehe
2 Eßl. gehackte Petersilie
2 Eßl. geriebener Parmesankäse

Zubereitung

Das Gemüse putzen, waschen und kleinschneiden. Die geschälte, in Scheiben geschnittene Zwiebel und das Gemüse in einem Kochtopf in heißem Fett dünsten. Gewürze, Fleischsuppe und die gewaschenen Hühnerteile dazugeben und alles ca. 30 Minuten kochen. Danach die kleingebrochenen Makkaroni und den gewürfelten, ausgebratenen Speck und Knoblauch hinzufügen und die Suppe weitere 15 Minuten kochen. Das Hühnerfleisch von den Knochen lösen, kleinschneiden, wieder in die Suppe geben und diese mit Petersilie und Käse bestreut servieren.

Möhrenschüssel

Pro Portion ca. 2352 Joule = ca. 560 Kalorien – Zubereitungszeit ca. 70 Minuten

Zutaten

(für 4 Portionen)

500 g Schweinenacken ohne Knochen
40 g Butter oder Margarine
6 kleine geschälte Zwiebeln
Salz, Pfeffer
¼ Liter klare Brühe instant
1 kg Möhren
1 Eßl. Mehl
10 g Butter
gehackte Petersilie

Zubereitung

Das Fleisch waschen, trocken tupfen und in Würfel schneiden. In einem Schmortopf in heißem Fett anbraten, die ganzen Zwiebeln dazugeben und mitbräunen. Mit Salz und Pfeffer bestreuen, die kochende Brühe darübergießen und alles zugedeckt 30 Minuten schmoren lassen. In der Zwischenzeit die Möhren putzen, waschen und kleinschneiden. Die Möhren auf das Fleisch geben und alles weitere 30 Minuten garen. Mehl und Butter zu einem Kloß verkneten, auf die Möhren legen, garen lassen und zuletzt unter das Gemüse ziehen. Das Gericht mit gehackter Petersilie bestreut servieren.

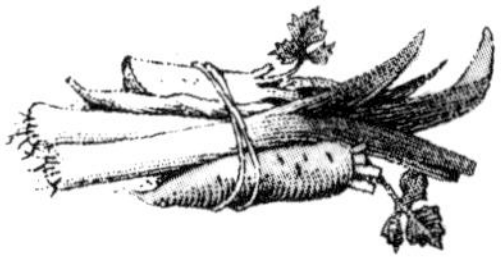

Moussaka

Pro Portion ca. 2180 Joule = ca. 520 Kalorien – Zubereitungszeit ca. 65 Minuten

Zutaten

(für 4 Portionen)

500 g Rinderhackfleisch
1 Beutel Hackfleisch-Fix
2 Eßl. Öl
1 kg Kartoffeln
2 Eier
50 g Mehl
⅛ Liter Milch
2 Tomaten
Salz, Pfeffer, Paprika

Zubereitung

Nach Anweisung aus Hackfleisch und Hackfleisch-Fix einen pikanten Fleischteig zubereiten. Öl in einer Pfanne heiß werden lassen und das Fleisch kurz darin anbraten, herausnehmen und die geschälten, in Scheiben geschnittenen Kartoffeln darin anbraten. Zuerst das Hackfleisch in eine ausgefettete feuerfeste Form geben, mit Kartoffeln belegen, Eier, Mehl, Milch, Salz und Gewürze verschlagen und über die Kartoffeln gießen. Die mit kochendem Wasser überbrühten, abgezogenen und in Scheiben geschnittenen Tomaten darauflegen, mit Salz und Gewürzen bestreuen und alles im vorgeheizten Backofen bei starker Mittelhitze (225 Grad oder Stufe 4) ca. 40 Minuten backen.

Nierenragout

Pro Portion ca. 1510 Joule = ca. 360 Kalorien – Zubereitungszeit ca. 40 Minuten

Zutaten

(für 4 Portionen)

500 g Schweinenieren
2 Eßl. Öl
50 g geräucherter durchwachsener Speck
2 geschälte Zwiebeln
250 g frische geputzte Champignons
Salz
Pfeffer, Paprika
1/8 Liter Brühe
2 Eßl. Bratensoße instant
4 Eßl. saure Sahne
1 Gläschen Sherry

Zubereitung

Die Nieren der Länge nach durchschneiden, von Sehnen und Röhrchen befreien und kurz wässern. Danach die Nieren mit Küchenkrepp gut abtupfen und in Streifen schneiden. Das Öl in einem Schmortopf heiß werden lassen, den gewürfelten Speck darin ausbraten, die Nieren dazugeben und bei starker Hitze ca. 5 Minuten kräftig bräunen. Die kleingeschnittenen Zwiebeln hinzufügen und mitbräunen. Die in dünne Scheiben geschnittenen Champignons zu den Nieren geben. Alles zusammen gut durchschmoren, salzen und würzen, mit kochender Brühe löschen und die Soße mit Bratensoße binden. Das Gericht mit Sahne und Sherry abschmecken.

Nudelsalat

(Foto Seite 169)

Pro Portion ca. 2190 Joule = ca. 520 Kalorien – Zubereitungszeit ca. 30 Minuten

Zutaten

(für 4 Portionen)

100 g Edamer Käse
100 g Kasseler-Aufschnitt
1 Gewürzgurke (100 g)
150 g gekochte Nudeln
2–3 eingelegte Tomatenpaprikastreifen
2 hartgekochte Eier
Salz, Pfeffer
3 Eßl. Essig

Für die Salatsoße
100 g Mayonnaise
1/2 Becher Joghurt
1 Prise Zucker
1 Eßl. Zitronensaft
4 Eßl. Tomatenketchup
1 Prise Cayennepfeffer

Zum Garnieren
2 Eßl. gehackter Dill
1 hartgekochtes Ei

Zubereitung

Den Käse in Würfel, Kasseler in Streifen und die Gurke in dünne Scheiben schneiden. Die Nudeln daruntermischen. Tomatenpaprikastreifen und die in Scheiben geschnittenen Eier vorsichtig darunterheben und alles mit Salz, Gewürzen und Essig abschmecken. – Für die Salatsoße alle Zutaten vermischen, herzhaft abschmecken, über den Salat gießen und im Kühlschrank gut durchziehen lassen. Vor dem Servieren den Salat mit Dill und Eischeiben verzieren.

Ochsenmaulsalat

Pro Portion ca. 2100 Joule = ca. 400 Kalorien – Zubereitungszeit ca. 1¾ Stunden

Zutaten

(für 4 Portionen)

750 g gepökeltes Ochsenmaul
ca. ¾ Liter Wasser
2–3 Eßl. Essig
1 geschälte Zwiebel
4–5 Nelken
1 Lorbeerblatt
6 Pfefferkörner

Für die Marinade
2–3 geschälte Zwiebeln
4 Eßl. Öl
4–5 Eßl. Kräuteressig
Salz, Pfeffer, 1 Prise Zucker

Zubereitung

Das Fleisch sehr gründlich unter fließendem kaltem Wasser waschen. Danach in kochendes Wasser geben, den Essig, die mit Nelken gespickte Zwiebel, Lorbeerblatt und Pfefferkörner hinzufügen und alles zugedeckt ca. 1½ Stunden kochen lassen. – In der Zwischenzeit die Zwiebeln in dünne Scheiben schneiden, Öl, Essig, Salz, Gewürze und Zucker verrühren, die Zwiebeln in die Marinade geben und durchziehen lassen. – Von dem Ochsenmaul die Haut abziehen und das Fleisch erkalten lassen. Danach das Fleisch in sehr dünne Scheiben schneiden, die Marinade darüberfüllen und den Salat einige Stunden im Kühlschrank gut durchziehen lassen.

Ochsenschwanz-Ragout

(Foto Seite 170)

Pro Portion ca. 3480 Joule = ca. 830 Kalorien – Zubereitungszeit ca. 2¼ Stunden

Zutaten

(für 4 Portionen)

1 Ochsenschwanz (1,2–1,5 kg)
Salz, Oregano, Pfeffer
8 Eßl. Öl
Edelsüßpaprika
½ Liter Rotwein
1 große Dose Tomaten
⅛ Liter Fleischbrühe
250 g Möhren
250 g Sellerie
2 Stangen Porree
⅛ Liter saure Sahne
1 Eßl. Mehl

Zubereitung

Den Ochsenschwanz vom Fleischer in etwa 2 cm lange Stücke hacken lassen. Das Fleisch unter fließendem Wasser waschen. Danach salzen und würzen und in heißem Öl in einem Schmortopf anbraten. Paprika darüberstäuben und nach und nach den Rotwein angießen. Den Tomatensaft aus der Dose und die Brühe hinzufügen und den Ochsenschwanz etwa 1½–2 Stunden schmoren lassen. In der Zwischenzeit das Gemüse putzen, waschen, kleinschneiden und 30 Minuten vor Ende der Garzeit zum Fleisch geben. Saure Sahne und Mehl verrühren, die Soße damit binden, die Tomaten dazugeben, heiß werden lassen und die Soße pikant abschmecken.

Omelett »chinesisch«

(Foto Seite 171)

Pro Portion ca. 4940 Joule = ca. 1180 Kalorien – Zubereitungszeit ca. 75 Minuten

Zutaten

(für 4 Portionen)

12 Eier
Salz
1–2 Eßl. Milch
80 g Butter oder Margarine

Füllung
500 g Schweinenacken ohne Knochen
4–6 Eßl. Öl
Salz, Pfeffer
etwa 1/4 Teel. Chinagewürz
1 Teel. Sojasoße
6–8 Eßl. Tomatenketchup
4 Scheiben Ananas aus der Dose
1 kleine Dose Bambusschößlinge (226 g Einwaage)
2 eingelegte Ingwerpflaumen
1/2 Packung tiefgefrorene Erbsen (150 g)
1 kleine Dose Sojabohnensprossen (170 g Einwaage)

Zubereitung

Für die Füllung das Fleisch in sehr dünne Streifen schneiden. Öl in einer Pfanne sehr heiß werden lassen und das Fleisch in 10–15 Minuten darin recht knusprig braun braten. Mit Gewürzen, Sojasoße und Ketchup verrühren. Alles kurz durchschmoren lassen, kleingeschnittene Ananasscheiben, Bambusschößlinge, Ingwerpflaumen und die Erbsen dazugeben, alles 5 Minuten schmoren. Nach Bedarf etwas Ananassaft und zum Schluß die Sojasprossen zugeben und alles pikant abschmecken.

Für die Omeletts die Eier in einer Schüssel mit Salz und Milch mit einem Schneebesen verschlagen. 1/4 von der Fettmenge in eine Pfanne von 22 cm Ø bei mäßiger Wärme heiß werden lassen. Die Eimasse für 1 Omelett in die Pfanne gießen, auf geringe Wärme zurückschalten. Evtl. mit einer Gabel die oben noch flüssige Eimasse verrühren, damit das Omelett schneller stocken kann. (Länger als 3 Minuten sollte kein Omelett in der Pfanne sein.) Die Pfanne hin und her rütteln, damit das Omelett unten nicht anhängt. Wenn die Unterseite fest und goldgelb ist und die Oberseite noch weich, die Pfanne vom Herd nehmen. Die Füllung auf eine Hälfte geben und die andere darüberklappen. Das Omelett auf einen Teller gleiten lassen und servieren. Mit dem Teig so weiter verfahren, bis die 4 Omeletts gebacken sind.

Orangenquark-Charlotte

Pro Portion ca. 1970 Joule = ca. 470 Kalorien – Zubereitungszeit ca. 45 Minuten – Kühldauer ca. 2 Stunden

Zutaten

(für 4 Portionen)

6 Blatt weiße Gelatine
375 g Quark (Magerstufe)
75 g Zucker
1 Päckchen Vanillezucker
Saft von 1 Zitrone
Saft von 1 Orange
abgeriebene Schale von 1 Orange
2 Eigelb
1/8 Liter Schlagsahne
2 Eiweiß
1 Packung Löffelbiskuits
3 Orangen
1 Eßl. Zucker
2 Eßl. Grand Marnier

Zubereitung

Die Gelatine in kaltem Wasser einweichen, danach in wenig heißem Wasser auflösen. Den Quark, Zucker, Vanillezucker, Zitronensaft, Orangensaft und -schale sowie Eigelb schaumig rühren und die aufgelöste Gelatine darunterrühren. Die Schlagsahne steif schlagen, das Eiweiß zu Schnee schlagen. Die Hälfte der Schlagsahnemenge und den Eischnee unter die Quarkmasse heben. Die Löffelbiskuits an den Rand einer hohen Schüssel stellen, die Quarkmasse vorsichtig einfüllen, damit die Biskuits stehen bleiben, die Oberfläche der Speise glattstreichen und die Speise im Kühlschrank etwa 2 Stunden gut kühlen, bis sie sturzfähig ist. In der Zwischenzeit die geschälten Orangen filieren, mit Zukker bestreuen, mit Grand Marnier übergießen und durchziehen lassen. Vor dem Anrichten die Quark-Charlotte in eine flache Schüssel stürzen, mit den Orangenstückchen und der restlichen Schlagsahne verziert servieren.

Paprikaschoten mit Sauerkraut

Pro Portion ca. 1420 Joule = ca. 340 Kalorien – Zubereitungszeit ca. 1 1/2 Stunden

Zutaten

(für 4 Portionen)

250 g roher Schinken
2 Äpfel
1 kleine Dose Sauerkraut (550 g Einwaage)
Salz, Pfeffer
ca. 1 Teel. Zucker
4 rote Paprikaschoten
Butter oder Margarine
1/8 Liter saure Sahne

Zubereitung

Den Schinken würfeln. Die Äpfel schälen, vom Kernhaus befreien und in kleine Stücke schneiden. Das Sauerkraut auflockern, mit Schinken und Äpfeln vermischen und die Füllung mit Salz und Gewürzen pikant abschmecken. Die gewaschenen Paprikaschoten der Länge nach durchschneiden, die Kerne entfernen, die Füllung in eine Hälfte geben, die zweite Hälfte darüberdecken und die Paprikaschoten in eine gut ausgefettete Auflaufform legen. Die Form mit einer Alufolie abdecken, in den vorgeheizten Backofen schieben und bei Mittelhitze (200 Grad oder Stufe 3) ca. 50–60 Minuten garen. Kurz vor dem Anrichten mit saurer Sahne übergießen.

Pochierte Eier in Senfsoße

Pro Portion ca. 1470 Joule = ca. 350 Kalorien – Zubereitungszeit ca. 40 Minuten

Zutaten

(für 4 Portionen)

2 Liter Wasser
1 Eßl. Salz
2 Eßl. Essig
8 Eier

Für die Soße
2 Beutel helle Soße instant
½ Liter Wasser
1 Eigelb
ca. 3 Eßl. scharfer Senf
30 g Butter oder Margarine
Salz, Pfeffer
1 Prise Zucker
1 kleines Glas Senfgurken (220 g Einwaage)
1 Eßl. Schnittlauchröllchen

Zubereitung

Wasser, Salz und Essig in einem Kochtopf zum Kochen bringen. Die Eier nacheinander aufschlagen und vorsichtig in das Wasser gleiten lassen oder in eine Schöpfkelle schlagen und danach in das Wasser geben. Die Eier bei milder Wärme 4 Minuten ziehen lassen. Mit einer Schaumkelle herausheben, kurz in kaltes Wasser tauchen und die Eiweißränder glattschneiden. – Für die Soße Soßenpulver in das Wasser streuen, unter Rühren aufkochen lassen, mit verschlagenem Eigelb legieren, Senf, Butter, Salz, Pfeffer, Zucker und die gewürfelten Gurken hinzufügen, die Soße herzhaft abschmecken, in eine Schüssel gießen, die Eier hineinlegen und mit Schnittlauch bestreut servieren.

Poularde geschmort

Pro Portion ca. 2050 Joule = ca. 490 Kalorien – Zubereitungszeit ca. 75 Minuten

Zutaten

(für 4 Portionen)

1 küchenfertige Poularde (ca. 1300 g)
Salz
Pfeffer
30 g Pflanzenfett
1 geschälte Zwiebel
⅛ Liter Wasser
250 g frische geputzte Champignons
⅛ Liter saure Sahne
1 Gläschen Weinbrand
1 Bund Schnittlauch

Zubereitung

Die Poularde waschen, abtupfen und in vier Teile zerlegen. Das Geflügel salzen und würzen und in heißem Fett kräftig anbraten. Die Zwiebel kleinschneiden und mitbräunen. Heißes Wasser darübergießen und das Poulardenfleisch ca. 30 Minuten schmoren lassen. Danach die blätterig geschnittenen Pilze hinzufügen und etwa 15 Minuten mitschmoren. Die Soße mit Sahne, Weinbrand, Salz und Gewürzen abschmekken. Die Poularde mit Pilzen auf einer Platte anrichten und mit Schnittlauchröllchen bestreut servieren.

Putenkeulen mit geschmorten Zwiebeln

(Foto Seite 172)

Pro Portion ca. 4610 Joule = ca. 1100 Kalorien – Zubereitungszeit ca. 1½ Stunden

Zutaten

(für 4 Portionen)

4 Putenunterkeulen
(à ca. 375 g)
100 g geräucherter durchwachsener Speck
5 Eßl. Öl
Salz
frisch gemahlener Pfeffer
¾ Liter Rotwein
1 kg kleine geschälte Zwiebeln
75 g Butter oder Margarine
1–2 Teel. Mehl

Zubereitung

Die Putenkeulen waschen und mit Küchenkrepp trocken tupfen. Den Speck in Würfel schneiden und in einem Schmortopf in heißem Öl ausbraten. Die Putenkeulen würzen und in heißem Fett von allen Seiten kräftig anbraten. Rotwein hinzugießen und die Keulen etwa 60 Minuten bei guter Hitze schmoren lassen. In der Zwischenzeit die Zwiebeln in heißem Fett in einer Pfanne braun braten. Etwa 10 Minuten bevor die Putenkeulen gar sind, die ganzen Zwiebeln dazugeben. Die Putenkeulen auf einer Platte anrichten, die Zwiebeln herumlegen und alles warm stellen. Die Bratenflüssigkeit mit in etwas Wasser angerührtem Mehl binden, durchkochen lassen, abschmecken und die Soße über die Putenkeulen füllen oder getrennt dazu reichen.

Putenleber mit Äpfeln

Pro Portion ca. 1550 Joule = ca. 370 Kalorien – Zubereitungszeit ca. 50 Minuten

Zutaten

(für 4 Portionen)

600 g frische oder tiefgefrorene Putenleber
3 Eßl. Öl
4 geschälte Zwiebeln
Salz, Pfeffer
Kräuter der Provence
¼ Liter Fleischbrühe
250 g Äpfel
2–3 Eßl. Bratensoße instant
3 Eßl. Dosenmilch

Zubereitung

Die Putenleber waschen (tiefgefrorene Leber auftauen), von Fett und Sehnen befreien und in heißem Öl in einer Pfanne kräftig anbraten. Die gewürfelten Zwiebeln hinzufügen und mitbräunen. Salz, Pfeffer und die getrockneten Kräuter darüberstreuen und die heiße Brühe angießen. Äpfel schälen, das Kerngehäuse herausschneiden und die Äpfel achteln. Die Apfelstücke ebenfalls zur Leber geben und alles zusammen 10 Minuten weiterschmoren. Die Flüssigkeit mit Bratensoßenpulver binden und mit Dosenmilch abschmecken.

Quarkauflauf mit Aprikosen und Mandeln

(Foto Seite 173)

Pro Portion ca. 2810 Joule = ca. 670 Kalorien – Zubereitungszeit ca. 1½ Stunden

Zutaten

(für 4 Portionen)

50 g Butter oder Margarine
60 g Zucker
3 Eigelb
1 Päckchen Vanillezucker
1 Prise Salz
Schale und Saft von 1 Zitrone
500 g Quark, Magerstufe
5 Eßl. Grieß
3 Eiweiß
1 Teel. Butter oder Margarine
1 große Dose Aprikosen (ca. 480 g Einwaage)
1 Beutel Mandelblättchen (40 g)
30 g Butter oder Margarine

Zubereitung

Butter, Zucker, Eigelb, Vanillezucker, Salz, Zitronenschale und -saft gut verrühren, den Quark und den Grieß darunterrühren und zuletzt den steifen Schnee von 3 Eiweiß darunterheben. Die Hälfte der Quarkmasse in eine gut ausgebutterte Auflaufform füllen, mit ⅔ der Aprikosenmenge belegen und mit der restlichen Quarkmasse bedecken. Die Oberfläche mit Aprikosen, Mandelblättchen und Butterflöckchen belegen, den Auflauf in den vorgeheizten Backofen schieben und bei Mittelhitze (200 Grad oder Stufe 3) ca. 50–60 Minuten backen. Den Auflauf warm servieren.

Quarkplinsen mit Apfelmus

Pro Portion ca. 2390 Joule = ca. 570 Kalorien – Zubereitungszeit ca. 60 Minuten

Zutaten

(für 4 Portionen)

¼ Liter Wasser
¼ Liter Milch
Salz
1 Packung Kartoffelpüree
250 g Speisequark (10%)
2 Eßl. Zucker
1 Päckchen Vanillezucker
50 g Rosinen
2 Eßl. Rum
80 g Pflanzenfett zum Braten
1 Glas Apfelmus (Einwaage 335 g)

Zubereitung

Wasser, Milch und Salz zum Kochen bringen, Kartoffelpüree einstreuen und nach Anweisung auf der Packung zubereiten. Danach den Quark, Zucker, Vanillezucker, die gewaschenen Rosinen im Rum einweichen und beides darunterrühren. Aus der Masse gleich große runde, nicht zu dicke Plätzchen formen und diese in einer Pfanne in heißem Fett bei mäßiger Wärme von beiden Seiten goldgelb backen. Die Quarkplinsen auf einer vorgewärmten Platte anrichten und mit Apfelmus servieren.

Quarksoße

Pro Portion ca. 970 Joule = ca. 230 Kalorien – Zubereitungszeit ca. 15 Minuten

Zutaten

(für 4 Portionen)

1 Becher saure Sahne
250 g Quark, Magerstufe
2 Eßl. Mayonnaise
je 1 Bund Dill, Petersilie, Schnittlauch
1 Kästchen Kresse
50 g Zwiebeln
1 Gewürzgurke, ca. 150 g
Salz, Pfeffer
Zucker
Saft von ½ Zitrone

Zubereitung

Die Sahne, Quark und Mayonnaise gut verrühren. Die Kräuter hacken, Zwiebeln und Gewürzgurke in feine Würfel schneiden. Die vorbereiteten Zutaten unter die Quarksoße mischen und pikant abschmekken. Die Quarksoße zu hartgekochten Eiern, zu kaltem Fleisch oder als Dip servieren.

Schwarzwurzel-Eintopf

Rezept siehe Seite 226

Als Getränk empfehlen wir: Bier

Wie wär's mal mit diesem leckeren Eintopf? Er enthält außer Schwarzwurzeln angebratenes Kalbfleisch, Zwiebeln und Kartoffeln.

Schweinebauch mit Semmelfüllung

Rezept siehe Seite 227

Als Getränk empfehlen wir: Bier

In den Schweinebauch eine Tasche vom Schlachter schneiden lassen, die Sie mit einer Farce aus Semmeln, Rosinen, Mandeln und Zitronensaft füllen. Beilage: Kartoffelknödel.

Schweinerippchen mit Cumberlandsoße

Rezept siehe Seite 228

Als Getränk empfehlen wir: Bier oder Apfelwein

Herb-pikant und fruchtig: Geschmorte Schweinerippchen mit Cumberlandsoße. Dazu gibt's Salzkartoffeln.

Tomatenpfanne

Rezept siehe Seite 234

Als Getränk empfehlen wir: Roséwein

Eine sehr interessante Zubereitungsart: Die mit Hackfleisch gefüllten Tomaten haben wir auf Reis und Zucchini in einer Paellapfanne gebacken.

Ungarischer Rostbraten

Rezept siehe Seite 235

Als Getränk empfehlen wir: Rotwein oder ein helles Bier

Als ungarischen Rostbraten bezeichnet man angebratene Roastbeefscheiben, die mit Champignons, Pilzen, Zwiebeln und Kartoffeln gegart werden. Gewürzt wird mit Edelsüßpaprika.

Vanilleauflauf mit Pfirsichen

Rezept siehe Seite 236

Als Getränk empfehlen wir: Mineralwasser

Ob als Imbiß am Abend oder auch als Dessert – von diesem Auflauf werden alle Liebhaber der süßen Küche begeistert sein. Der Pfiff: Servieren Sie ihn mit einer Eiskremsoße.

Wildschweinkeule mit Orangen

Rezept siehe Seite 239

Als Getränk empfehlen wir: einen kräftigen Rotwein

Mit Orangen zubereitet und garniert wird die im Ofen schön kroß gebratene Wildschweinkeule. Dazu servieren Sie Herzogin- oder Petersilienkartoffeln und Rotkraut.

Zunge mit Reineclauden

Rezept siehe Seite 243

Als Getränk empfehlen wir: Weißwein

Pikant-süß: Gepökelte Zunge mit einer sehr delikaten Reineclaudensoße. Reichen Sie dazu Reis oder Salzkartoffeln und einen Eisbergsalat.

Räuberkoteletts

Pro Portion ca. 2260 Joule = ca. 540 Kalorien – Zubereitungszeit ca. 40 Minuten

Zutaten

(für 4 Portionen)

4 Schweinekoteletts à 125 g
3 Eßl. Öl
Salz, Paprika
schwarzer Pfeffer
1 Dose Champignons (Einwaage 230 g)
4 Eßl. Schaschliksoße (aus dem Glas)
1 Schuß Weinbrand
2 Eßl. gehackte Petersilie

Zubereitung

Die Koteletts unter fließendem Wasser waschen und trocken tupfen. Die Koteletts in einer Bratpfanne in heißem Öl von jeder Seite 6 Minuten braten, würzen, salzen, herausnehmen und warm stellen. Die gut abgetropften Pilze halbieren und im Bratfett kurz bräunen. Schaschliksoße zufügen, verrühren und etwas einkochen lassen. Die Soße mit Weinbrand, Salz und Gewürzen abschmecken, Petersilie überstreuen und die Koteletts in die Soße geben und servieren.

Rehkeule

(Foto Seite 174)

Pro Portion ca. 3350 Joule = ca. 800 Kalorien – Zubereitungszeit ca. 2½ Stunden

Zutaten

(für 4–6 Portionen)

2 geschälte Knoblauchzehen
1 gespickte Rehkeule (ca. 1–1,5 kg)
Salz
Thymian, Edelsüßpaprika
4 Eßl. Öl
50 g Butter oder Margarine
½–¾ Liter Rotwein
500 g geschälte Zwiebeln
500 g Äpfel
1 Dose Maronen oder Pfifferlinge (500 g Pilzeinwaage)
⅛ Liter saure Sahne
1½–2 Eßl. Mehl
2–3 Eßl. Preiselbeeren
evtl. Pfeffer

Zubereitung

Die Knoblauchzehe zerdrükken. Die Rehkeule mit Gewürzen und Knoblauch einreiben. Danach in die Fettfangschale legen, mit heißem Öl und Butter übergießen, in den vorgeheizten Backofen schieben und bei Mittelhitze (200 Grad oder Stufe 3) 1½–2 Stunden braten. Während des Bratens die Rehkeule öfter mit Rotwein begießen. In der Zwischenzeit die Zwiebeln kleinschneiden, die Äpfel schälen und vierteln, entkernen und in Spalten schneiden. Nach etwa 60 Minuten Bratzeit die Zwiebeln in die Fettfangschale legen und nach 75 Minuten die Äpfel und Maronen zugeben. Nach Ende der Bratzeit die Rehkeule auf einer Platte warm stellen. Den Bratensatz mit dem restlichen Rotwein löschen, durch ein Sieb gießen (Maronen und Äpfel zurückhalten). Die Bratenflüssigkeit mit Rotwein oder Wasser zu ½ Liter auffüllen, mit in Sahne verrührtem Mehl binden und die Soße mit Preiselbeeren, Salz und Gewürzen abschmecken. Die Rehkeule mit Zwiebeln, Maronen und Apfelstücken garniert servieren und die Soße dazu reichen.

Reisauflauf pikant

Pro Portion ca. 2520 Joule = ca. 600 Kalorien – Zubereitungszeit ca. 70 Minuten

Zutaten

(für 4 Portionen)

2 geschälte Zwiebeln
10 g Pflanzenfett
4 Tassen Wasser
4 Teel. klare Brühe instant
2 Tassen Langkornreis
1½ Teel. Currypulver
750 g Tomaten
Salz, Pfeffer
70 g geriebener Käse
20 g Butter oder Margarine

Beilage
4 kleine geschälte Bananen
4 dünne Scheiben gekochter Schinken (ohne Fettrand)
20 g Butter

Zubereitung

Die Zwiebeln hacken und in heißem Fett dünsten. Wasser, Brühpulver, Reis und Curry hinzugeben, alles zum Kochen bringen und den Reis etwa 20 Minuten ausquellen lassen. Die Tomaten mit kochendem Wasser überbrühen, abziehen und in Scheiben schneiden. Schichtweise Reis, Tomatenscheiben, Käse und Gewürze in eine ausgebutterte Auflaufform füllen, Käse darüberstreuen und Butterflöckchen darauflegen. Den Auflauf in den vorgeheizten Backofen schieben und (bei 225 Grad oder Stufe 4) ca. 30 Minuten backen. In der Zwischenzeit die Bananen in die Schinkenscheiben einrollen, in heißer Butter braun braten und zum Reisauflauf servieren.

Reissalat mit Kasseler

Pro Portion ca. 2050 Joule = ca. 490 Kalorien – Zubereitungszeit ca. 50 Minuten

Zutaten

(für 4 Portionen)

1 Kochbeutel Reis
1 Liter Salzwasser
200 g Kasseler-Aufschnitt

Für die Marinade
7 Eßl. Kräuteressig
½ Teel. Streuwürze
1 Teel. Zucker
Pfeffer, Salz
1 Zwiebel, geschält
1 Eßl. gehackte Petersilie
1 Eßl. gehackter Dill
1 Eßl. Schnittlauchröllchen
7 Eßl. Öl

Zubereitung

Den Reis nach Anweisung in Salzwasser kochen. Für die Marinade Essig, Streuwürze, Zukker, Pfeffer, Salz, die geriebene Zwiebel, Kräuter und Öl verrühren. Den erkalteten Reis unter die Marinade mischen, Kasseler in feine Streifen schneiden und unter den Reissalat heben. Den Reissalat eine Weile im Kühlschrank gut durchziehen lassen.

Rinderbrust gekocht

(Foto Seite 175)

Pro Portion ca. 1840 Joule = ca. 440 Kalorien – Zubereitungszeit ca. 2 Stunden

Zutaten

(für 4 Portionen)

750 g gepökelte Rinderbrust (Mittelbrust)
1½ Liter Wasser
Nelkenpfeffer
2 Pimentkörner
2 Lorbeerblätter
1 Stange Porree
1 Zwiebel
1 Petersilienwurzel
2 Möhren
¼ Sellerie

Zubereitung

Das Fleisch unter fließendem kaltem Wasser kurz waschen. Wasser ohne Salz zum Kochen bringen. Das Fleisch mit Nelkenpfeffer einreiben. Fleisch, Pimentkörner und Lorbeerblätter ins kochende Wasser geben und alles zugedeckt bei geringer Wärme etwa 1 Stunde sieden lassen. In der Zwischenzeit das Gemüse putzen und waschen. Den Porree in Stücke schneiden und das restliche Gemüse ganz lassen. Das Gemüse nach 1 Stunde Kochzeit dazugeben. Das Fleisch weitere 30–60 Minuten garen. Danach das Fleisch herausnehmen und quer zur Faser aufschneiden, mit etwas Brühe begießen und warm stellen. Die Brühe durch ein Sieb geben, 1 Tasse Brühe zum Fleisch servieren und die restliche Brühe für eine Soße oder Suppe verwenden. Das Fleisch mit einer warmen oder kalten Soße, z. B. Quarksoße mit Kräutern (siehe Seite 208), und Petersilienkartoffeln anrichten.

Rinderfilet flambiert

Pro Portion ca. 1720 Joule = ca. 410 Kalorien – Zubereitungszeit ca. 45 Minuten

Zutaten

(für 4 Portionen)

750 g Rinderfilet im Stück
Pfeffer
1 geschälte Zwiebel
1 geschälte Knoblauchzehe
80 g Butter oder Margarine
1 Gläschen Weinbrand (54%)
1 kleines Glas
Tomatenpaprika (110 g Einwaage)
1 Dose Champignons (115 g Einwaage)
Edelsüßpaprika
Salz

Zubereitung

Das Filet waschen, trocken tupfen und pfeffern. Die Zwiebel reiben und die Knoblauchzehe zerdrücken. Butter oder Margarine in einer Pfanne heiß werden lassen, das Filet darin rundherum anbraten. 15 Minuten bei milder Wärme weiterbraten. Den Weinbrand über das Fleisch gießen, anzünden und ausbrennen lassen. Das Fleisch warm stellen. Zwiebeln, Knoblauch, Paprikastreifen und die Pilze in die Pfanne geben und kurz dünsten. Das Fleisch salzen, das Gemüse würzen und um das Filet legen.

Rinderrouladen mit Pilzfüllung

Pro Portion ca. 3600 Joule = ca. 860 Kalorien – Zubereitungszeit ca. 2 Stunden

Zutaten

(für 4 Portionen)

4 Scheiben Rindfleisch aus der Keule à ca. 150–200 g
je 1 Teel. Salz, schwarzer Pfeffer
Edelsüßpaprika
2 Teel. Senf
4–6 Eßl. Öl
½ Liter Wasser
etwa 1 Eßl. Mehl
4 Eßl. süße Sahne

Für die Füllung
4 kleine Beutel getrocknete Steinpilze
6 geschälte Zwiebeln
200 g geräucherter durchwachsener Speck
2 Bund Petersilie
Salz, Pfeffer

Zubereitung

Für die Füllung zuerst die Pilze waschen und ½–1 Stunde in Wasser einweichen. Die Zwiebeln in Ringe schneiden, den Speck würfeln und in einer Pfanne ausbraten. Die Zwiebelringe darin bräunen, die Pilze hinzufügen und alles zusammen dünsten. Die Petersilie hacken, unter die Pilzmasse mischen und alles mit Salz und Pfeffer abschmecken. – Nun die Fleischscheiben salzen, würzen und mit Senf bestreichen. Die Pilzfüllung auf das Fleisch geben, die Scheiben aufrollen, mit einem gebrühten Faden umwickeln oder mit Rouladennadeln feststecken. Öl in einem Schmortopf heiß werden lassen, die Rouladen rundherum kräftig anbraten, nach und nach heißes Wasser angießen und die Rouladen bei mäßiger Wärme etwa 75–90 Minuten schmoren lassen. Danach die Rouladen herausnehmen, Fäden oder Nadeln entfernen, alles warm stellen. Für die Soße Mehl und Sahne verrühren, die Soße damit binden, gut durchkochen, pikant abschmecken und über die Rouladen gießen.

Rippchen auf Sauerkraut

Pro Portion ca. 2520 Joule = ca. 600 Kalorien – Zubereitungszeit ca. 80 Minuten

Zutaten

(für 4 Portionen)

500 g Kasseler Rippenspeer
½ Liter Wasser
50 g Schweineschmalz
500 g Sauerkraut
1 kg Kartoffeln
½ Liter heiße Milch
Salz, geriebene Muskatnuß

Zubereitung

Das Fleisch waschen, die Rippchen am Stück mit Wasser und Schmalz in einen Kochtopf geben, das Sauerkraut auflockern und über das Fleisch füllen. Alles zum Kochen bringen und zugedeckt ca. 60 Minuten kochen lassen. – Die Kartoffeln schälen, in Würfel schneiden, in wenig Wasser gar kochen und pürieren. Die heiße Milch unter die pürierten Kartoffeln schlagen, bis das Püree schaumig und locker ist; dann salzen und würzen. – Das Fleisch in Scheiben schneiden. Danach mit dem Sauerkraut und dem Kartoffelpüree auf einer Platte anrichten.

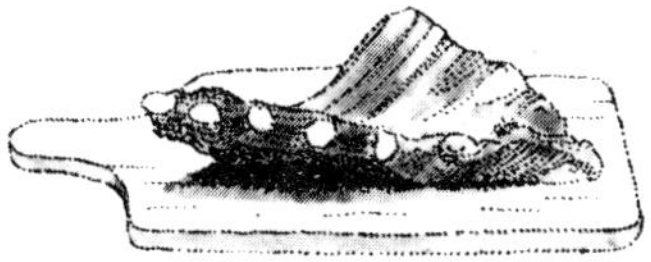

Risi-Pisi

Pro Portion ca. 2520 Joule = ca. 600 Kalorien – Zubereitungszeit ca. 30 Minuten

Zutaten

(für 4 Portionen)

1½ Tassen Reis
3 Tassen Brühe
Salz
450 g tiefgefrorene Erbsen
(1½ Packung)
20 g Butter
1 Tasse Wasser
250 g gekochter Schinken
1 geschälte Zwiebel
1 geschälte Knoblauchzehe
1 Eßl. Öl
100 g geriebener
Parmesankäse
Salz, Pfeffer

Zubereitung

Den Reis, Brühe und Salz zum Kochen bringen und den Reis ausquellen lassen. Die Erbsen, Butter und Wasser etwa 8 Minuten kochen. Den kleingeschnittenen Schinken, die geriebene Zwiebel und die zerdrückte Knoblauchzehe in heißem Öl kurz braten, Reis und Erbsen hinzufügen, alles vermischen, Käse, Salz und Pfeffer in den Reis geben und alles pikant abschmecken.

Rollmöpse in Gelee

Pro Portion ca. 2020 Joule = ca. 480 Kalorien – Zubereitungszeit ca. 1 1/4 Stunden

Zutaten

(für 4 Portionen)

4 küchenfertige Salzheringe (ca. 150 g)
1 Teel. Senf
1 geschälte Zwiebel
1 Gewürzgurke (50 g)

Für die Marinade
250 ml Kräuteressig
275 ml Wasser
1 geschälte, in Ringe geschnittene Zwiebel
3 Pfefferkörner
1 Lorbeerblatt
5 Wacholderbeeren
1/2 Teel. Senfkörner
2 Nelken
1–2 Teel. Zucker

Für das Gelee
1/4 Liter lieblicher Weißwein
2 Eßl. Essig
1/4 Liter Wasser
ca. 1/2 Teel. Zucker
8 Blatt weiße Gelatine

Zubereitung

Die Heringe über Nacht wässern. Für die Marinade alle Zutaten aufkochen und erkalten lassen. Die gewässerten Heringe filieren: Mit dem Daumen an der Mittelgräte entlangfahren. Den Fisch vorsichtig auseinanderbrechen. Die Mittelgräte etwa 3 cm vor dem Schwanz anheben und zum Schwanzende hin lösen. Die Mittelgräte entfernen. – Die Fischfilets mit der Hautseite nach unten legen, mit Senf bestreichen, mit Zwiebelringen und Gurkenstreifen belegen, aufrollen und mit Holzstäbchen feststecken. Die Rollmöpse nebeneinander in eine Glasschüssel legen, mit der Marinade begießen und an einem kühlen Ort 2–3 Tage darin durchziehen lassen.
Wenn die Rollmöpse gut durchgezogen sind, für das Gelee Wein, Essig, Wasser und Zucker verrühren. Die in kaltem Wasser eingeweichte, gut ausgedrückte Gelatine bei milder Wärme auflösen und unter den Weinsud rühren. In eine flache Schüssel einen 1 cm hohen Geleespiegel gießen und diesen erstarren lassen. Evtl. mit Petersiliensträußchen, Tomaten oder hartgekochten, gepellten Eiern ein Muster auf den Spiegel legen. Die marinierten Rollmöpse darauflegen. Die restliche Geleeflüssigkeit über die Rollmöpse gießen und das Ganze erstarren lassen.

Rosenkohl mit Schinken-Käse-Soße

Pro Portion ca. 1390 Joule = ca. 330 Kalorien – Zubereitungszeit ca. 40 Minuten

Zutaten

(für 4 Portionen)

500–750 g Rosenkohl
1 geschälte Zwiebel
2 Eßl. Öl
1/4 Liter Wasser, Salz

Für die Soße
2 Ecken Schmelzkäse
1 Tasse Wasser
1 Teel. helle Soße instant
4 Eßl. Weißwein
Salz, Pfeffer, Muskat
200 g gekochter Schinken

Zubereitung

Den Rosenkohl putzen und waschen. Die Zwiebel hacken und in heißem Öl glasig dünsten. Den Rosenkohl hineingeben, Wasser und Salz hinzufügen und den Kohl etwa 30 Minuten garen. – Für die Soße den Schmelzkäse bei mäßiger Wärme in einer Tasse Wasser auflösen. Das Soßenpulver einrühren, aufkochen, Weißwein, Salz und Gewürze darunterrühren, die Soße abschmecken. Den in Würfel geschnittenen Schinken daruntermischen und die Soße über den gut abgetropften Rosenkohl füllen.

Rostbraten auf österreichische Art

Pro Portion ca. 2430 Joule = ca. 580 Kalorien – Zubereitungszeit ca. 45 Minuten

Zutaten

(für 4 Portionen)

4 Scheiben Rostbraten
(Rumpsteak) à 150 g
Pfeffer
3 Eßl. Öl
Salz
50 g geräucherter
durchwachsener Speck
3 geschälte Zwiebeln
50 g frische geputzte
Champignons
1/8 Liter Brühe
1 Glas Weißwein
abgeriebene Schale von
1/2 Zitrone
1 Eßl. Kapern
1 Eßl. Mehl
1/8 Liter Milch

Zubereitung

Bei dem Fleisch die Fettränder einschneiden. Danach das Fleisch mit Pfeffer einreiben. Öl in einer Pfanne heiß werden lassen und die Fleischstücke von jeder Seite 3 Minuten braten, salzen und warm stellen. – Den gewürfelten Speck auslassen, die Zwiebeln in Würfel schneiden, die Pilze in dünne Scheiben schneiden und alles im Speck braun braten. Brühe und Wein darübergießen, Zitronenschale und Kapern hinzufügen, Mehl und Milch verrühren und die Soße damit binden. Die Soße gut durchkochen lassen, das Fleisch hineinlegen und servieren.

Rumpsteaks mit Frischkäse

Pro Portion ca. 2270 Joule = ca. 540 Kalorien – Zubereitungszeit ca. 45 Minuten

Zutaten

(für 4 Portionen)

4 Scheiben Rumpsteak à 150 g
Pfeffer
2–3 Eßl. Öl
Salz
¼ Liter trockener Weißwein
2 Päckchen Doppelrahmfrischkäse à 50 g
1 Eßl. mittelscharfer Senf

Zubereitung

Die Rumpsteaks abtupfen, mit Pfeffer einreiben, mit Öl bestreichen und ca. ½ Stunde ziehen lassen. Danach Öl in einer Pfanne heiß werden lassen, die Steaks von jeder Seite ca. 4 Minuten darin braten. Salzen und würzen und warm stellen. Den Bratensatz mit Wein abkochen, den Doppelrahmfrischkäse in den Bratenfond geben, zerdrükken, Senf hinzufügen und die Soße so lange verrühren, bis sie ganz glatt ist. Die Rumpsteaks mit der Soße anrichten und in Alufolie gebackene Kartoffeln dazu servieren.

Russischer Eintopf

Pro Portion ca. 2350 Joule = ca. 560 Kalorien – Zubereitungszeit ca. 80 Minuten

Zutaten

(für 4 Portionen)

250 g Rindfleisch (Brust)
250 g Schweinebauch
2 Liter Salzwasser
50 g Butter oder Margarine
50 g Mehl
2 Päckchen tiefgefrorenes Suppengrün
250 g Weißkohl
1 Glas Rote Bete (220 g Einwaage)
Salz, Essig
Zucker
evtl. Pfeffer oder Kümmel
¼ Liter saure Sahne

Zubereitung

Das Fleisch waschen, in Würfel schneiden und in Salzwasser 60 Minuten kochen. Aus Fett und Mehl eine helle Mehlschwitze rühren, mit ¾ Liter Fleischbrühe auffüllen, Suppengrün und den geputzten, in schmale Streifen geschnittenen Kohl hineingeben und alles etwa 20 Minuten garen. Die Rote Bete auf einem Sieb abtropfen lassen, in Würfel schneiden und mit etwas Saft in die Suppe rühren. Das Fleisch dazugeben, die Suppe 5–10 Minuten durchziehen, aber nicht mehr kochen lassen, mit Salz, Essig, Zucker und evtl. mit etwas Pfeffer oder Kümmel abschmecken. Zuletzt die saure Sahne als Haube auf die Suppe setzen und servieren.

Schinken in Burgunder

(Foto Seite 176)

Pro Portion ca. 3440 Joule = ca. 820 Kalorien – Zubereitungszeit ca. 2¼ Stunden

Zutaten

(für 6–8 Portionen)

1½ kg ausgelöster magerer Schinken (Hinterschinken, gepökelt und geräuchert)
1 kleine Stange Porree
2 Möhren
1 Stück Sellerie
2 Eßl. Öl
1 Liter klare Brühe instant
½ Liter Burgunder
250 g kleine Zwiebeln
1–2 Eßl. Speisestärke
etwas Madeira
2 Eßl. brauner oder weißer Zucker

Zubereitung

Den Schinken in reichlich Wasser ca. 1½ Stunden kochen. Porree, Möhren und Sellerie putzen, waschen und zerkleinern. Das Gemüse in einem großen Topf in Öl dünsten. Mit Brühe und Wein ablöschen, den Schinken hineinlegen und zugedeckt bei geringer Wärme weitere 30 Minuten kochen. Danach den Schinken herausheben. Die geschälten Zwiebeln in den Fond geben und 10 Minuten einkochen lassen. Zuletzt die Zwiebeln herausnehmen und den Fond durch ein Sieb passieren. Die Soßenflüssigkeit mit angerührter Speisestärke binden, durchkochen und mit Madeira abschmecken. Vom Schinken die Schwarte einschneiden, mit Zucker bestreuen und im vorgeheizten Backofen (bei 250 Grad oder Stufe 5) überbräunen. Die Zwiebeln um den Braten legen und die Soße gesondert zum Braten servieren.

Schwäbischer Topf

Pro Portion ca. 2520 Joule = ca. 600 Kalorien – Zubereitungszeit ca. 60 Minuten

Zutaten

(für 4 Portionen)

450 g Hirschgulasch
250 g gemischtes Gulasch
50 g geräucherter durchwachsener Speck
2 geschälte Zwiebeln
Pfeffer, Salz
¼ Liter heiße Brühe
125 g frische Pfifferlinge (oder aus der Dose)
3 Eßl. Sahne

Für die Beize
¼ Liter Rotwein
2 Eßl. Öl
1 Lorbeerblatt
Zucker

Für die Spätzle
1½ Liter Wasser, Salz
250 g Spätzle

Zubereitung

Das Fleisch in einer Beize aus Rotwein, Öl und Gewürzen 60 Minuten ziehen lassen. Speck und Zwiebeln in Würfel schneiden und ausbraten. Das abgetropfte Fleisch im Speck kräftig anbraten, die durchgeseihte Beize zur Hälfte darübergießen, das Fleisch ca. 30 Minuten kräftig schmoren lassen und ab und zu Brühe und Beize angießen. Nach 20 Minuten die vorbereiteten Pilze in den Schmortopf geben, ohne Deckel 10 Minuten schmoren, Sahne dazugießen und das Gericht abschmecken. – Für die Spätzle das Salzwasser zum Kochen bringen und die Spätzle darin garen. Das Fleisch auf den Spätzle anrichten.

Schwarzwurzel-Eintopf

(Foto Seite 209)

Pro Portion ca. 2060 Joule = ca. 490 Kalorien – Zubereitungszeit ca. 1½ Stunden

Zutaten

(für 4 Portionen)

1 kg Schwarzwurzeln
Mehl-Essig-Wasser
500 g Kalbfleisch ohne Knochen
2 geschälte mittelgroße Zwiebeln
60 g Pflanzenfett
Salz
frisch gemahlener Pfeffer
¼ Liter Wasser
375 g Kartoffeln
1 Beutel Bratensoße instant
¼ Liter Wasser

Zubereitung

Die Schwarzwurzeln sehr gründlich waschen und sorgfältig schaben. Die Wurzeln sofort in Mehl-Essig-Wasser legen, damit sie hell bleiben. Das Kalbfleisch unter fließendem Wasser waschen und abtupfen. Danach das Fleisch in grobe Würfel schneiden und die Zwiebel hakken. Das Fleisch in einem Topf in heißem Fett kräftig bräunen, die Zwiebel hinzufügen und mitbräunen. In der Zwischenzeit die Schwarzwurzeln abwaschen, in Stücke schneiden und sofort mit kochendem Wasser zum Fleisch geben. Alles zugedeckt ca. 30 Minuten garen. Kartoffeln waschen, schälen und in Würfel schneiden. Bratensoße nach Anweisung zubereiten. Soße und Kartoffelwürfel zum Fleisch geben, weitere 20 Minuten garen und abschmecken.

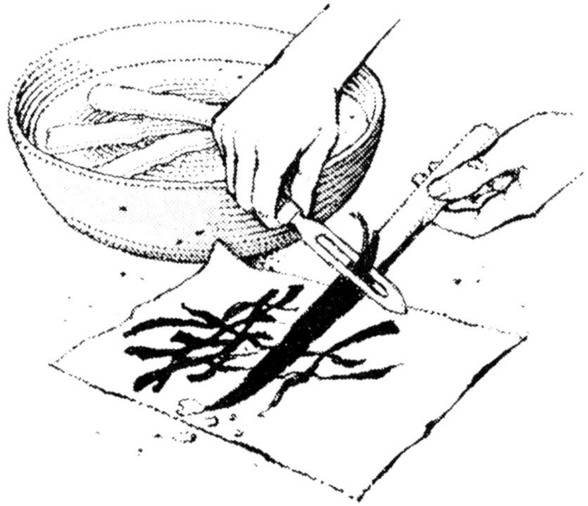

Schweinebauch mit Semmelfüllung

(Foto Seite 210)

Pro Portion ca. 5780 Joule = ca. 1380 Kalorien – Zubereitungszeit ca. 2½ Stunden

Zutaten

(für 4–6 Portionen)

1,5 kg Schweinebauch
Salz
frisch gemahlener Pfeffer
4 Eßl. Öl
½ Liter Wasser
30 g Mehl
3 Eßl. süße Sahne
1 Prise Zucker
Zitronensaft

Für die Füllung
2 Semmeln
¼ Liter Milch
40 g Butter oder Margarine
3 Eßl. Zucker
1 Prise Salz
2 Eier
75 g Rosinen
40 g abgezogene gehackte Mandeln
Saft von ½ Zitrone
2 gehäufte Eßl. Semmelmehl

Zubereitung

Vom Fleischer aus dem Schweinebauch die Knochen entfernen und eine Tasche in das Fleisch schneiden lassen. Die Schwarte quadratisch einschneiden.
Für die Füllung die Semmeln in der Milch einweichen, etwas ausdrücken und mit Fett, Zukker, Salz und Eiern verrühren. Die Rosinen, Mandeln, Zitronensaft und Semmelmehl hinzufügen. – Die Fleischtasche mit Salz und Gewürzen ausreiben, die Semmelmasse hineingeben und die Öffnung mit gebrühten Fäden zunähen. Zuletzt den Braten mit Salz und Gewürzen rundherum einreiben. In die Fettfangschale legen, Öl darübergießen und (bei 200 Grad oder Stufe 3) ca. 1¼ Stunden braten. Nach und nach mit ¼ Liter Wasser begießen. Danach das Fleisch herausnehmen, den Bratensatz mit Wasser abkochen, die Flüssigkeit durch ein Sieb in einen Kochtopf gießen, aufkochen und mit angerührtem Mehl binden. Die Soße mit Sahne und Gewürzzutaten abschmecken. Den Braten in Scheiben schneiden und die Soße dazu servieren.

Schweinelendchen flambiert

Pro Portion ca. 2130 Joule = ca. 510 Kalorien – Zubereitungszeit ca. 1 Stunde

Zutaten

(für 4 Portionen)

600 g Schweinelende
Paprika, Majoran
Rosmarin, Pfeffer, Salz
3 Eßl. Öl
3 geschälte Zwiebeln
1 geschälte Knoblauchzehe
etwas Wasser
3 Äpfel
2 Eßl. gedünstete Sauerkirschen
⅛ Liter Weinbrand
1 Päckchen Rahmbratensoße
2 Eßl. süße Sahne

Zubereitung

Schweinelendchen waschen und mit Küchenkrepp trocken tupfen. Danach würzen und im Schmortopf in heißem Öl anbraten, Zwiebelwürfel und die zerdrückte Knoblauchzehe mitbräunen. Kochendes Wasser angießen und das Fleisch zugedeckt 15–20 Minuten schmoren lassen. 5 Minuten vor Ende der Garzeit die geschälten, kleingeschnittenen Äpfel und die Kirschen hinzugeben, alles erwärmen, den leicht erwärmten Weinbrand in einer Suppenkelle anzünden, über das Fleisch gießen, die Flamme auf dem Fleisch ausbrennen lassen. Die Soße mit Rahmbratensoße binden und Sahne darunterziehen.

Schweinerippchen mit Cumberlandsoße

(Foto Seite 211)

Pro Portion ca. 4260 Joule = ca. 1020 Kalorien – Zubereitungszeit ca. 1¾ Stunden

Zutaten

(für 4 Portionen)

4 fleischige Schweinerippchen à 250 g (dicke Rippen)
Salz
schwarzer Pfeffer
⅔ Flasche Cumberlandsoße
1 Eßl. mittelscharfer Senf
3 Eßl. Öl
1 kleine Dose Birnen (220 g Einwaage)
1 Teel. Mehl
Cayennepfeffer

Zubereitung

Die Schweinerippchen waschen und mit Küchenkrepp trocken tupfen. Mit Salz und Pfeffer einreiben. 3 Eßlöffel Cumberlandsoße und Senf verrühren, die Rippen damit bestreichen. Öl in einer Pfanne heiß werden lassen, die Rippen darin von allen Seiten kräftig anbraten. Die Birnen auf einem Sieb abtropfen lassen, den Birnensaft zu ½ Liter auffüllen, über das Fleisch gießen und alles zugedeckt 70–90 Minuten schmoren lassen. Zwischendurch die restliche Cumberlandsoße dazugießen. Die Birnen in Streifen schneiden, in die Soße geben und kurz erhitzen. Die Soße mit angerührtem Mehl binden und mit Salz und Gewürzen abschmecken.

Schweineschulter auf Weidmannsart

Pro Portion ca. 2520 Joule = ca. 600 Kalorien – Zubereitungszeit ca. 75 Minuten

Zutaten

(für 4 Portionen)

1 geschälte Zwiebel
1 Lorbeerblatt
6 Wacholderbeeren
1 Teel. Pfefferkörner
2 Nelken
1 Teel. abgeriebene Zitronenschale
1 Teel. Estragon
600 g Schweineschulter ohne Schwarte und Knochen
⅛ Liter Rotwein
2 Eßl. Weinessig
1½ Teel. Salz
½ Teel. Pfeffer
1 Teel. Öl
1 Teel. Mehl

Zubereitung

Die Zwiebel reiben, die Gewürze stoßen, alles vermischen und das gewaschene, abgetupfte Fleisch damit einreiben und etwa 1 Stunde durchziehen lassen. Danach mit Rotwein und Essig übergießen und 1–2 Tage zugedeckt in den Kühlschrank stellen. Evtl. in dieser Zeit das Fleisch einige Male wenden. – Das Fleisch aus der Marinade herausnehmen, gut abtropfen lassen, mit Salz, Pfeffer und Öl einreiben, in einen Schmortopf geben und rundherum anbraten. Die Marinade darübergießen und das Fleisch ca. 50 Minuten schmoren. Zuletzt die Soße mit angerührtem Mehl binden und kräftig abschmecken.

Seezungenröllchen mit Sauce Béarnaise

Pro Portion ca. 2100 Joule = ca. 500 Kalorien – Zubereitungszeit ca. 50 Minuten

Zutaten

(für 4 Portionen)

8 Seezungenfilets oder
2 Seezungen à ca. 500 g (küchenfertig)
Zitronensaft
Salz, Pfeffer
100 g Nordseekrabbenfleisch
1/8 Liter Weißwein

Für die Sauce
6 Eßl. Weißwein
1 Teel. Weinessig
1 Teel. gehackter Kerbel oder Estragon
3 Pfefferkörner
2 geschälte Schalotten
3 Eigelb
Salz
1 Prise Zucker
6 Eßl. Brühe
100 g Butter

Zubereitung

Die Seezungenfilets säubern, mit Zitronensaft säuern und mit Salz und Pfeffer bestreuen. Auf jedes Seezungenfilet so viele Krabben legen, daß es sich noch gut aufrollen läßt. Die Röllchen in eine ausgebutterte feuerfeste Form stellen, das restliche Krabbenfleisch herumstreuen und den Wein darübergießen. Die Form mit einer Alufolie abdecken, in den vorgeheizten Backofen setzen und (bei 225 Grad oder Stufe 4) ca. 15 Minuten dünsten.
Für die Sauce Wein, Essig, Kräuter, Pfefferkörner und die gewürfelten Schalotten aufkochen und danach durch ein Sieb gießen. Eigelb, Salz, Zucker und Brühe gut verrühren, den Wein-Gewürz-Sud unter Schlagen hinzufügen, den Topf in ein Wasserbad stellen und die Sauce so lange schlagen, bis sie dicklich wird. Zuletzt die geschmolzene Butter eßlöffelweise unter Schlagen zugeben. Die Sauce über die gegarten Seezungenröllchen gießen und sevieren.

Sellerie mit Käsehaube

Pro Portion ca. 2510 Joule = ca. 600 Kalorien – Zubereitungszeit ca. 90 Minuten

Zutaten

(für 4 Portionen)

1 Sellerieknolle, ca. 1 kg
1 Packung Kartoffelpüree
1/8 Liter Milch
3/8 Liter Wasser
1 Teel. Salz
1 Teel. Butter oder Margarine
150 g gekochter Schinken
100 g Schinkenspeck
Salz, Pfeffer, Paprika
2 Eigelb
4 Eßl. Sahne
150 g geraspelter Chesterkäse
2 Eiweiß

Zubereitung

Die Sellerieknolle gründlich waschen und in der Schale etwa 60 Minuten gar kochen. Danach schälen und erkalten lassen. Das Kartoffelpüree nach Anweisung auf der Packung zubereiten. In eine ausgebutterte feuerfeste Form füllen. Sellerie, Schinken und Schinkenspeck in Würfel schneiden und daraufgeben. Mit Salz und Gewürzen bestreuen. Die Eigelb und Sahne verquirlen und darübergießen. Die Hälfte der Käsemenge daraufstreuen. Das Eiweiß steif schlagen, den restlichen Käse darunterheben und den Schnee als Haube auf den Sellerie geben. In den vorgeheizten Backofen schieben und bei Mittelhitze (200 Grad oder Stufe 3) ca. 20 Minuten backen.

Spaghetti »Napoli«

Pro Portion ca. 2510 Joule = ca. 600 Kalorien – Zubereitungszeit ca. 50 Minuten

Zutaten

(für 4 Portionen)

50 g geräucherter durchwachsener Speck
125 g Salami in Scheiben
250 g Spaghetti
4 Eier
Essig-Salzwasser
3 Eßl. Tomatenketchup
Pfeffer
50 g geriebener Käse
20 g Butter oder Margarine
1 Eßl. gehackte Petersilie

Zubereitung

Den Speck in Würfel schneiden, in einer Pfanne ausbraten und in eine feuerfeste Form geben. Die Salamischeiben vierteln. Die Spaghetti in Salzwasser garen, mit kaltem Wasser abschrecken und gut abtropfen lassen. Die Eier in Essig-Salzwasser pochieren. Die Wurstscheiben und die Spaghetti auf dem Speck verteilen. Die pochierten Eier darauflegen, mit Tomatenketchup bestreichen und mit Pfeffer bestreuen. Den Käse daraufgeben, die Butter darüber verteilen, alles in den vorgeheizten Backofen schieben und bei guter Mittelhitze (225 Grad oder Stufe 4) ca. 15 Minuten überbacken. Die Spaghetti mit Petersilie bestreut servieren.

Steinbutt in Alufolie

Pro Portion ca. 1930 Joule = ca. 460 Kalorien – Zubereitungszeit ca. 45 Minuten

Zutaten

(für 4 Portionen)

1 Steinbutt, ca. 2 kg
ca. 1 Teel. Salz
1 Teel. Pfeffer
40 g Butter oder Margarine
Saft von 1 Zitrone

Für die Soße
½ Tasse Wasser
1–2 Eßl. helle Soße instant
50 g Butter oder Margarine
4 Eigelb
1 Teel. Senf
ca. ½ Teel. Salz
1 Prise weißer Pfeffer
Fischbrühe

Zum Garnieren
Zitronenspalten und Petersiliensträußchen

Zubereitung

Den vorbereiteten Fisch gründlich waschen und abtupfen. Mit Salz und Pfeffer einreiben und auf eine gefettete Alufolie legen. Die Oberseite des Fisches mit einem scharfen Messer dreimal einschneiden, mit flüssiger Butter bestreichen und in die Einschnitte Zitronensaft träufeln. Den Rand der Alufolie rundherum hochziehen und die Ecken fest zusammendrücken, so daß eine Form entsteht. Den Fisch auf den Rost legen und in den vorgeheizten Backofen einschieben. Bei starker Hitze (250 Grad oder Stufe 5) etwa 20 Minuten garen.

In der Zwischenzeit für die Soße die Butter schmelzen. Die Eigelb und das heiße Wasser mit einem Schneebesen schaumig schlagen und unter Schlagen Soßenpulver und die Butter hinzufügen. Die Soße mit Senf, Salz und Pfeffer pikant abschmekken, evtl. die Fischbrühe darunterschlagen und die Soße sofort servieren.

Szegediner Gulasch

Pro Portion ca. 2390 Joule = ca. 570 Kalorien – Zubereitungszeit ca. 1½ Stunden

Zutaten

(für 4 Portionen)

500 g Schweinegulasch
2 Eßl. Öl
250 g geschälte Zwiebeln
Salz
Pfeffer
1 Eßl. Mehl
500 g Sauerkraut
¼ Liter Wasser
1–2 Teel. Edelsüßpaprika
1 Prise Zucker

Zubereitung

Das Fleisch in einem Schmortopf in heißem Öl ca. 15 Minuten kräftig anbraten. In der Zwischenzeit die Zwiebeln in Ringe schneiden, zum Fleisch geben und mitbräunen. Mit Salz und Pfeffer bestreuen, mit Mehl bestäuben und ⅔ der aufgelockerten Sauerkrautmenge dazugeben. Mit heißem Wasser ablöschen, Paprika hinzufügen und alles zugedeckt etwa 50 Minuten bei geringer Wärme schmoren. Danach das restliche gehackte Sauerkraut darunterheben und alles nochmals heiß werden lassen. Das Gericht herzhaft abschmecken und servieren.

Tafelspitz in Meerrettichsoße

Pro Portion ca. 2060 Joule = ca. 490 Kalorien – Zubereitungszeit ca. 2 Stunden

Zutaten

(für 4 Portionen)

⅜ Liter Wasser
½ Würfel klare Fleischsuppe
1 Bund geputztes Suppengrün
1 geschälte Zwiebel
1 Lorbeerblatt
2–3 Pfefferkörner
750 g Rindfleisch (Tafelspitz)
1 Schächtelchen Holländische Soße
3 Eßl. Meerrettich aus dem Glas
Salz
1 Prise Zucker

Zubereitung

Das Wasser zum Kochen bringen, Fleischsuppe, Suppengrün, Zwiebel, Lorbeerblatt, Pfefferkörner und das gewaschene Fleisch hineingeben und ca. 1½ Stunden kochen. Danach das Fleisch in Scheiben schneiden und warm stellen. Die Brühe durchseihen und die Holländische Soße nach Anweisung auf der Packung zubereiten. Die Soße mit Meerrettich, Salz und Zucker abschmecken. Die Fleischscheiben in der Soße anrichten.

Tatar – bunt serviert

Pro Portion ca. 1340 Joule = ca. 320 Kalorien – Zubereitungszeit ca. 20 Minuten

Zutaten

(für 1 Portion)

125 g Tatar (Schabefleisch)
1 Eigelb
1 kleine geschälte Zwiebel
1 Eßl. Kapern
2–3 Eßl. Mixed Pickles (ohne Zwiebeln)
Salz, grober Pfeffer
nach Belieben etwas Edelsüßpaprika

Zubereitung

Das Schabefleisch rundlich formen und in die Mitte einer Platte setzen. Die Oberfläche etwas eindrücken und ein rohes Eigelb hineingeben (evtl. auch in einer Schalenhälfte lassen). Danach die gehackte Zwiebel, Kapern und feingehackte Mixed Pickles und Gewürze rund um das Tatar anordnen. – Oder das Tatar bereits mit allen Zutaten vermischt anrichten.

Thunfisch-Auflauf

Pro Portion ca. 1970 Joule = ca. 470 Kalorien – Zubereitungszeit ca. 1¼ Stunden

Zutaten

(für 4 Portionen)

3 geschälte Zwiebeln
8 Scheiben Toastbrot
2–3 Tomaten
2 Dosen Thunfisch in Öl (ca. 190 g)
1 Eßl. Öl
Butter oder Margarine
Semmelbrösel
¼ Liter Milch
2 Eier
1–2 Eßl. Sojasoße
Salz
Pfeffer, Paprika
2–3 Eßl. gehackte Kräuter
2 Eßl. spanische, mit Paprika gefüllte Oliven

Zubereitung

Die Zwiebeln in Ringe schneiden, das Toastbrot in Würfel oder in Dreiecke. Die gewaschenen Tomaten in Achtel schneiden. Den Thunfisch auf Küchenkrepp abtropfen lassen und in Stücke zerteilen. Die Zwiebelringe in heißem Öl dünsten. Eine feuerfeste Form mit Butter ausstreichen, mit Semmelbrösel ausstreuen, die Zwiebeln, Brot, Tomaten und Thunfisch in die Form einschichten. Milch, Eier, Sojasoße, Salz, Gewürze und Kräuter gut verschlagen und über die eingeschichteten Zutaten gießen. Den Auflauf mit halbierten Oliven verzieren und (bei 200 Grad oder Stufe 3) ca. 30–35 Minuten überbacken.

Thunfischsalat

Pro Portion ca. 1890 Joule = ca. 450 Kalorien – Zubereitungszeit ca. 60 Minuten

Zutaten

(für 4 Portionen)

1/8 Liter Weinessig
Salz, Pfeffer
1 Teel. Zucker
2 Eßl. Öl
2 geschälte Zwiebeln
750 g gepellte kalte Kartoffeln
1 kleines Glas Silberzwiebeln (110 g Einwaage)
1 kleine Dose Prinzeßbohnen (240 g Einwaage)
1 Glas gefüllte Oliven (160 g Einwaage)
1 Dose Thunfisch in Öl (180 g Einwaage)
2–3 Eßl. Senfpulver
1 Kopf Salat

Zubereitung

Aus Essig, Gewürzen und Öl eine Marinade bereiten, die gehackten Zwiebeln und die in Scheiben geschnittenen Kartoffeln damit vermischen und ca. 1 Stunde gut durchziehen lassen. Danach die restlichen Zutaten zu den Kartoffeln geben, alles herzhaft abschmecken. – Erst kurz vor dem Anrichten den geputzten zerpflückten Salat darunterheben.

Toast mit Leberkäse

Pro Portion ca. 2810 Joule = ca. 670 Kalorien – Zubereitungszeit ca. 35 Minuten

Zutaten

(für 4 Portionen)

500 g Rettich
Salz
1 Bund Petersilie
4 Scheiben Vollkornbrot
40 g Butter
4 Scheiben Bayerischer Leberkäse à 100 g
4 Ecken Schmelzkäse (45%)

Zum Verzieren
Radieschen und Salatblätter

Zubereitung

Den Rettich putzen, waschen, grob raspeln und mit Salz und gehackter Petersilie vermischen. Die Brotscheiben toasten und mit Butter bestreichen. Danach mit je 1 Scheibe Leberkäse belegen. Den Rettich darauf verteilen und die Käsescheiben darüberdecken. Die Brote auf einen Rost legen, in den vorgeheizten Backofen schieben und (bei 250 Grad oder Stufe 5) etwa 10–15 Minuten überbacken. Den Toast mit geputzten Radieschen und Salat verziert servieren.

Tomatenpfanne

(Foto Seite 212)

Pro Portion ca. 2350 Joule = ca. 560 Kalorien – Zubereitungszeit ca. 1½ Stunden

Zutaten

(für 4 Portionen)

8–10 große Tomaten
250 g Rinderhackfleisch
2 geschälte Zwiebeln
1 Eßl. Öl
1 Eigelb
2 Tassen körnig gekochter Reis
1 geschälte Knoblauchzehe
Salz
Edelsüßpaprika
2 Eßl. gehackte Petersilie
375 g Zucchini
40 g Butter oder Margarine
Streuwürze
1–2 Eßl. gehackter Dill
1 Eßl. Tomatenketchup
3 Eßl. geriebener Käse

Zubereitung

Von den Tomaten einen Deckel abschneiden. Das Innere mit einem Teelöffel herausschaben, kurz aufkochen lassen und durch ein Sieb passieren. Das Fleisch und die gehackten Zwiebeln in heißem Öl anbraten, den Tomatenbrei, Eigelb, 2 Eßlöffel Reis, die zerdrückte Knoblauchzehe und Gewürze daruntermischen. Die Hackfleischmasse pikant abschmecken, mit Petersilie verkneten und in die Tomaten füllen. Den Deckel auf die Tomaten legen. – Die Zucchini in Scheiben schneiden, in heißem Fett ca. 15 Minuten dünsten und mit Streuwürze und Dill abschmecken. Das Gemüse und den restlichen Reis in eine ausgebutterte feuerfeste Form schichten, in die Mitte Ketchup geben und alles mit Käse bestreuen. Die Tomaten daraufstellen, etwas Käse auf die Deckel streuen und alles in den vorgeheizten Backofen schieben und (bei 200 Grad oder Stufe 3) ca. 30 Minuten überbacken. Vor dem Servieren den restlichen Dill daraufstreuen.

Tournedos mit Pilzen

Pro Portion ca. 1380 Joule = ca. 330 Kalorien – Zubereitungszeit ca. 35 Minuten

Zutaten

(für 4 Portionen)

4 geschälte Zwiebeln
50 g Butter oder Margarine
4 Tournedos à 150 g (kleine Filetstücke)
Salz
Pfeffer, Paprika
1 kleine Dose Champignons (230 g Einwaage)
1 Gläschen Weinbrand

Zubereitung

Die Zwiebeln in Ringe schneiden, in einer Bratpfanne in heißem Fett andünsten und herausnehmen. Die Fleischstücke abtupfen, etwas flachdrücken und im heißen Bratfett von jeder Seite 4 Minuten braten, salzen und würzen. Die Pilze mit etwas Flüssigkeit in die Pfanne geben und erwärmen, danach die Zwiebelringe und Weinbrand hinzufügen, alles gut durchziehen lassen und mit den gebratenen Tournedos auf einer Platte anrichten.

Ungarischer Paprikasalat

Pro Portion ca. 380 Joule = ca. 90 Kalorien – Zubereitungszeit ca. 20–25 Minuten

Zutaten

(für 4 Portionen)

3–4 rote oder grüne Paprikaschoten (ca. 750 g)
Salzwasser
1 Zwiebel (ca. 50 g)

Für die Marinade
4 Eßl. Kräuteressig
2 Eßl. Öl
ca. 1 Teel. Salz
frischgemahlener schwarzer Pfeffer

Zubereitung

Die Paprikaschoten putzen, waschen und in Ringe schneiden. Danach in kochendem Salzwasser kurz blanchieren, auf einem Durchschlag gut abtropfen lassen und in eine Schüssel füllen. Die Zwiebel schälen, in Ringe schneiden und über die Paprika geben. Für die Marinade Essig, Öl, Salz und Gewürz verrühren, kräftig abschmecken, über den Paprikasalat gießen und diesen gut durchziehen lassen.

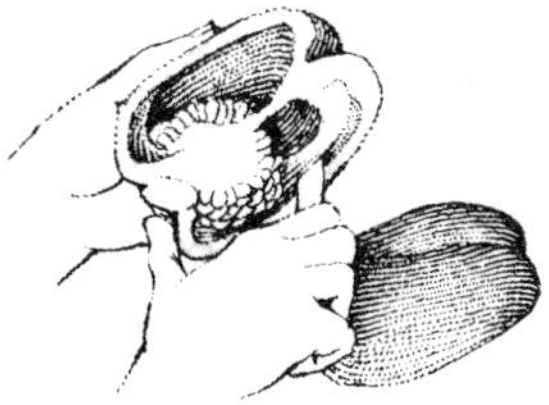

Ungarischer Rostbraten

(Foto Seite 213)

Pro Portion ca. 3060 Joule = ca. 730 Kalorien – Zubereitungszeit ca. 60 Minuten

Zutaten

(für 4 Portionen)

750 g geschälte Kartoffeln
175 g frische geputzte Champignons
1 kleine geschälte Zwiebel
4 Scheiben Roastbeef à 180 g
Salz, Pfeffer
2–3 Eßl. Mehl
30 g Schweineschmalz
1 Teel. Edelsüßpaprika
3 Teel. Tomatenmark
1/8–1/4 Liter Brühe

Zubereitung

Die Kartoffeln in große Würfel schneiden, die Pilze halbieren, die Zwiebel reiben. Die abgetupften Fleischscheiben am Rand einkerben, würzen, in Mehl wenden und in einem Bratentopf in heißem Schmalz von jeder Seite 1 Minute scharf anbraten. Danach das Fleisch herausnehmen. Die geriebene Zwiebel in das Bratfett geben, einen Schuß Wasser hineingießen, Paprika, Tomatenmark und die Pilze hineingeben, die Brühe darübergießen und das angebratene Fleisch obenauf legen. Zuletzt die Kartoffeln in den Topf füllen, salzen, würzen und alles zugedeckt bei mäßiger Hitze 20 Minuten garen. Danach das Gericht abschmecken und auf einer tiefen Platte anrichten.

Vanilleauflauf mit Pfirsichen

(Foto Seite 214)

Pro Portion ca. 1970 Joule = ca. 470 Kalorien – Zubereitungszeit ca. 1¼ Stunden

Zutaten

(für 4 Portionen)

1 große Dose Pfirsiche (Einwaage 850 g)
etwas Fett für die Form
ca. 2 Eßl. Semmelbrösel

Für den Brandteig
¼ Liter Milch
50 g Zucker
1 Prise Salz
ausgeschabtes Mark von 2 Vanilleschoten
40 g Butter oder Margarine
75 g Mehl
5 Eigelb
5 Eiweiß

Zubereitung

Die Pfirsiche auf einem Sieb abtropfen lassen und kleinschneiden. Eine feuerfeste Form mit Butter ausstreichen und mit Semmelbröseln ausstreuen. Die Pfirsichstücke hineinfüllen. – Für den Brandteig Milch, Zukker, Salz, Vanillemark und Butter unter Rühren zum Kochen bringen, den Kochtopf von der Kochstelle ziehen, das Mehl auf einmal hineinschütten, alles gut verrühren, den Topf wieder auf die Kochstelle setzen und so lange weiterrühren, bis sich der Teig vom Topfboden löst. Nach und nach die Eigelb unter die Teigmasse rühren, zuletzt den steifen Eischnee darunterheben. Den Teig über die Pfirsiche füllen und den Auflauf im vorgeheizten Backofen (bei 175 Grad oder Stufe 2) ca. 50 Minuten backen.

Verlorene Eier in Currysoße

Pro Portion ca. 1640 Joule = ca. 390 Kalorien – Zubereitungszeit ca. 30 Minuten

Zutaten

(für 4 Portionen)

1 Eßl. Butter oder Margarine
2 geschälte Zwiebeln
1 Apfel
1–2 Teel. Currypulver
knapp 1/4 Liter Wasser
1 Beutel helle Soße instant
3 Eßl. Sahne
Salz
1 Prise Zucker

Für die Eier
8 Eier
2 Liter Wasser
2 Eßl. Salz
5 Eßl. Essig

Zum Bestreuen
1 Teel. Butter
40 g Mandelblättchen
(1 Beutel)

Zubereitung

Das Fett in einem Topf zerlassen und die in Ringe geschnittenen Zwiebeln darin dünsten. Den Apfel schälen, in Streifen schneiden und dazugeben. Currypulver darüberstreuen, alles zusammen dünsten, Wasser daraufgießen, das Soßenpulver unter Rühren einstreuen und kurz aufkochen lassen. Die Soße mit Sahne, Salz und Zucker abschmecken. – Für die verlorenen Eier Wasser, Salz und Essig zum Kochen bringen, die Eier nacheinander in eine Suppenkelle schlagen, in den kochenden Sud gleiten lassen, das Eiweiß über das Eigelb ziehen und die Eier im offenen Topf 4 Minuten ziehen lassen (die Eier dürfen nicht kochen!). Nach der Garzeit die Eier mit einer Schaumkelle herausheben, kurz in kaltes Wasser tauchen und die Eiweißränder rundherum glattschneiden. Die Eier in eine vorgewärmte Schüssel legen, die heiße Soße darübergießen und mit in Butter gebräunten Mandelblättchen bestreuen.

Vogelnester in Kräutersoße

Pro Portion ca. 3020 Joule = ca. 720 Kalorien – Zubereitungszeit ca. 50 Minuten

Zutaten

(für 4 Portionen)

4 dünne Kalbsschnitzel
à 120 g
Salz, weißer Pfeffer
4 Scheiben gekochter Schinken
4 hartgekochte geschälte Eier
1 Eßl. Mehl
50 g Margarine

Für die Soße
200 g Mayonnaise (50%)
2 Becher Magermilchjoghurt à 175 g
Saft von 1/2 Zitrone
Salz, Pfeffer
3 Spritzer würzflüssiger Knoblauch
je 2 Eßl. gehackte Kräuter
(Petersilie, Dill, Schnittlauch)

Zubereitung

Die Schnitzel flachdrücken, salzen und würzen. Je eine Scheibe gekochten Schinken darauflegen, ein Ei hinzufügen und das Fleisch aufrollen. Die Fleischrollen mit einem Holzstäbchen feststecken, in Mehl wenden, in heißem Fett rundherum anbraten, etwas Wasser angießen und alles etwa 15–20 Minuten schmoren. Danach die Fleischrollen herausnehmen und erkalten lassen. – Für die Soße alle Zutaten verrühren und die Soße recht pikant abschmecken. Die Fleischrollen halbieren, in der Soße anrichten und mit Kräutern bestreut servieren.

Waldorfsalat

Pro Portion ca. 2010 Joule = ca. 480 Kalorien – Zubereitungszeit ca. 20 Minuten

Zutaten

(für 4 Portionen)

200 g roher geputzter Sellerie
Zitronensaft
300 g geschälte Äpfel
150 g Mayonnaise (50%)
2 Eßl. saure Sahne
125 g Walnußkerne

Zubereitung

Den Sellerie grob raspeln oder in sehr feine Streifen schneiden und mit Zitronensaft beträufeln. Die Äpfel vierteln, vom Kernhaus befreien, in dünne Stifte schneiden und gleichfalls mit Zitronensaft beträufeln, damit sich Sellerie und Äpfel nicht verfärben. Die Mayonnaise mit der sauren Sahne glattrühren und vorsichtig unter die Salatzutaten mischen. Den Salat in eine Glasschale füllen, mit Walnüssen verzieren und gut gekühlt servieren.

Weinbergschnecken mit Walnuß-Soße

Pro Portion ca. 1490 Joule = ca. 355 Kalorien – Zubereitungszeit ca. 35 Minuten

Zutaten

(für 4 Portionen)

4 Dutzend
Weinbergschnecken (evtl. mit Häusern)

Für die Soße
100 g geräucherter fetter Speck
2 geschälte Knoblauchzehen
50 g frischer geputzter Spinat
1½ Eßl. gehackte Petersilie
½–1 Eßl. Schnittlauch
¼ Liter trockener Weißwein
¼ Liter Brühe
1 Eigelb
2 Eßl. Olivenöl
Salz, Pfeffer
½–1 Eßl. gehackte Walnußkerne

Zubereitung

Die Schnecken in einem Sieb abspülen und abtropfen lassen. Den Speck, Knoblauch und Spinat fein hacken. Alles zusammen mit den Kräutern in einen Topf geben, Wein und Brühe hinzugießen und bei milder Wärme ohne Deckel ca. 20 Minuten einkochen lassen. Danach die Schnecken hineingeben und ca. 15 Minuten in dem Sud erwärmen. In der Zwischenzeit Eigelb und Öl gut verrühren, zuletzt in den Sud einrühren, alles gut vermischen und das Gericht mit Nüssen bestreut servieren. Nach Belieben die Schnecken aus der Soße nehmen, in die Häuser setzen und auf Schneckenpfannen servieren.

Wildgulasch mit Äpfeln

Pro Portion ca. 2520 Joule = ca. 600 Kalorien – Zubereitungszeit ca. 2 Stunden

Zutaten

(für 4 Portionen)

100 g geräucherter durchwachsener Speck
600 g Wildgulasch
300 g geschälte Zwiebeln
Salz, Pfeffer
5–6 zerdrückte Wacholderbeeren
3/8 Liter Rotwein
1/4 Liter Madeira
500 g Äpfel
3 Eßl. Sahne
2 Eßl. Mehl

Zubereitung

Den Speck in Würfel schneiden, in einem Schmortopf ausbraten, das Wildfleisch hinzufügen und kräftig anbraten. Die Zwiebeln in Ringe schneiden, zum Fleisch geben und mitbräunen. Salz und Gewürze darüberstreuen, Wein und Madeira angießen und das Fleisch zugedeckt ca. 1 Stunde schmoren lassen. In der Zwischenzeit die Äpfel schälen, vierteln, vom Kernhaus befreien und in dünne Spalten schneiden. Die Äpfel zum Fleisch geben und alles weitere 15 Minuten schmoren. Sahne und Mehl verrühren und die Soße damit binden. Das Gulasch recht pikant abschmecken und mit Spätzle servieren.

Wildschweinkeule mit Orangen

(Foto Seite 215)

Pro Portion ca. 3180 Joule = ca. 760 Kalorien – Zubereitungszeit ca. 3 Stunden

Zutaten

(für 4–6 Portionen)

1,5 kg gespickte Wildschweinkeule
Salz, Pfeffer
Thymian
50 g Butter oder Margarine
1/2 Liter klare Brühe instant
100 g geschälte Zwiebeln

Für die Soße
2 unbehandelte Orangen
1 Zitrone
100 g Zucker
4 Eßl. Weinessig
1/4 Liter klare Brühe instant
2 Teel. Preiselbeeren
1/8 Liter Weißwein
2 Eßl. Grand Marnier
1–2 Eßl. Speisestärke
1 Teel. Butter

Zubereitung

Das gespickte Fleisch salzen und würzen, in eine Fettfangschale oder in einen Bräter setzen und mit heißem Fett übergießen. Das Fleisch in den vorgeheizten Backofen schieben und (bei 220–225 Grad oder Stufe 3–4) etwa 2–2 1/2 Stunden braten. Während der Bratzeit öfters mit Brühe begießen. In den letzten 20 Minuten die in grobe Würfel geschnittenen Zwiebeln hinzufügen. – Von den gewaschenen Orangen die Schale mit einem Spezialmesser in dünnen Streifen abziehen, mit kochendem Wasser überbrühen und abtropfen lassen. Die Orangen und Zitrone auspressen. Den Zucker in einem Kochtopf trocken erhitzen, bis er leicht gelb wird, mit Weinessig ablöschen, Orangen- und Zitronensaft und Brühe dazugießen, alles bis auf die Hälfte einkochen lassen und die Preiselbeeren darunterrühren. – Die Wildschweinkeule herausnehmen und warm stellen. Den Bratenfond mit Brühe und Wein löschen, durchsieben und mit der Orangensoße vermischen. Die Soße mit Grand Marnier abschmecken, die Hälfte der Orangenschale hinzufügen, die Soße mit angerührter Speisestärke binden und mit Butter verfeinern. Das Fleisch mit der restlichen Orangenschale bestreuen und mit der Soße anrichten.

Wurstgulasch

Pro Portion ca. 2470 Joule = ca. 590 Kalorien – Zubereitungszeit ca. 50 Minuten

Zutaten

(für 4 Portionen)

500 g Fleischwurst
250 g geschälte Zwiebeln
je 1 grüne und rote Paprikaschote
3 Eßl. Öl
1 kleines Glas Perlzwiebeln
5 Pfeffergürkchen aus dem Glas
1 große Dose geschälte Tomaten
½ Liter klare Fleischsuppe
Salz, Pfeffer, Paprika
1 Beutel Bratensoße instant
1 Spritzer Tabasco
1 Prise Zucker

Zubereitung

Die Fleischwurst in 2 cm große Würfel schneiden. Die Zwiebeln in Ringe schneiden. Die Paprikaschoten putzen, waschen und würfeln. Das Öl in einer Pfanne heiß werden lassen und die Wurst, Zwiebeln und Paprika darin anbraten, die Perlzwiebeln und kleingeschnittene Pfeffergürkchen dazugeben. Die Tomaten auf einem Sieb abtropfen lassen, den Tomatensaft und die Brühe in die Pfanne geben, alles salzen und würzen und zugedeckt 20 Minuten schmoren. Die Flüssigkeit mit Soßenpulver binden, Tomaten hineingeben und das Wurstgulasch mit Tabasco, Salz, Gewürzen und Zucker pikant abschmecken.

Xérèscreme

Pro Portion ca. 1800 Joule = ca. 430 Kalorien – Zubereitungszeit ca. 45 Minuten

Zutaten

(für 4–6 Portionen)

6 Blatt weiße Gelatine
¼ Liter süßer Sherry (Cream)
4 Eigelb
60 g Zucker
4 Eiweiß
30 g Zucker
1 Eßl. Zitronensaft
¼ Liter süße Sahne
1 Packung Löffelbiskuits (75 g)

Zubereitung

Die Gelatine in kaltem Wasser einweichen, danach ausdrücken und bei milder Wärme auflösen. Sherry unter die flüssige Gelatine rühren und kalt stellen. Die Eigelb und Zucker schaumig rühren, Eiweiß steif schlagen und den Zucker unter Schlagen einrieseln lassen, zuletzt den Zitronensaft darunterschlagen. Die Sahne steif schlagen. Wenn das Gelee anfängt fest zu werden, zuerst die Eigelbmasse, danach den Eischnee und zuletzt die geschlagene Sahne darunterziehen. Eine Glasschale mit Löffelbiskuits auslegen, die Creme einfüllen und mindestens 3 Stunden in den Kühlschrank stellen.

Yorkshirepudding und Roastbeef

Pro Portion ca. 590 Joule = ca. 140 Kalorien Yorkshirepudding – ca. 3150 Joule = ca. 750 Kalorien Roastbeef
Zubereitungszeit ca.45 Minuten für den Pudding – ca. 1½ Stunden für das Roastbeef

Zutaten

(für 6–8 Portionen)

Für Yorkshirepudding
2 Eier
½ Teel. Salz
100 g Mehl
¼ Liter Milch
30 g Rinderfett oder Schmalz

Für Roastbeef
ca. 2 kg Roastbeef ohne Knochen
5–6 Eßl. Öl
Salz, Pfeffer

Zubereitung

Für den Yorkshirepudding Eier und Salz schaumig schlagen, nach und nach das Mehl darunterschlagen. In dünnem Strahl die Milch dazugießen und so lange rühren, bis eine cremige Masse entsteht. Diese 1 Stunde in den Kühlschrank stellen. Den Backofen auf 225 Grad oder Stufe 4 vorheizen, das Fett in die Fettfangschale oder in einen Bräter geben und erhitzen. Den Teig nochmals gut durchschlagen und in die Fettfangschale gießen. Auf der mittleren Schiebeleiste einschieben, 15 Minuten backen, danach auf 200 Grad oder Stufe 3 herunterschalten und den Pudding weitere 15 Minuten backen, bis er aufgegangen und knusprig braun ist. Mit einem Messer in Portionsstücke schneiden.

Für das Roastbeef das Fleisch waschen, abtupfen und mit Salz und Pfeffer einreiben. Das Fleisch auf den Rost legen (Fettseite nach oben), mit Öl bepinseln, in den vorgeheizten Backofen schieben und bei 250 Grad oder Stufe 5 20 Minuten braten, danach runterschalten auf 200 Grad oder Stufe 3 und etwa 40–60 Minuten weiterbraten, bis das Roastbeef so gar ist, wie man es wünscht. Vor dem Anschneiden das Fleisch etwa 15 Minuten ruhen lassen.

Zander mit Sauce Béarnaise

Pro Portion ca. 2100 Joule = ca. 500 Kalorien – Zubereitungszeit ca. 1½ Stunden

Zutaten

(für 4 Portionen)

1–2 küchenfertige Zander
(ca. 1,5 kg)
Zitronensaft
Salz

Für die Füllung
1 Bund geputztes
Suppengrün
100 g geschälte Zwiebeln
20 g Butter oder Margarine
1 Ei
1 Eßl. Semmelbrösel
Senf, Salz
Pfeffer, Salbei
40 g Butter
⅛ Liter Weißwein
(Sauce Béarnaise siehe
Seite 229)

Zubereitung

Den Fisch säubern, waschen und mit Zitronensaft säuern. Für die Füllung feingeschnittenes Suppengemüse und Zwiebelwürfel in Fett andünsten, mit Ei und Semmelbrösel vermischen und die Masse mit Senf, Salz und Gewürzen pikant abschmecken. Den Zander von innen und außen salzen, mit der Gemüsemasse füllen und zustecken. Den Fisch in eine große feuerfeste Form legen, mit Fettflöckchen belegen, in den vorgeheizten Backofen schieben und (bei 225 Grad oder Stufe 4) ca. 50–60 Minuten garen. Ab und zu mit Weißwein begießen. – Den Fisch auf einer Platte anrichten, mit Petersilie und Zitronenspalten garnieren und die Sauce Béarnaise dazu servieren.

Zucchini-Kasserolle

Pro Portion ca. 2510 Joule = ca. 600 Kalorien – Zubereitungszeit ca. 60 Minuten

Zutaten

(für 4 Portionen)

400 g Zucchini
4 Eßl. Butter oder Margarine
Salz
Pfeffer
2 geschälte Zwiebeln
500 g Rinderhackfleisch
1–2 Eßl. Chilisoße
¼ Liter klare Brühe instant
4 Käsescheibletten
2 Eßl. gehackte Petersilie

Zubereitung

Die Zucchini waschen und in dünne Scheiben schneiden. In einem Topf in 2 Eßlöffeln Fett anbraten, salzen, würzen und warm stellen. Das restliche Fett in den Topf geben, die Zwiebelwürfel und das Fleisch darin anbraten, Chilisoße und Fleischbrühe hinzufügen, die Zucchini darauflegen und alles zugedeckt 10–15 Minuten bei schwacher Hitze schmoren. Zuletzt die Scheibletten darüberdecken und zerlaufen lassen. Die Kasserolle mit Petersilie bestreut servieren.

Zunge mit Reineclauden

(Foto Seite 216)

Pro Portion ca. 4650 Joule = ca. 1110 Kalorien – Zubereitungszeit ca. 3½ Stunden

Zutaten

(für 4–6 Portionen)

1 gepökelte Rinderzunge (ca. 1,5–2 kg)
1 Bund geputztes Suppengrün
2 Pimentkörner
1 Lorbeerblatt
1 Gewürznelke
3 Pfefferkörner
1½–2 Liter Wasser

Für die Soße
3 Gläser Reineclauden (à 420 g Einwaage)
½ Stange Zimt
Schale von ½ Zitrone
60 g Butter oder Margarine
60 g Mehl
¾ Liter Zungenbrühe
⅛ Liter süße Sahne

Zubereitung

Die gewaschene Zunge, Suppengrün und Gewürzzutaten in kochendes Wasser geben und zugedeckt ca. 2½–3 Stunden bei mäßiger Wärme garen. Danach die Zunge herausnehmen und die Haut abziehen. Die Knorpel entfernen und die Zunge von der Spitze her in Scheiben schneiden. – Die Reineclauden im Fruchtsaft mit Zimt und Zitronenschale kurz aufkochen. Aus Fett und Mehl eine helle Mehlschwitze bereiten und nach und nach mit Zungenbrühe ablöschen. Die Soße gut durchkochen lassen, mit Sahne, Salz und Gewürzen gut abschmecken, die Reineclauden (ohne Saft) hinzufügen, die Zungenscheiben in der Soße heiß werden lassen und das Gericht mit gekochtem Reis servieren.

Gewürfelte Zungenreste mit Champignonscheiben, Erbsen und Mayonnaise zu einem pikanten Salat vermischen und in ausgehöhlte Äpfel füllen

Zungensalat

Pro Portion ca. 1180 Joule = ca. 280 Kalorien – Zubereitungszeit ca. 25 Minuten

Zutaten

(für 4 Portionen)

375 g gepökelte, gekochte Zunge (Zungenaufschnitt in dicken Scheiben)
1 geschälte Zwiebel
75 g Gewürzgurke
1 kleiner geschälter Apfel (ca. 100 g)
½ Dose Champignons (ca. 125 g)

Für die Marinade
2 Eßl. Öl
3 Eßl. Weinessig
Saft von ½ Zitrone
2 Teel. geriebener Meerrettich aus dem Glas
Salz
frischgemahlener Pfeffer
Zucker
2 Eßl. gehackte Kräuter (Petersilie, Dill, Schnittlauch)

Zubereitung

Die Zungenscheiben in nicht zu kleine Stücke schneiden. Die Zwiebel halbieren und in Scheiben schneiden, die Gewürzgurke würfeln. Den Apfel vierteln, entkernen und quer in dünne Scheiben teilen, die gut abgetropften Champignons vierteln. Alle Zutaten in einer Schüssel mischen. – Für die Marinade alle Zutaten verrühren und darübergießen. Den Zungensalat im Kühlschrank gut durchziehen lassen und vor dem Anrichten nochmals abschmecken.

Zwetschenauflauf mit Mandeln

Pro Portion ca. 3850 Joule = ca. 920 Kalorien – Zubereitungszeit ca. 1½ Stunden

Zutaten

(für 4 Portionen)

750 g Zwetschen
275 g Zucker
65 g Butter
Salz
4 kleine Eier
3 Teel. Zitronensaft
1 Teel. abgeriebene Zitronenschale
2 Eßl. Rum
225 g Mehl
40 g Mandelblättchen (1 Beutel)
2 gestr. Teel. Backpulver
1 Teel. Butter
1 Eßl. Mandelblättchen
1 Eßl. Puderzucker

Zubereitung

Die gewaschenen Zwetschen entsteinen und mit 100 g Zucker vermischen. Butter, Salz, die restliche Zuckermenge und Eigelb schaumig rühren. Zitronensaft, Zitronenschale, Rum, Mehl, Mandelblättchen und Backpulver darunterrühren und den Teig gut verarbeiten. Eiweiß zu steifem Schnee schlagen und unter den Teig heben. In eine ausgebutterte Auflaufform die Hälfte der Teigmenge füllen. Darauf die gezuckerten Zwetschen geben und den restlichen Teig glatt darüberstreichen. Den Auflauf in den vorgeheizten Backofen schieben und bei Mittelhitze (200 Grad oder Stufe 3) ca. 50 Minuten backen. Danach Butterflöckchen und Mandelblättchen daraufgeben und den Auflauf weitere 10 Minuten backen. Mit Puderzucker bestäubt servieren.

Zwetschgenknödel

Pro Portion ca. 1510 Joule = ca. 380 Kalorien – Zubereitungszeit ca. 35 Minuten

Zutaten

(für 4 Portionen)

1 Paket
Knödel-Fertigmischung »halb und halb« (220 g)
3/4 Liter Wasser
16 reife Zwetschgen
16 Stücke Würfelzucker
Salzwasser
3 Eßl. Semmelbrösel
40 g Butter oder Margarine
1 Eßl. Zucker
Zimt
evtl. 4 Eßl. Weinbrand

Zubereitung

Den Inhalt der Knödel-Packung in Wasser quellen lassen. Die gewaschenen Zwetschgen der Länge nach aufschneiden, entsteinen und jeweils 1 Stückchen Würfelzucker hineingeben. Aus dem Knödelteig eine Rolle formen, 16 gleichgroße Stücke daraus schneiden, jede Zwetschge mit Teig umhüllen und glatte Knödel drehen. Die Knödel in kochendes Salzwasser einlegen und gar ziehen lassen. In der Zwischenzeit die Semmelbrösel in heißem Fett rösten, die gut abgetropften Knödel darin wenden und mit Zimt und Zucker bestreut servieren. Evtl. etwas Weinbrand darübergießen.

Zwiebeln gefüllt

Pro Portion ca. 1560 Joule = ca. 370 Kalorien – Zubereitungszeit ca. 75 Minuten

Zutaten

(für 4 Portionen)

4 Gemüsezwiebeln à ca. 250 g
1/8 Liter Salzwasser
375 g Rinderhackfleisch
1/2 Brötchen
1 Ei
Salz
Pfeffer, Paprika, Muskat
20 g Butter oder Margarine
1 Beutel Tomatensoße instant
Majoran

Zubereitung

Die Zwiebeln schälen und in kochendem Salzwasser ca. 30 Minuten dünsten. In der Zwischenzeit das Fleisch, das eingeweichte, gut ausgedrückte Brötchen, Ei, Salz und Gewürze zu einem pikanten Hackfleischteig verarbeiten. Die Zwiebeln aus dem Wasser herausheben und aushöhlen. Das Ausgehöhlte der Zwiebel kleinhacken und unter die Fleischmasse mischen. Aus dem Fleischteig 4 gleichgroße Klöße drehen und diese in die Zwiebeln füllen. Die Zwiebeln wieder in die Dünstflüssigkeit stellen, das Fett hinzugeben und alles zugedeckt weitere 30 Minuten garen. Zuletzt die Zwiebeln in eine Schüssel setzen und warm stellen. Das Soßenpulver in die Flüssigkeit einrühren, die Soße aufkochen, abschmecken und über die gefüllten Zwiebeln gießen.

Zwiebelsalat

Pro Portion ca. 2788 Joule = ca. 664 Kalorien – Zubereitungszeit ca. 50 Minuten

Zutaten

(für 4 Portionen)

500 g geschälte rote Zwiebeln
Salzwasser
250 g Fleischwurst
250 g Emmentaler Käse

Für die Marinade
8 Eßl. Essig
4 Eßl. Öl
Salz, Pfeffer
Zucker
1 Eßl. Schnittlauchröllchen

Zubereitung

Die Zwiebeln in feine Ringe schneiden, in kochendes Salzwasser geben und einmal aufkochen lassen. Dann auf einen Durchschlag schütten und abtropfen lassen. Fleischwurst und Käse in feine Streifen schneiden. – Für die Marinade alle Zutaten verrühren, die noch warmen Zwiebelringe hineingeben, gut durchziehen und erkalten lassen. Danach die Fleischwurst und den Käse daruntermischen und den Salat pikant abgeschmeckt servieren.

Zwiebelsuppe

Pro Portion ca. 1444 Joule = ca. 344 Kalorien – Zubereitungszeit ca. 2 Stunden

Zutaten

(für 4 Portionen)

1 Ochsenbein (ca. 500 g)
2 Markknochen
3/4 Liter Wasser
1 Teel. Salz
4 schwarze Pfefferkörner
1 Lorbeerblatt
375 g Zwiebeln
150 g Möhren
20 g Butter
1 1/2 Tassen (200 ml) Weißwein
1 Packung tiefgefrorenes Suppengrün
Salz, Pfeffer

Zubereitung

Das gewaschene Ochsenbein und die gewaschenen Knochen mit Pfefferkörnern und Lorbeerblatt in kaltes Salzwasser geben und 1 1/2 Stunden kochen. In der Zwischenzeit die Zwiebeln schälen und in dünne Ringe schneiden. Die Möhren putzen und in kleine Würfel schneiden und zusammen mit dem Suppengrün in heißer Butter andünsten, Wein dazugießen und etwa weitere 10 Minuten dünsten. Die Fleischbrühe durch ein feines Sieb gießen und über die Zwiebeln füllen. Die Suppe 30 Minuten kochen lassen, danach das kleingeschnittene Fleisch hinzufügen und die Suppe sehr herzhaft abschmecken.

Rezeptverzeichnis